中国新媒体理论与实践丛书　丛书主编　潘霁

活的光标
定位媒介中的新地方感

许同文／著

复旦大学出版社

本书为教育部人文社会科学重点研究基地重大项目"数字城市背景下的新型文化社区研究：新公众、新内容、新场域"（项目批准号：22JJD86002）、广东海洋大学人文社会科学后期资助项目"定位化移动：赛博城市中的定位、交互与移动实践"（项目编号：C22873）成果

总　序

出版"中国新媒体理论与实践丛书"的念头缘起于一次复旦大学信息与传播研究中心几位同事的内部交流。在讨论中，大家提出，学术出版作为知识生产的重要方式在新媒体环境下也应呈现更多元的态势。除了"传播与中国"研究文丛这样立足中国本土理论建构的"重学术"作品，也亟须发展出扎根中国新媒体实践经验的一系列"轻学术"作品。轻重相互呼应，共同在本土理论建构与新媒体经验之间形成更为清澈的贯穿和照亮。于是，我们着手策划这套致力于通过深描揭示中国新媒体实践，以新经验刺激和激发媒介理论与研究方法创新的丛书。

丛书在立意上着重突出新媒体实践经验的激发作用，与新媒体技术当下的变化存在诸多响应。在移动数字技术全面介入中国本土城市生活的过程中，新经验和新实践层出不穷。若将理论与研究方法视为对经验的理解把握，新媒体环境下可用以理解或解释新经验的资源显然落后于实践经验的时时变化。新冠肺炎疫情的暴发，更将我们对待这种不对称的姿态与全球人类的集体命运关联起来。经验的丰富与本土理论（方法）资源的贫乏之间明显的不对称，推动我们在智识上更勇敢地探索如何从新媒体实践入手，重构经验与理论（方法）间的连接。这种重新连接充满了令人激动的不确定性，也给研究者带来创造、反思和想象的乐趣。

就新媒体研究本身而言，突出实践经验对理论建构和方法创新的催化作用也自有其意义。基于形式逻辑对原有经典概念的推演，已产生出大量内部自洽但冗余和内卷化程度越来越高的知识话语系统。理论在照亮显现经验的同时，若其本身脱离了经验的滋养，就会沦为纯粹的象征性残骸。所以，越来越多的学者开始将研究中经验效度（empirical integrity）的重要性提高到至少与逻辑效度（logical integrity）同等的地位。表面上变化不居、模糊暧昧的新媒体实践经验，恰恰可能成为学者跳出愈发严密精巧的概念系统，进而反观和激活现有理论资源之关键。在某种程度上，新媒体实践经验成了旧有理论体系和研究方法（论）目前急需的一味"解毒剂"——"解毒"的效应反过来即时干预新媒体经验自身之转型。

为通过深描揭示中国新媒体实践经验，达成刺激理论和研究方法创新的设想，丛书依据复旦大学关于传播研究一贯的理解与眼光设定选择标准。具体而言，丛书包含的研究应深入新媒体本土的实践经验，体现理论意识，聚焦切实问题。所谓深入本土经验，即需对新兴的媒介实践保持开放和谦逊的姿态，一头扎入新经验本身独特的意义脉络，尤其需警惕将新经验方便地填入现成理论架构的做法。体现理论意识则将丛书与纯粹的经验报告区分。我们认为，经验的呈现实在需要以理论的光芒加以照亮。无明确理论意识的经验常被暴露在散焦下，支离破碎，难以形成推进理论的对话叙事。切实问题指向中国社会中新媒体技术与文化、经济和政治等网络重重叠加后生成出来的现实或理论问题。问题的选择以清晰、有趣为要。清晰指经验领域、理论与方法（论）选择间关系的披露，既非空谈、漫谈，又最好与现有文献脉络能形成紧张的互通。有趣则落实到学术品位、眼界和提问纵深的拓展度上。为丛书设立上述三重标准，既希望明确丛书编选时秉承的尺度标准，又隐隐有与现有传播学实证研究的取向形成对话的意味。此外，我们还希望入选著作的选题紧扣新媒体实践经验的最前沿问题，行文通畅，逻辑清晰，分析得当。若是博士论文，则需根据图书著作的写法，做恰当的重组和修改。

丛书以"中国新媒体理论与实践"为名，希望能从新媒体视角切入中国经验，为提高本土理论话语在全球学界之影响作出贡献。研究未设置具体方法或理论取向的限定，也是为了包容更多新的数字经验给传播研究带来的可能。丛书拟每年出版1—2种,假以时日,或能为传播学研究在经验范围和理论取向上带来一缕新的风气。

丛书作为学术知识生产多样化形态的尝试,鼓励和支持更多新的研究探索。复旦大学信息与传播研究中心长期聚焦新技术、全球化和城市化给人类社会交往形态带来的重大变革,在学术上回应当前中国新媒体崛起、城市化进程的现实需求。丛书通过与"传播与中国"研究文丛,乃至与每年"传播与中国·复旦论坛"之间彼此错落呼应,希望成为各学科从媒介视角切入中国理论与经验,形成交融对话的开放平台。故此,若有幸能得到学界诸位同道的关注和重视,并且乐于为丛书送上或推荐佳作,我们将感到莫大的荣幸。

潘 霁
复旦大学信息与传播研究中心
2020年9月28日于国定路400号

序
我们还会在一起漫步

2017年,意大利技术哲学学者、数据分析师和咨询师科西莫·亚卡托(Cosimo Accoto)出版了被视为技术哲学三部曲第一部的《数据时代:可编程未来的哲学指南》。他认为,代码、传感器、数据、算法和平台重构了人类的时间、空间、主体意识,这一技术变革无论是作为隐喻还是在现实场景中,都意味着旧有结构秩序的坍塌和一个新世界的上升:计算不再是机器的特殊装备,而成为社会技术环境里事物的普遍属性;平台不仅是技术现实,更是新的组织模式;新的传感技术在我们的四周弥漫并绕开意识,与我们的感官系统直接互动,使人成为生态和环境的一部分……如此种种,见证了人类正进入一个新文明——"可编程未来",其核心在于"生存即更新"。在这个新世界里,代码并没有压缩和消除物理空间,而是作为一个关键要素激活并通过生成性运行将空间同构为代码/空间,因情形和语境而定,不断被修正和迭代,移动性等新的社会关系也因此而产生。

许同文博士的专著《活的光标:定位媒介中的新地方感》便是立足于这个正在上升的新的可编程世界,从人们日常手机应用授权使用位置功能的经验出发,力图在呈现地图导航、自我追踪、地理位置的自我披露与共享等位置媒介使用的丰富实践的基础上,展开有关定位媒介如何重塑人与地方的关系、如何激活和再生产新的地方的理论讨论。这是中国第一部基于扎实的田野工作、理论视野开阔并极富前沿探索精神的关于定位媒介的质化研究著作。书里有定位媒介卷入公众日常生活方方面的细致刻画，这些系统的第一手材料不仅有助于将读者引入理解定位媒介文化与社会价值的经验性场域，它们本身也是一个个妙趣横生的小故事，是进入当代生活、进入可编程新世界的绝佳入口；书里也有作者对新技术时代新闻传播学术研究媒介化转向的自觉回应，作为一位初出茅庐的青年学者，实属难能可贵。

这部专著的初稿脱胎于许同文的博士学位论文，田野工作始于2018年4月，学位论文完成于2020年6月。全球新冠疫情暴发以来，基于公共卫生监测的需要，定位媒介地理位置披露和个人追踪功能在世界各国都进一步介入个人日常生活，新的实践引发了更多不同维度的公共关切和学术讨论。与此同时，新技术也极大地加速了新世界的上升。继2019年《前机械世界》(Il mondo ex machina)对不仅是技术基础设施也是本体论基础的人工智能、深度学习、无人机、区块链等智能技术的讨论之后，2022年科西莫·亚卡托出版的新著《概览世界》(Il mondo in sintesi)聚焦数字仿生技术、加密数字资产、元宇宙，力图探究计算生成的实体如何重新设计和创建人类生存的世界并赋予我们的星球以新的生命力。2023年，科西莫·亚卡托在他主持的技术哲学实验室Forge主页上进一步强调，人工智能是我们这个星球一种新的存在方式，预示和配置地球的另一种终极改造，即新的世界会有新的生存法则和生命体验，现有的话语秩序和生产模式终将被颠覆。因此，学术研究也势必不断更新和迭代。这部专著只是个起点。

在我写下这些文字的时候，看到微信朋友圈里一段视频，三五好友聚在一起，痛仰乐队主唱高虎弹着吉他，唱着一首叫作《美丽新世界》的歌：

> 这是一个离奇的梦，也是冒险者的乐园
> 不在乎你在不在乎，新的世界依旧美丽
> 我们还会在一起漫步，一起漫步，一起漫步
> 我们还会在一起漫步，一起漫步，一起漫步

是的,这个时刻便是代码/空间生成和迭代的时刻。在这个新的可编程世界里,代码是重要的,地方是重要的。更重要的是,我们依然还会在一起漫步。

陆　晔

2023 年 7 月 20 日

目 录
Contents

001 | 引 言

006 | 第一章　活的光标：定位媒介与地方感的生成
　　　第一节　数字时代的空间感与无地方感 / 008
　　　第二节　定位媒介与空间感的重置 / 016
　　　第三节　活的光标：从"我→空间"到"我-定位媒介→
　　　　　　　物理空间-数字空间" / 024
　　　第四节　定位空间中的新地方感 / 036
　　　本章小结 / 043

044 | 第二章　导航地方：基于移动地图的地方感知与身体移动
　　　第一节　作为移动力的移动地图与地方感知 / 046
　　　第二节　移动的混杂化：活的界面中的活的光标 / 053
　　　第三节　移动的可见化：定位空间中的在与共在 / 067
　　　第四节　移动的私人化：按需混杂 / 082
　　　本章小结 / 092

093 | 第三章　追踪地方：定位空间中的身体量化与规训
　　　第一节　作为规训空间的定位空间 / 095
　　　第二节　主动式自我追踪：地方空间中的自我规训 / 107

　　　　第三节　被动式自我追踪：地方空间中的他者凝视 / 126

　　　　本章小结 / 142

144 第四章　交往地方：活的光标与新地缘社交

　　　　第一节　社交网络中的定位化身体：作为自我披露的位置 / 147

　　　　第二节　地方化自我：定位打卡中的位置披露与人地关系 / 153

　　　　第三节　位置共享：定位空间中的身体共时性 / 163

　　　　第四节　他者凝视与隐私战术：LBSN用户的位置隐私 / 171

　　　　本章小结 / 182

183 第五章　记忆地方：活的光标的移动轨迹与地方叙事

　　　　第一节　地方与记忆 / 184

　　　　第二节　城市新住民的地方移动记忆 / 192

　　　　第三节　移动地理标签中的地方叙事 / 202

　　　　第四节　自我追踪中的地方轨迹 / 217

　　　　本章小结 / 231

233 第六章　回归的地域——以混杂之态

　　　　第一节　位置即讯息：移动传播研究的地方转向 / 233

　　　　第二节　混杂态中的空间感：身体-定位媒介→物理空间-数字空间 / 237

　　　　第三节　回归的地域：活的光标激活地方感 / 240

245 附　录　访谈个案基本情况

249 主要参考文献

271 后　记

引 言

邱同学是GMY大学的一位女生,短发,一米六五左右,热情,说话干练。2018年6月的一个下午,在GMY大学教学楼的一间教师休息室,一场关于手机定位的谈话以"你对你手机的位置功能怎么看?"这样一个开放式的问题开启。邱同学回答道:"貌似现在你随便装个应用,它都会要求开启你手机里的位置权限吧。在安装这些应用的时候,不是有那个协议嘛,都会有开启手机位置权限这一项,我一般都是点'同意'。有的软件你不点这个'同意'根本就没法用。"

随后,当被问到"你手机里哪些应用用到了位置功能?"时,邱同学说:"很多啊……我瞅瞅哈……"她一边说,一边从一个白色的帆布袋里拿出手机,然后解锁,打开了"权限管理"。

邱同学展示了她的手机,其中,"位置信息"一栏显示"已授权53个应用(共72个)"。换言之,她的手机共安装了72个应用程序,其中有53个应用被授权使用位置功能。这些应用包括百度、百度地图、抖音、饿了么、美团、豆瓣、KEEP、运动世界校园、去哪儿、淘宝、网易云音乐、微博、微信等。

当被问到"这些应用中的位置功能都在你的日常生活中发挥了什么作用?"时,她陆陆续续地说道:

"用得最多的可能就是百度地图吧,不认识路的时候用来找路啊,还可以查公交线路……"

"运动世界校园和KEEP主要是跑步的时候用,用来记录自己跑步的轨迹、速度……"

"饿了么和美团就是点外卖,学校食堂的饭实在是吃够了。咱们学校不是饿了么外卖全国排行第一吗?"

"微信就是位置共享、发送实时位置,告诉我的朋友和家人我在哪儿。还有朋友圈中的打卡签到也会用到这个功能。"

……

林(Ling)早在2004年就预言,"移动电话中的定位传输服务很有可能会给我们组织日常生活的方式带来翻天覆地的变化"[1]。而今看来,确实如此。正如邱同学的境况,现在越来越多的手机APP整合了地理位置功能。萨克尔(Saker)和弗里特(Frith)曾说,在21世纪最初的十年,人们还有可能列出一份至少在某种程度上比较全面的依赖位置信息的APP清单,但是在当下,似乎很难说哪一个APP不囊括定位功能[2]。这些基于位置功能的手机应用通常被称为基于位置的服务(location based service,简称LBS)。LBS能够根据用户所在的地理位置提供相应的信息,比如附近的人、道路、酒店、饭店等。在手机界面的方寸之地,根据用户的需求,相关环境信息[3]扑面而来,并且移步异景,与立足之地交相辉映。这在人类历史上可能是第一次。

LBS的发展史呈现出如下轨迹。在移动电话[4]时期,手机并未内置全球定位系统(global positioning system,简称GPS),这种LBS的雏形或是内置GPS功能的单独设备(如Lovegety),或是基于手机通信功能的Dogeball。2007年以降,苹果手机(iPhone)和安卓操作系统的发展为

---

[1] Ling R. The mobile connection: the cell phone's impact on society[M]. San Francisco: Elsevier/Morgan Kaufmann, 2004: 22.
[2] Saker M, Frith J. From hybrid space to dislocated space: mobile virtual reality and a third stage of mobile media theory[J]. New Media & Society, 2019, 21(1): 214–228.
[3] 既包括自然环境信息,也包括社会环境信息;既有关于物的信息,也有关于人的信息。
[4] 指早期仅具有通话、短信等功能的手机。

LBS的出现提供了必要条件①。自第一代iPhone起,GPS传感器成为智能手机的标配,真正意义上的LBS开始出现,其代表是Foursquare。在这一阶段的发展早期,LBS是作为一种单独的智能手机应用出现的,其主要功能是打卡、定位、导航等。在随后的发展过程中,位置信息逐渐被整合进社交媒体或其他商业应用中,就连这一阶段早期的独立的LBS也开始朝着以位置功能为核心、多功能并举的方向发展。这在当下较为常见。当下的LBS大致可以分为两类:一类是以位置功能为核心的应用平台,离开位置功能就无法正常运行,如移动地图、跑步类APP、外卖类APP等;另一类是将位置功能整合进原有的应用系统中,作为对原有应用系统的发展和补充,如Facebook、Twitter等。LBS应用在中国的发展也是如火如荼。现在,安卓应用市场或iOS APP Store中几乎所有应用程序都要求使用手机的位置功能。

弗里特认为,有三种因素对于当代的LBS至关重要,分别是位置感知、移动互联网和APP Stores。其中,位置感知的主要技术途径是GPS②。"无定位,不场景",以GPS为代表的手机"定位系统"被斯考伯(Scoble)等称为是移动时代正在改变用户生活体验的一种"原力"③。

格雷格·米尔纳(Greg Milner)在评价GPS对现代社会发展的影响时说:"来自31颗GPS卫星的心跳可以让我们测量并获取大量关于行星环境、物理空间和人类行为的信息。它的出现使科学、技术和商业领域的创新呈现出爆炸式的增长。无论如何GPS是现代生活基础设施的重要组成部分。……GPS系统可能会从根本上改变人类。我们对GPS的依赖太强,已经将其深深地融入我们的生活中,它可能会改变人类认知的特性,甚至可能将我们头脑中的灰质进行重新排列。……GPS在我们耳边说着悄悄话,我们变成了它的代言人。仔细听,它会向我们讲述当今世界

---

① Evans L, Saker M. Location-based social media: space, time and identity[M]. London: Palgrave Macmillan, 2017: 5.
② Frith J. Smartphones as locative media[M]. Cambridge: Polity Press, 2015: 28.
③ [美]罗伯特·斯考伯,[美]谢尔·伊斯雷尔.即将来到的场景时代[M].赵乾坤,周宝曜,译.北京: 北京联合出版公司,2014: 27,9-31.

的故事。"①

这些故事既存在于政治经济层面,也存在于当下移动互联网用户日常生活的细枝末节中。GPS已然成为一种"新生的革命性的场景软件应用程序"②,一种"普适化"技术(ubiquitous GPS)③。

在传播研究领域,这些LBS应用有一个专属的称谓——"定位媒介"(locative media)④。定位媒介由GPS技术与移动无线网络设备叠加而成。LBS界面以物理空间中的身体为中心,以相较于"我的身体"而言的距离为半径,定位用户,呈现"附近"。身体在物理空间中的移动引发数字界面中光标的移动与信息的更迭。由此,物理空间中的身体成为LBS应用界面中的活的光标。这是一种崭新的信息方式。

定位媒介重置了城市的时间性与空间性,成为激发当下城市空间中一系列社会实践的关键⑤。它不仅为移动互联网用户带来了别样的媒介体验,而且对于当下的移动传播研究具有重要价值。本书从实践的视角展开对于定位媒介所促发的人地关系的讨论,具体关注:第一,当手机具备定位功能之后,个体的空间感如何被重塑;第二,基于这种空间感,个体的地方移动、自我认知、与地方中他人的关系、地方记忆等与地方生产紧密相关的诸多面向发生了何种变化;第三,经由这些地方实践,定位媒介如何重塑个体的地方感、再造地方。

在跨时空的关联成为常态的当下,通过定位媒介,本书试图重思移动

---

① [美]格雷格·米尔纳.从此不再迷路:GPS如何改变科技、文化和我们的心智[M].杨志芳,姜梦娜,译.北京:人民邮电出版社,2017;前言第6—7页.
② [美]罗伯特·斯考伯,[美]谢尔·伊斯雷尔.即将到来的场景时代[M].赵乾坤,周宝曜,译.北京:北京联合出版公司,2014:31.
③ Sample M. Location is not compelling (until it is haunted)[M]//Farman J, ed. The mobile story: narrative practices with locative technologies. New York: Routledge, 2014: 68–78.
④ 关于"locative media"的翻译,中国学界不甚统一。有学者将其译为"位置媒体""位置媒介""定位媒介",台湾学界一般将其译为"适地性媒介"。笔者在早些时候使用的是"位置媒体"。但从中文表述来看,"位置媒体"似乎是"位置+媒体",客厅里的电视、商场的大屏幕等都可以被纳入这个概念的范畴,这容易与麦夸尔的"地理媒介"(geomedia)等有语义重复之嫌。严格来说,"locative media"只是"geomedia"的一种特殊类型。受益于黄旦老师等人的建议,本书为了凸显"locative media"定位化的属性和它作为媒介的中介化作用,采用"定位媒介"这一称谓。
⑤ [澳]斯考特·麦夸尔,潘霁.媒介与城市:城市作为媒介[J].时代建筑,2019(2):6–9.

数字媒体之于地方的意义，探究移动数字媒体激活地方的价值，进而回应梅罗维茨（Meyrowitz）等学者关于数字媒体与"无地方"的论述。在具体分析中，第一章论述了定位媒介之于个体地方实践的意义，认为在定位媒介、身体、物理空间交互而成的反馈回路中，个体的空间感通过定位媒介被重置。基于定位媒介，以往"我→空间"的关系转变为"我-定位媒介→物理空间-数字空间"的关系。第二章到第五章通过数码人类学的方法，从地方导航、自我追踪、地缘社交、地方记忆四个相互关联的方面对这一转变进行描述，进而在经验的不同层面凸显定位媒介之于当下个体地方感的意义。在地方导航中，个体通过寻路实践认知地方；在自我追踪中，个体通过地方量化自我；在地缘社交中，个体经由地方进行社会交往。这三个方面在时间维度都构成了个体的地方记忆。这四个面向虽然在具体描述中可以人为地分开，但在实际过程中时常交织在一起。第六章重述定位媒介重塑人地关系的意义，进一步强调定位媒介重塑了个体的地方感、再生产了地方，成为当下激活地方的重要形式。因此，数字媒体不是去地方化的，反而为个体的地方营造提供了技术支持。

第一章
活的光标：定位媒介与地方感的生成[①]

定位媒介是具有定位功能的数字移动媒体。它通过相关的定位设备感知用户在物理空间中的具体位置，然后据此提供此地及周边环境的相关信息[②]。这种位置感知"使得设备能够根据位置定制化分析关系数据，并选择与特定位置最为相关的信息进行传输"，"在城市空间中支持并实现了各种新的社会实践和商业逻辑"[③]。

定位技术多种多样，最为常见的还是GPS[④]。近年来，定位媒介的普及与内置GPS传感器的智能手机的出现密切相关。虽然地理信息系统（geographic information system）早在20世纪60年代就已出现，但是直到2000年美国政府才批准GPS数据大规模民用。自此之后，基于地理信息技术的媒介设备、服务和应用不断涌现。2007年，第一代iPhone的面世，正式揭开了智能手机发展的序幕，也揭开了定位媒介大众化的序幕。正如麦夸尔（McQuire）[⑤]所说："苹果手机的发布使得大量的地理位置的商业服务代替了

[①] 本章对定位媒介概念、特征等的介绍参见许同文."位置即讯息"：位置媒体与城市空间的融合[J].新闻记者，2018，424（06）：12-18.
[②] Frith J. Smartphones as locative media[M]. Cambridge: Polity Press, 2015: 2. Oppegaard B, Grigar D. The interrelationships of mobile storytelling: merging the physical and the digital at a national historic site[M]//Farman J, ed. The mobile story: narrative practices with locative technologies. New York: Routledge, 2014: 17-33.
[③] ［澳］斯科特·麦夸尔.地理媒介：网络化城市与公共空间的未来［M］.潘霁，译.上海：复旦大学出版社，2019：3.
[④] 常见的定位技术包括IP定位、卫星定位、基站定位、WIFI定位等。参见定位技术概述[EB/OL]. (2018-10-29)［2019-11-5］.https://www.jianshu.com/p/00420c1fefe2.
[⑤] 也译作麦奎尔。

早先艺术家们围绕位置媒介的种种实验艺术而成为主流。"① 中国是世界上最大的智能手机市场②。这些具备定位功能的手机俨然已成为一种定位媒介③。

"定位媒介"这一称谓可上溯至2003年。是年,卡宁(Kalnins)和图特(Tuters)两位学者组织了以定位媒介命名的国际工作坊。这一工作坊的目的在于探究被定位化的互联网对于人们的时空观、社会组织结构的影响④。从现有研究看,广义的定位媒介指内置GPS传感器的数字设备;狭义的定位媒介指智能手机及其中基于地理位置的各种APP,即所谓的LBS⑤。本书既关注"作为定位媒介的智能手机",也关注"作为定位媒介的APP"⑥。

20世纪60年代以降,人文社科领域开始了一场"空间转向"。在传播学领域,这种转向的代表是"传播地理学"。亚当斯(Adams)和詹森(Jansson)认为,"空间是'通过''为了''在'中介化的传播中创造的"⑦。福克海默(Falkheimer)认为,传播是在空间中进行的,空间亦需要传播表征,空间生产应被理解为一种传播和中介化理论⑧。早期定位媒介仅仅被作为一种新媒体艺术来探讨。随着"作为定位媒介的智能手机"的普及,定位媒介的相关研究大量出现在文化地理学和媒体研究领域,也成为传

---

① [澳]斯科特·麦夸尔.地理媒介:网络化城市与公共空间的未来[M].潘霁,译.上海:复旦大学出版社,2019:3.
② 新浪财经.Newzoo:2018全球智能手机用户量或达33亿[EB/OL].(2018-09-14)[2019-08-03].https://finance.sina.com.cn/stock/usstock/c/2018-09-14/doc-ihiixyeu7304929.shtml.
③ Frith J. Smartphones as locative media[M]. Cambridge: Polity Press, 2015: 2.
④ Bilandzic M, Foth M. A review of locative media, mobile and embodied spatial interaction[J]. International Journal of Human-Computer Studies, 2012, 70(1): 66-71.
⑤ 在智能手机中,国内外现有的位置类APP大致包括三种:休闲娱乐类,用户可以定位打卡(check-in)(如Foursquare、Gowalla、Whrrl、嘀咕、玩转四方、街旁、开开、多乐趣、在哪等)、游戏(如Mytown、Pokemon、捉猫猫)、运动(如咕咚、KEEP、Nike+等);生活服务类,用户可以搜周边(如大众点评、美团、百度糯米等)、旅行(如去哪儿网、携程等)、导航(如Google地图、高德地图、百度地图等);社交类,用户可以与熟人社交(微信位置共享、发送实时位置等)或与陌生人社交(如陌陌、blued、探探等)。
⑥ 本书在谈及前者的时候,更强调智能手机作为定位媒介,在相对宏观的层面与身体、空间的关系;在谈及后者的时候,侧重于在相对微观的层面探究每种具体的LBS在人们的移动性、自我追踪、社会交往、地方生产等方面的影响。
⑦ Adams P C, Jansson A. Communication geography: a bridge between disciplines[J]. Communication Theory, 2012, 22(3): 299-318.
⑧ Jansson A, Falkheimer J. Towards a geography of communication[M]//Falkheimer J, Jansson A, eds. Geographies of communication: the spatial turn in media studies. Sweden: Nordicom, 2006: 7-23.

播地理学的一个话题①。"位置"与"媒体"的结合使定位媒介成为媒介/传播研究空间转向的一个典型个案。本书认为,定位媒介的主要价值体现在它重塑了个体的空间感,进而促成了一系列活生生的人地关系。基于此,个体生成了新的地方感。地方也在数字时代重新彰显了它在传播中的价值和被数字移动技术重塑的潜质。这打破了数字时代"地方终结""地域消失""无地方感"等人地二分论断。

第一节　数字时代的空间感与无地方感

一、从空间感到地方感

诸多领域的学者都关注地方的问题②,其中,关于地方的定义纷繁复杂③。最常见的关于地方的定义是"有意义的区位"④。相对而言,空间是一种几何描述,地方则是一种经验描述。前者往往被视为一种可测量的自然事实,后者通常被视为一种社会产物⑤。"'空间'是构成、约束和支持某些运动与互动形式的几何排列,'地方'则表示环境在互动过程中获得可识别和持久的社会意义的方式。"⑥政治地理学家阿格纽(Agnew)认

---

① Cornelio G S, Ardévol E. Practices of place-making through locative media artworks[J]. Communications, 2011, 36(3): 313-333.
② 例如段义孚、爱德华·雷尔夫(Edward Relph)、奈格尔·思瑞夫特(Nigel Thrift)、多伦·玛西(Dorren Massey)、蒂姆·克雷斯韦尔(Tim Cresswell)等人文地理学领域的学者,大卫·西蒙(David Seamon)等建筑现象学领域的学者,爱德华·凯西(Edward Casey)、杰夫·马尔帕斯(Jeff Malpas)等哲学领域的学者,曼纽尔·卡斯特(Manuel Castells)等社会学领域的学者,马克·奥格(Marc Auge)等人类学领域的学者,约书亚·梅罗维茨(Joshua Meyrowitz)等传播学领域的学者。
③ Berland J. Place[M]//Bennett T, Grossberg L, Morris M, eds. New keywords: a revised vocabulary of culture and society. Lodon: Sage, 1997: 196.
④ [美] Tim Cresswell.地方:记忆、想象与认同[M].王志弘,徐苔玲,译.台北:群学出版有限公司,2006: 14.
⑤ Cornelio G S, Ardévol E. Practices of place-making through locative media artworks[J]. Communications, 2011, 36(3): 313-333.
⑥ Dourish P. Re-space-ing place: "place" and "space" ten years on[C]. Proceedings of the 2006 ACM conference on computer supported cooperative work, 2006: 299-308.

为，地方作为有意义的空间，具有三个基本的面向：区位、场所和地方感。区位指位置，可以通过经纬度等客观的坐标体系来表达；场所是一种社会关系得以发生的物质环境，具有物质的形式；地方感指人们在主观上和情感上对于空间的一种依附①。在这三个面向中，前两者是客观的存在，地方感则属于主观的感受。恰恰是地方感成为空间与地方的重要区别。这也是人文地理学者在讨论空间和地方时的一个基本立场。

人文地理学者大多从人类的经验视角讨论地理学的现象学问题。"我们在'空间'中，但我们在'地点'中行动。"②段义孚认为，"地方意味着安全，空间意味着自由。我们都希望既有安全又有自由"。在这里，空间和地方是相互定义的，"最初无差异的空间会变成我们逐渐熟识且赋予其价值的地方"。在空间转化为地方的过程中，关键的是"经验"。这也正是人文地理学者在讨论空间与地方时的一个重要的切入点。通过经验，客观的、抽象的、自由的空间转变成主观的、具体的、安全的地方。"一个人可以通过经验了解现实，并将建构现实。"什么是经验？影响经验的因素是什么？在段义孚的理论脉络中，经验包括感觉、知觉、观念三种类型；从感觉到知觉，再到观念，"思想由弱渐强"③。

通过对经验的重新理解，段义孚将感觉纳入"空间-地方"的研究中。因此，空间与感觉相关，地方与思想相关。空间转化为地方的过程也是空间感向地方感转化的过程。正如王建等在解读段义孚时所言，因为身体（body），我们对于空间拥有空间感；因为心性（mind），我们对于地方拥有地方感。无论是空间感还是地方感，都以人的感觉为根基。随着感觉和感情色彩自左向右地不断加重，地方感日益凸显，空间会转变为地方④。对于雷尔夫（Relph）而言，从空间感知到地方生成的过程也是一个从"知

---

① ［美］Agnew J. The United States in the world economy[M]//［美］Tim Cresswell.地方：记忆、想象与认同.王志弘，徐苔玲，译.台北：群学出版有限公司，2006：14，15.
② Harrison S, Dourish P. Re-placing space: the roles of place and space in collaborative systems[C/OL]. Proceedings of the 1996ACM conference on comuputer supported cooperative work, 1996: 67-76.
③ ［美］段义孚.空间与地方：经验的视角［M］.王志标，译.北京：中国人民大学出版社，2017：1-4,6-7.
④ 王健，李子卿，孙慧，杨子.地方感何以可能——兼评段义孚《Space and Place: The Perspectives of Experience》一书［J］.民族学刊，2016,7（5）：15-20,101-102.

觉的空间"到"差异性的地方"的过程。知觉的空间是"人类意识里最直接的形态",是"每一个个体感知到的与当下面对的空间,这种空间以人的自我为中心",以个体的方向系统为基础,随着人身体的移动而发生变化。具有感知的人是知觉空间的中心。"通过特定的际遇和经历,知觉的空间可以演化为丰富的具有差异性的地方。"①

因此,可以说,空间感是地方感的基础,地方的生成可以视为一个经由空间感到地方感的过程。将两者关联起来的是空间实践,即围绕这种空间感产生的人地关系,以及由此生发的"恋地情节"②。

克雷斯韦尔(Cresswell)也从人的主观经验与空间的关系的视角定义地方,认为空间有别于地方之处在于空间"被视为缺乏意义的领域","当人将意义投注于局部空间,然后以某种方式(命名是一种方式)依附其上,空间就成了地方"。从经验的层面看,地方是一个"事件","是被操演和实践出来的"③。按照克雷斯韦尔的说法,在地方中,始终存在三种互相关联的因素,即物质性(materiality)、意义(meaning)、实践(practice)。物质性是指空间的物质结构,以及其中的物(如车辆、废弃物、人等);意义是人文地理学层面位置之于人的一种"价值";实践是指人们日常生活中在物理空间中不断重复的活动,如上班、逛街。这种日常实践是地方感的来源④。这种地方的实践观也见诸德·塞托(de Certeau)。德·塞托在讨论空间与地方时,将空间看作一种实践的地方。例如,城市中的行走就是一种关乎地方实践的"步行者陈述"。这种"脚步游戏是对空间的加工。它们造就了种种场所(place)"。在这种现象学视角下的地方观中,"空间是存在性的",同时,"存在也是空间性的",有多少泾渭分明的空间经验,就有多少地方⑤。因此,实

---

① [加拿大]爱德华·雷尔夫.地方与无地方[M].刘苏,相欣奕,译.北京:商务印书馆,2021:15,16,18.
② [美]段义孚.恋地情结[M].志丞,刘苏,译.北京:商务印书馆,2018.
③ [美]Tim Cresswell.地方:记忆、想象与认同[M].王志弘,徐苔玲,译.台北:群学出版有限公司,2006:19,66-67.
④ Tim Cresswell. Place[M]//Kitchen R, Thrift N, eds. International encyclopedia of human geography, Vol.8. Oxford: Elsevier, 2009: 169–177.
⑤ [法]米歇尔·德·塞托.日常生活实践:1.实践的艺术[M].方琳琳,黄春柳,译.南京:南京大学出版社,2015:174,200.

践使空间转换为地方,同时是一个基于空间感生成地方感的过程。

威尔肯(Wilken)和戈金(Goggin)认为,这种"实践"的概念对于理解移动数字技术与地方之间的关系意义重大[1]。因为移动数字技术越来越多地参与进人们的地方实践中。这要求将地方重新想象为一个与移动数字技术相关的过程。因为移动数字技术使人们在移动的过程中,将虚拟与现实、彼地与此地、信息与物理相混杂。这是一种全新的地方实践。

二、人的延伸与空间感的生成

在段义孚等人关于地方的经验视角中,感觉始终是一个核心问题。感觉是一种身体具身。身体在地方感的形成过程中占有重要地位。段义孚在谈论经验的时候说:"经验是一个适用于各种模式的应用广泛的术语。一个人可以通过经验了解现实并建构现实。这里所讲的模式包括了更为直接和被动的嗅觉、味觉、触觉模式,积极的视觉感知模式和间接的象征模式。"[2]概言之,经验分为两种类型,一种是直接的和深入的,另一种是间接的、概念性的、由符号表达的。这是两种不尽相同但又相互关联的经验形式。直接的经验以身体在场为前提,是身体置身于某一"区位""场所"的一种直接感受。这一过程调动了视觉、听觉、嗅觉、触觉等多重感官,是一种全息的感知。

身处某一空间中的个体会形成相应的空间感。在段义孚看来,身体是空间的尺度。具体来说,人体是方向、位置和距离的尺度。因此,人与空间的关系可以落到身体与空间的关系上。他援引梅洛-庞蒂(Merleau-Ponty)的论述:"当我说某物在桌子上时,我在心理上总是置于桌子之中或物体之中,这在理论上符合我的身体与外部物体之间的关系。"[3]这里

---

[1] Wilken R, Goggin G. Mobilizing place: conceptual currents and controversies[M]//Wilken R, Goggin G, eds. Mobile technology and place. London: Routledge, 2012: 3-25.
[2] [美]段义孚.空间与地方:经验的视角[M].王志标,译.北京:中国人民大学出版社,2017: 6.
[3] [美]段义孚.空间与地方:经验的视角[M].王志标,译.北京:中国人民大学出版社,2017: 35.

人与空间的关系就转化为身体与空间的关系。

在段义孚看来,"人是万物的尺度",从人出发探寻"基本的空间组织原理","我们将发现两类事实,即人类身体的姿势和结构,以及人与人之间的(或亲密或疏远的)关系。人类会根据自己的身体或者其他人接触获得的经验来组织空间,以便所组织的空间经验能够满足自己的生物需要和社会关系需要"①。前者可以理解为是一种"直接经验"、身体具身;后者则可以理解为是一种"间接经验",一种媒介化的空间经验②。段义孚在从经验的视角讨论空间与地方关系的时候,更多地关注前者,即身体在场的经验及地方生产。后者作为一种中介化的经验形式,与前者大不相同,所带来的地方感也不尽相同。

考虑到身体、感知和媒介的关系,这里有必要再回到麦克卢汉(McLuhan),进而讨论媒介技术在地方感的形成过程中所发挥的作用③。在麦克卢汉看来,"一切媒介均是感官的延伸,感官同样是我们身体能量上'固持的电荷'。人的感觉也形成了每个人的知觉和经验"④。个体的经验随着媒介带来的感知比率的变化而变化。媒介成为个体感知和经验变化的主要动因。如此看来,在段义孚与麦克卢汉之间存在着一种理论嫁接和拓展的可能性。段义孚关注个体身体的主观感受所带来的经验及其所促成的地方生产,对于媒介化的间接经验则缺乏深入的讨论。麦克卢汉则将媒介带来的感知比率的变化及其所导致的感知和经验的变化置于突出地位进行强调。

结合段义孚关于身体与地方经验的论述和麦克卢汉的身体延伸观,在地方生产的过程中,我们不仅需要关注身体的直接经验,还要关注被媒介延伸的身体经验。换言之,媒介化的具身经验作为一种间接经验,也参与了地

---

① [美]段义孚.空间与地方:经验的视角[M].王志标,译.北京:中国人民大学出版社,2017:27.
② 例如,在段义孚的这段论述中,可以将从他人那里获取的空间经验理解为人际交往过程中符号中介的传播。
③ 这在某种层面是基于段义孚的理论,同时在段义孚的地方理论中打入了媒介的楔子,从而试图在另一个层面探讨媒介与地方生产之间的关系。段义孚的地方理论大致是围绕经验和地方二者的关系展开的。正如上文所论述的,段义孚对于经验的讨论又紧紧围绕身体和感知展开。同时,麦克卢汉的理论基本上也围绕身体、感知和媒介展开。在这一层面,段义孚和麦克卢汉具有相似性。
④ [加拿大]马歇尔·麦克卢汉.理解媒介:论人的延伸[M].何道宽,译.南京:译林出版社,2011:33.

方感知和生产的过程,需要在空间感知和地方生产的过程中被关注和讨论。

从人地关系方面来说,被延伸的身体经验大致可以分为两种:第一种延伸是"增强空间"式的延伸,如3D眼镜、VR技术、景区中的二维码,是以身体所处的空间为基础的延伸;第二种延伸是向远方的延伸,将身体的感知延伸至别处,这也正是"地球村"的预言的一部分。从个体对于立足之地的空间感知来说,前者为这一空间增添了新的内容,后者则架空了这一空间,甚至会让个体忽略肉身对于立足之地的感知。例如,"在路上看手机而出现交通事故"这一场景中,手机用户的很大一部分专注度被手机上的内容吸引,感知被延伸至远方,只有很小一部分专注度用来观察路况和自己身边的环境,导致在遇到特殊情况和特殊路段时无法提前观察判断并及时规避伤害。在这里,手机端的远方与身体的空间发生了割裂和冲突,造成立足之地空间感的衰减或消失。这种数字空间与物理空间的二元对立为数字媒体和无地方感的讨论埋下了伏笔。

三、数字时代的无地方感

在现代社会,随着城市化的发展、流动性的加剧,现代性所具有的无地方把根植于地方之中的历史与意义连根拔起。全球化在某种程度上意味着文化与地理的均质化。雷尔夫认为,现代社会"无地方的地理现象正在成为现实,多样化的地方景观和重要的地方正在消失,也意味着我们自己在不断遭受着无地方的冲击"。大众媒体是促因之一,因为借助媒体的力量,"地方的非本真态度[①]被传播了出去"[②]。但除了这种媒体使地方均质化的无地方叙事之外,媒体延伸感知,使个体的地方感削弱,则是另一种媒体与无地方的论述。这以梅罗维茨为代表。

---

① 在雷尔夫看来,本真性是一种对世界多样性的承认、一种"敞开面对世界的胸怀",而非本真的态度,则是以封闭的心灵去面对世界,以及对人类身上多种可能性的不闻不问。这里的"地方非本真的态度"指对地方多样性的忽视。
② [加拿大]爱德华·雷尔夫.地方与无地方[M].刘苏,相欣奕,译.北京:商务印书馆,2021:126,142.

活的光标
定位媒介中的新地方感

地方是我们赖以存在的基础。我们通过身体的视觉、听觉、嗅觉、触觉获得地方经验。即使面对巨大的社会化技术变革,地方的意义仍然不可动摇。因为人是"在地存有"的,衣食住行都是在地化的。但随着媒体的发展,"我们所感知的人和事并不完全是地方性的:各种媒体都在扩展我们的感知领域。虽然所有的物理经验都是本地的,但我们并不总是从一个纯粹的地方视角来理解地方经验。各种媒体为我们提供了外部视角,使我们能够判断本地的情况"①。

梅罗维茨在《消失的地域》②中重申了电子媒介与现代社会"泛化他人"(generalized other)和"泛化它处"(generalized elsewhere)的关系③,并将其作为"无地方感"(no sense of place)的促因。他认为,邻近的区域、建筑物和房屋在身体上、情感上和精神上限制着人们,过去传统上一直如此。如今,物质围成的空间不再像过去那么重要,因为信息可以跨越围墙,到达遥远的地方。如此,一个人生活的地方与他的知识或经历越来越不相关。电子媒介改变了时间和空间对于社会交往的意义④。

此处的电子媒介主要是电视。梅罗维茨从场景主义出发,将物理空间转化为一种信息系统。人的行为是基于这种信息系统的。因此,"媒介的演化通过改变我们收发社会信息的方式重塑了社会地点和物质地点的关系,这也就改变了社会秩序的逻辑"。以电视为代表的电子媒介弱化了社会位置与物理位置之间的关系,许多人"已经不再'知道自己的位置',因为传统上'地点'中相互联系的成分被电子媒介撕开了"。"我们的世界对许多人来说可能突然没有了意义,因为在现代历史上首次出现了相对的无地点。"⑤

---

① Meyrowitz J. The rise of glocality: new senses of place and identity in the global village[M]//Nyiri K, eds. A sense of place: the global and the local in mobile communication. Vienna: Passagen Verlag, 2005: 21-30.
② 英文书名为"No sense of place: The impact of electronic media on social behavior",其中,"no sense of place"即为"无地方感",肖志军老师在中译本中将其译为"消失的地域"。
③ Meyrowitz J. Media and community: the generalized elsewhere[J]. Critical Studies in Mass Communication, 1989, 6: 326-334.
④ [美]约书亚·梅罗维茨.消失的地域:电子媒介对社会行为的影响[M].肖志军,译.北京:清华大学出版社,2002: Ⅵ.
⑤ [美]约书亚·梅罗维茨.消失的地域:电子媒介对社会行为的影响[M].肖志军,译.北京:清华大学出版社,2002: 298.

第一章 活的光标：定位媒介与地方感的生成

梅罗维茨关于电视与无地方感的论述，存在着一种明显的二分——社会空间和物理空间、媒体信息和地方的二分，例如"泛化他人"和"泛化它处"都是信息化的，同时又与地方无关。这就导致了无地方感的生成。在移动互联网时代，这种论断以"随时随地"的传播更为人所知。身体得以抽离物理空间，人们在网络空间中社交，地方感和地方的意义似乎不再重要，重要的是远方的人与关于远方的信息。

面对网络社会的崛起，梅罗维茨继续推进他以电视为例对无地方感的论述。他认为，在电子时代，"自我"的概念至少在两个方面与媒体和地方性有关。第一，媒体扩展了经验的边界，中介化泛化他人成为我们重要的互动对象和"自我的镜子"。"尽管这种'中介化泛化他人'并没有消除我们对地方和地方上的人的自我意识的依赖，但淡化了这种依赖。"第二，"通过为我们提供本地以外的视角，媒体扩大了我们对'泛化它处'的感知。广义的它处是一面镜子，用来观察和判断我们的地方"。在电子时代，"通信和旅行的发展已经把一个相互联系的全球矩阵置于地方经验之上。我们现在生活在'全球地方性'（glocalities）中"。梅罗维茨认为，网络时代的"泛化他人"和"泛化它处"进一步削弱了物理空间之于个体的重要性，进而弱化了地方的意义。"我们的自我感觉和经验越是与通过媒体进行的互动联系在一起，我们的物理环境就越成为其他经验的背景，而不是我们完整的生活空间。我们有各种各样的媒介化经验，然而，我们也必须立身于某地。通常情况下，我们所处的物理环境与我们在那个地方时的媒介经验之间没有本质的联系……因此，在某种程度上，我们在同一时刻既在地方之内，又在地方之外。"①

总之，在移动传播时代，空间之于传播的障碍空前被打破，"泛化他人"和"泛化它处"成为与个体关系更为紧密的一种存在，立足之地则成为背景，个体可以足不出户，甚至切断与附近人的联系，而获得亲密关系、

---

① Meyrowitz J. The rise of glocality: new senses of place and identity in the global village[M]//Nyiri K, eds. A sense of place: the global and the local in mobile communication. Vienna: Passagen Verlag, 2005: 21-30.

心灵抚慰和自我认同。其中,移动数字技术成为反地方的存在,进一步加深了数字空间与物理空间的割裂和对立,同时造成了无地方感。但在定位媒介这一案例中,这种割裂却被"粘合"置换。

第二节 定位媒介与空间感的重置

一、数字时代地理的终结

关于媒介与空间关系的讨论可以追溯至伊尼斯(Innes),他区分了空间偏向的媒介和时间偏向的媒介,例如莎草纸、电报、广播等都被划入空间偏向的媒介范畴。他认为,空间偏向的媒介"可能更加适合知识在空间中的横向传播,而不是适合知识在时间上的纵向传播,尤其是该媒介轻巧而便于运输的时候"①。从媒介与空间的关系来看,这里的空间偏向可以解释为对于传播过程中空间障碍的一种突破。很多学者对大众媒体与空间关系的讨论基本上延续的是去空间化的路径。以报纸为例,塔尔德(Tarde)认为,"报纸是一种公共的书信、公共的交谈","造就了一个庞大的、抽象和独立的群体"②。这一群体被安德森(Anderson)称为"想象的共同体"。在安德森看来,"印刷资本主义使得迅速增加的越来越多的人得以用深刻的新方式对他们自身进行思考,并将他们自身与他人关联起来"③。

互联网的普及对于传播的空间障碍是一种空前的突破。世纪之交,面对互联网的迅猛发展,卡斯特(Castells)提出了"网络社会"的概念。网络社会的物质基础是网络信息技术,特征是"社会形态胜于社会行动

---

① [加]哈罗德·伊尼斯.传播的偏向[M].何道宽,译.北京:中国人民大学出版社,2003:27.
② [法]加布里埃尔·塔尔德,著,[美]特里·N.克拉克,编.传播与社会影响[M].何道宽,译.北京:中国人民大学出版社,2005:245,246.
③ [美]本尼迪克特·安德森.想象的共同体:民族主义的起源与散布[M].吴叡人,译.上海:上海人民出版社,2016:33,45.

的优越性",表现为"流动的空间""无时间的时间"。网络社会中的个体以节点的形式存在,人与人之间的关系是节点与节点相连缀的网络关系。这种节点脱离于物理空间,存在于数字网络空间之中,是一种漂浮的节点。漂浮的节点是无根的,存在于流动空间之中。在网络社会中,网络是由一组相互连接的节点组成,呈现出一种开放式的结构,无限扩展。卡斯特这样描述网络空间中的距离:"如果两个节点位于同一个网络中,那么网络所界定的拓扑地形决定了这两个点之间的距离,要比不属于同一个网络的两点之间要来的短(或者更频繁,或更强烈)。另一方面,在一个既定的网络中,流动在两点之间没有距离,或有相同距离。这样,既定点或位置之间的距离在零(相同网络中的任一节点)与无穷大(网络外的任何节点)之间变化。由光速操作信息技术所设定的网络之包含-排斥,以及网络间关系的架构形成了我们社会中的支配性过程与功能。"[1]对于地方而言,这种"新的沟通系统彻底转变了人类生活的基本向度:空间与时间。地域性解体脱离了文化、历史、地理的意义,并重新整合进功能性的网络或意象拼贴之中,导致了流动的空间取代了地方空间"[2]。

无独有偶,尼葛洛庞帝(Negroponte)、林(Ling)等也都在"欢呼"互联网带来的"地理终结"。尼葛洛庞帝认为,数字技术为人类带来了一种"数字化生存"。在这种境况下,"原子"被"比特"取而代之,形成了社会的新格局[3]。林则认为,移动电话产生之后,物理空间之于社会交往的意义被削弱了[4]。数字时代,许多以兴趣爱好为基础的线上小组纷纷兴起,"形成了一种强烈的群体成员意识"。因为这种社区存在于赛博空间,具有去地域化、去身体化的性质,所以经常被称为"虚拟社区"[5]。格根

---

[1] [美]曼纽尔·卡斯特.网络社会的崛起[M].夏铸九,王志弘,等,译.北京:社会科学文献出版社,2001:570.
[2] [美]曼纽尔·卡斯特.网络社会的崛起[M].夏铸九,王志弘,等,译.北京:社会科学文献出版社,2001:465.
[3] [美]尼古拉·尼葛洛庞帝.数字化生存[M].胡泳,范海燕,译.海口:海南出版社,1997.
[4] Ling R. The mobile connection: the cell phone's impact on society[M]. San Francisco: Elsevier/Morgan Kaufmann, 2004.
[5] Rheingold H. The virtual community: homesteading on the electronic frontier[M]. Reading, MA: Addison-Wesley, 1993.

（Gergen）称其为"新的漂浮世界"①。

总之，自现代社会以降，在"以空间消灭时间"式的论断中，空间成为人与人连接网络的建构的一种障碍，需要被"遗弃""征服"。在这种关系中，空间之于交往（尤其是网络交往）的意义荡然无存。即使是20世纪60年代社会科学研究领域的空间转向，在相当长的时间内也并未在传播学领域得到明显的回应。随着数字与物理之间的融合进一步加剧，一些学者也开始反思这种虚拟与实在间的二元对立。以米歇尔（Mitchell）为例，他在《比特城市：未来生活志》里明确提出"比特"将代替"砖石"，成为城市的主导②。但在随后的《地方之语》（*Placing Words*）一书中，他又抛弃了这种数字与物理间的二元对立，认为二者间是彼此纠缠的③。这为人们思考网络与空间的关系提出了新的方向。流动空间本质上并不是无地方性的，通过数字化的形式，网络中的节点可以重返地方。

二、位置化信息

什么构成了媒介中的新，这种新为现有的分析框架增添了哪些问题，这是需要追问的④。"媒介即讯息"，媒介对人类感官的延伸能够在个人层面和社会层面引发某种新的尺度⑤。在这里，"讯息"（message）是一种媒介的隐喻，促使研究者"就有关的某一种特定媒介询问其所表达的信息是什么，这一讯息产生的影响又是什么"。在这种理论观照下，媒介成为文化的孕育者，俨然是一种生态的存在⑥。

---

① Gergen K J. Self and community in the new floating worlds[M]//Nyri K, eds. Mobile democracy: eassay on society, self and politics. Vienna: Passagen Verlag, 2003: 61-69.
② ［美］威廉·J.米歇尔.比特城市：未来生活志[M].余小丹，译.重庆：重庆大学出版社，2017：31.
③ Mitchell W J. Placing words: symbols, space, and the city[M]. Cambridge: MIT Press, 2005.
④ ［英］马丁·李斯特，乔恩·多维，塞斯·吉丁斯，伊恩·格兰特，基兰·凯利.新媒体批判导论（第二版）[M].吴炜华，付晓光，译.上海：复旦大学出版社，2016：前言第2页.
⑤ ［加拿大］马歇尔·麦克卢汉.理解媒介：论人的延伸[M].何道宽，译.南京：译林出版社，2011：18.
⑥ ［美］兰斯·斯特拉.麦克卢汉与媒介生态学[M].胡菊兰，译.开封：河南大学出版社，2016：29，4-5.

第一章　活的光标：定位媒介与地方感的生成

正如克莱默尔（Krämer）所言，"传媒并不简单地传递信息，它发展了一种作用力，这种作用力决定了我们的思维、感知、经验、记忆和交往模式"①。面对定位媒介，有必要追问它在日常生活中引入的新尺度是什么，这种尺度如何影响日常生活。对于这一问题的回答，还是要将定位媒介的媒介特性纳入讨论范畴，廓清定位媒介的哪种特性让它与众不同。

梅罗维茨认为，对于媒介与社会关系的研究要从媒介自身所具有的特性入手。这一理论追随麦克卢汉的"媒介即讯息"，主要关注某种具体的媒介（medium）或某类媒体（media）与其他媒介或媒体相比所具备的与众不同之处。这种与众不同使每种媒介都塑造了一种独特的环境，人类与文化因此而得以存在其中②。法尔曼（Farman）提出的"媒介特殊性分析"也认为，媒介研究要重视不同媒介所特有的能力和局限③。这试图在媒介特性与媒介产生的效果间建立关联。例如，在梅罗维茨看来，信息传播的单向性与双向性，信息传输的快与慢，对于受众而言信息编码与解码的难易程度，传播的规模、范围等媒介本身固有的属性④，会对个体与

---

① ［德］西皮尔·克莱默尔.传媒计算机和实在性之间有何关系？[M]//［德］西皮尔·克莱默尔，编著.传媒、计算机、实在性——真实性表象和新传媒.孙和平，译.北京：中国社会科学出版社，2008：5.
② Meyrowitz J. Morphing McLuhan: medium theory for a new millennium[C]. Proceeding of the media ecology association, 2001, 2:8-22.
③ Farman J. Site-specificity, pervasive computing, and the reading interface[M]//Farman J, ed. The mobile story: narrative practices with locative technologies. New York: Routledge, 2014: 3-16.
④ 梅罗维茨认为，媒介理论家应该辨认每种媒介的特征及其对于社会交往、制度、社会结构的影响。他列举了多种在媒介研究过程中应该关注和考虑的特征：媒介传递的感官信息的类型（如听觉的、视觉的、触觉的等），是单一感官还是多重感官；信息的形式（例如，莫尔斯码的点线和言说是两种截然不同的声音，表意文字和照片、手写文字是三种不同的视觉信息）；媒介形式和现实的相似度；媒介是单向的传播还是双向的或多向的传播；通过媒介的传播是连续的还是共时性的；用户对信息接收和传输的控制程度与类型；使用媒介的物理需求，媒介化的和非媒介化的活动能否同时进行；在生产信息的过程中，必要的或可能的干预或控制程度和类型；媒介信息编码和解码的难易程度；媒介传播的性质和范围，例如不同地点的人在同一时间接收相同信息的问题；媒介的耐久性和便携性问题；媒介间物理地互动的方式，例如传真机可以通过电话线发送一封信，而一盘录影带必须被物理地从一个地方传递到另一个地方，除非其内容被数字化后进行电子传输。参见Meyrowitz J. Medium theory: an alternative to the dominant pradigm of media effects[M]//Nabi R L, Oliver M B, eds. The sage handbook of media processes and effects. Thousand Oak: Sage Publications, 2009: 517-530。

社会产生相应的影响，建构不同的媒介环境①。在延森（Jensen）看来，这种传播观强调了"形式"本身的价值，同时为人们思考某种具体媒介使得相应的传播活动得以实现的原因提供了方向②。

这种媒介研究的思路，除了肯定传播媒介是社会发展的动因之外，更强调"how"的问题③。媒介特性中隐藏着某种技术的能动性。换言之，作为技术的媒介有其"意向结构""技术逻辑"④。不同的媒介技术间存在着一种"可供性（affordance）差异"⑤。"可供性"这一由吉布森（Gibsen）提出并由诺曼（Norman）进一步发展的概念的核心观点是"物体的特性决定了行动的可能性"⑥。可供性是技术可能如何影响个体的日常生活与社会发展的重要原因⑦。

在定位媒介中，物理空间之于网络传播的意义被凸显，成为一种基础性要素。信息基于空间被生产，空间基于网络信息被组织。物理空间与数字信息在定位媒介中被放置在相同的地位。对于定位媒介而言，用户在网络中获知何种信息与用户在哪儿密切相关⑧。人的信息传输与接收总是发生在物理空间，但信息与物理空间之间并不必然相关。例如，路标、商店招牌这些信息明显具有空间属性，但书本、CD等并不因空间的移

---

① Meyrowitz J. Medium theory[M]//Crowley D, Mitchell D, eds. Communication theory today. Stanford: Stanford University Press, 1994: 50-77. Meyrowitz J. Medium theory: an alternative to the dominant pradigm of media effects[M]//Nabi R L, Oliver M B, eds. The sage handbook of media processes and effects. Thousand Oak: Sage Publications. 2009: 517-530.
② ［丹麦］克劳斯·布鲁恩·延森.媒介融合：网络传播、大众传播和人际传播的三重维度[M].刘君，译.上海：复旦大学出版社，2012：68.
③ 潘忠党."玩转我的iPhone，搞掂我的世界！"——探讨新传媒技术应用中的"中介化"和"驯化"[J].苏州大学学报（哲学社会科学版），2014，35(4)：153-162.潘忠党，刘于思.以何为"新"？"新媒体"话语中的权力陷阱与研究者的理论自省——潘忠党教授访谈录[J].新闻与传播评论，2017(1)：2-19.
④ 吴国盛.技术哲学讲演录[M].北京：中国人民大学出版社，2016：8-9.
⑤ 潘忠党，刘于思.以何为"新"？"新媒体"话语中的权力陷阱与研究者的理论自省——潘忠党教授访谈录[J].新闻与传播评论，2017(1)：2-19.
⑥ ［挪］Rich Ling. M时代——手机与你[M].林振辉，郑敏慧，译.北京：人民邮电出版社，2008：23.
⑦ Ritchie J. The affordance and constraints of mobile locative narratives[M]//Farman J, ed. The mobile story: narrative practices with locative technologies. New York: Routledge, 2014: 53-67.
⑧ Gordon E, de Souza e Silva A. Net Locality: why location matters in a networked world[M]. Malden: Wiley-Blackwell, 2011: 7.

换而变换接收的内容,信息和接收信息时所处的物理位置并无太大关联。移动数字设备也是如此,大多数时候物理位置对于接收到的内容并无决定性作用。但定位媒介是个例外。定位媒介用户接收的信息,是根据其所处的物理位置来组织的[1]。在定位媒介界面中,用户在不同位置接收到的信息是不同的[2]。

定位媒介是媒介与传播研究空间转向的一个典型案例。定位媒介能为人们提供诸如"你身处何方""附近有何物"之类的信息[3]。席尔瓦(Silva)和弗里特认为,这改变了传统网络的逻辑,充分反驳了卡斯特、林等关于移动技术与物理空间二分的论断。在传统的移动社交网络中,节点、节点间的关联与用户所处的空间位置之间并没有必然的关联,但位置感知技术让作为节点的用户更多地关注节点所对应的物理空间[4]。

在定位媒介中,位置是信息的先决条件。定位媒介区别于其他移动媒体的最大特点是物理位置与网络间的关系。定位媒介"将网络锚定于物理空间"[5]。正如戈登(Gordon)和席尔瓦所言,"物理位置成为网络的重要组成部分","地理空间成为网络的组织逻辑"[6]。因此,"定位化"是定位媒介区别于其他移动媒介的最大特征。在这个意义上,以往数字网络空间中漂浮的节点变为一种锚定的节点,网络空间中的信息由空间位置来组织,位置成为信息的索引。

定位媒介是地理媒介的一种典型代表。麦夸尔将地理媒介描述为在现代城市中与不同媒介平台的空间化过程紧密相关的新技术条件。地理

---

[1] Frith J. Smartphones as locative media[M]. Cambridge: Polity Press, 2015: 21-22.
[2] de Souza e Silva A, Sutko D M. Theorizing locative technologies through philosophies of the virtual[J]. Communication Theory, 2011, 21(1): 23-42.
[3] 徐苒,刘明洋.论人与位置媒体的空间关系[J].现代传播(中国传媒大学学报),2018,40(2): 140-146.
[4] de Souza e Silva A, Frith J. Locative mobile social networks: mapping communication and location in urban spaces[J]. Mobilities, 2010, 5(4): 485-505.
[5] Christy C, Tanya N. Bringing the internet down to earth: emerging spaces of locative media[M/OL]//Papandrea F, Armstrong M, eds. Record of the communications policy and research forum 2009. Network Insight Pty Ltd, Australia, 2009: 122-130 [2020-2-6]. https://apo.org.au/node/69089.
[6] Gordon E, de Souza e Silva A. Net Locality: why location matters in a networked world[M]. Malden: Wiley-Blackwell, 2011: 2-3.

活的光标
定位媒介中的新地方感

媒介的概念由融合、无处不在、位置感知、实时反馈四个彼此关联的维度组成。在麦夸尔看来,移动数字媒体的位置功能是推动传统媒体向地理媒介转型的重要动因。嵌入移动设备的地理信息系统"使得设备能够根据位置定制化分析相关数据,并选择与特定的位置最为相关的信息进行传输。如此'位置化'的信息在城市空间中支持并实现了各种新的社会实践和商业逻辑"①。具体到本书,定位媒介作为一种地理媒介,其网络化城市的逻辑之于个体的地方实践和地方生产有何意义,需要进一步拓展。

三、后智能手机时代空间感的重置

坎贝尔(Campbell)对移动传播研究有过一个综述性质的回顾。他把移动传播的发展分为前后两个时期,并从时空两个维度展开了对这两个时期的讨论。对于移动传播研究的空间性来说,在后智能手机时代,移动媒体"以使物理空间和场所更有意义的方式整合数字内容"。坎贝尔尤其强调定位媒介对于后智能手机时代的意义,认为"与将用户从物理环境中移除不同,具有位置感知功能的应用程序有助于将用户与地点连接起来"。移动媒体与物理空间二分的观点在后智能手机时代已经不能观照媒介实践的发展,定位媒介恰恰提供了移动媒体与物理空间互构的案例②。萨克尔和弗里特颇为认可坎贝尔关于移动传播研究的上述论断,认为按照坎贝尔关于前后智能手机时代的划分,"移动媒体已经越来越多地从将个体抽离于物理空间的工具,变为一种空间增强(spatial enhancement)的工具"③。坎贝尔的前智能手机时代和后智能手机时代移动传播研究的空间性的变化,被弗里特描述为"从原子到比特,又回到原

---

① [澳]斯科特·麦夸尔.地理媒介:网络化城市与公共空间的未来[M].潘霁,译.上海:复旦大学出版社,2019: 3.
② Campbell S W. From frontier to field: old and new theoretical directions in mobile communication studies[J]. Communication Theory, 2019, 29(1): 46-65.
③ Saker M, Frith J. From hybrid space to dislocated space: mobile virtual reality and a third stage of mobile media theory[J]. New Media & Society, 2019, 21(1): 214-228.

子"[1]的过程。在这里,"原子"与"比特""交相辉映"[2]。

正如坎贝尔所言,移动是移动技术区别于非移动技术的最显著特征,"它使信息流动和传播更加无缝地融入日常生活的节奏之中"[3]。早期的手机通常被视为超空间的[4],造成了一种"缺席的在场"(absent presence)[5]、"连接的在场"(connected presence)[6]、"永恒的联系"(perpetual contact)[7]、电子茧房(telecocoons)[8]的状态。当手机具备定位功能,当移动传播中的个体可以被定位之后,上述诸种连接与在场都发生了新的变化。

作为后智能手机时代网络传播研究"回到原子"的代表性案例,定位媒介凸显了其研究价值。以往有人可能会认为,人们过多地注视手机界面,会加深与物理空间的脱离感。而在定位媒介中,注视手机界面的人可能比单纯处于物理空间的人"更具有地方的融入性"[9]。正如弗里特所说:"作为定位媒介的智能手机,展示了物理空间如何开始影响移动互联网,以及移动互联网如何开始影响物理空间。在某种程度上,基于位置的信息的增长似乎是互联网走向成熟的明显一步……对于定位媒介的理解代表了对于互联网理解的一种转向。"[10]从这个意义上讲,定位媒介的相

---

[1] Frith J. Smartphones as locative media[M]. Cambridge: Polity Press, 2015: 1-11.
[2] Kitchin R, Dodge M. Code/space: software and everyday life[M]. Cambridge: MIT Press, 2011.
[3] Campbell S W. Mobile media and communication: a new field, or just a new journal?[J]. Mobile Media & Communication, 2013, 1(1): 8-13.
[4] de Souza e Silva A, Frith J. Locational privacy in public spaces: media discourses on location-aware mobile technologies[J]. Communication, Culture & Critique, 2010, 3(4): 503-525.
[5] Gergen K J. Mobile communication and the transformation of the democratic process[M]//Katz J E, eds. Handbook of mobile communication studies. Cambridge: MIT Press, 2008: 297-309.
[6] Licoppe C. Two modes of maintaining interpersonal relations through telephone: from the domestic to the mobile phone[M]//Katz J E, eds. Machines that become us: the social context of personal communication technology. New Brunswick, NJ: Transaction Publishers, 2003: 171-186.
[7] Katz J E, Aakhus M. Conclusion: making meaning of mobiles — a theory of Aparatgeist[M]//Katz J E, Aakhus M, eds. Perpetual contact: mobile communication, private talk, public performance. Cambridge, UK: Cambridge University Press, 2002: 301-320.
[8] Habuchi I. Accelerating reflexivity[M]//Ito M, Okabe D, Matsuda M, eds. Personal, portable, pedestrian: mobile phones in Japanese life. Cambridge, MA: MIT Press, 2006: 165-182.
[9] Farman J. Site-specificity, pervasive computing, and the reading interface[M]//Farman J, ed. The mobile story: narrative practices with locative technologies. New York: Routledge, 2014: 3-16.
[10] Frith J. Smartphones as locative media[M]. Cambridge: Polity Press, 2015: 3.

活的光标
定位媒介中的新地方感

关研究是当下移动传播研究的一个关键点,对于推动移动传播研究具有重要意义。

按照坎贝尔对于智能手机发展的分期,从前智能手机时代到后智能手机时代的过渡,也是从漂浮的节点到锚定的节点的过渡。智能手机及其中的信息,在这一过程中具有了位置属性,得以以数字化的形式重返物理空间。延续上文对于媒体、空间感与地方感的讨论,作为定位媒介的智能手机不是将人延伸至远方,而是扩展了人对于地方的认知。换言之,基于定位媒介的延伸是基于物理空间的延伸和关于物理空间的延伸。定位媒介的用户经此获得物理空间的感知。这为地方感的刷新和地方的生产提供了必要前提。

第三节 活的光标:从"我→空间"到"我-定位媒介→物理空间-数字空间"

对于定位媒介而言,位置是信息的先决条件和组织逻辑,有什么样的位置就对应什么样的信息。这些信息成为空间的有机组成部分,使空间得到了增强。这种增强是通过共同在场的空间、技术、身体三者之间相互嵌入与编织实现的。在非定位化的手机使用场景中,也存在空间、技术、身体三种元素的相互作用和影响,但这种影响并不是一种绝对相关[①]的关系。这与定位化场景中空间、技术、身体间的关系截然不同。这里需要继续追问的是,在定位媒介的应用过程中,物理空间、媒介、身体之间的关系是什么,以及新的空间感知如何在这种关系中生成。

---

① 这里的"绝对相关"指物理空间对于媒介信息的影响。例如,书本的内容不会因为看书地点的变化而变化,但是定位媒介中的信息会因为用户使用定位媒介时位置的不同而不同。

第一章　活的光标：定位媒介与地方感的生成

　　本书认为，定位媒介中的地方感基于诸重界面的诸重交互得以实现。定位媒介与人的混杂生成了赛博人。这种赛博人在感知层面将物理空间与数字空间勾连起来，生成了定位空间。唐·伊德（Don ihde）将人与技术的具身关系描述为"我-技术→世界"的关系。在这种关系中，"我以一种特殊的方式将技术融入到我的经验中，我是借助这些技术来感知的，并且由此转化了我的知觉和身体感觉"①。以此对照基于定位媒介的空间感，"我"是被技术嵌入的我，物理空间亦是被信息定义的空间。如果原有的空间感知被描述为"人→物理空间"，那么经由定位媒介中介的空间感知则呈现为"人-定位媒介→物理空间-数字空间"的关系。

　　麦卡洛（McCullough）说："随着定位系统的普及，所有携带此系统的人都成为活的光标（live cursor），城市规划也随之成为有生命力的活的界面。"②在此过程中，人与物理空间、光标与数字界面形成对应关系。在传统互联网中，光标与人无关，数字界面与物理空间也不尽相关。而在定位媒介中，人以光标的形式出现在数字界面中，人在物理空间中的移动引发光标在数字界面中的移动。光标与身体遥相呼应，同时，网络信息与物理空间互相定义，共同构成了定位过程中网络化空间的内涵。

一、界面与赛博城市中的交互

　　"界面"（interface）含义广泛，既可以是名词也可以是动词，应用范围横跨经济学、计算机、军事、交通、医学、天文学、传播学等领域。不同学科都定义过界面：在工程技术领域，界面主要用来描述各种设备、零部件之间的接口；在应用化学领域，界面指接触的不相混溶的两相交界之处；在

---

① ［美］唐·伊德.技术与生活世界——从伊甸园到尘世［M］.韩连庆，译.北京：北京大学出版社，2012：78.
② McCullough M. Digital ground: architecture, pervasive computing, and environmental knowing[M]. Cambridge: MIT Press, 2004: 88.

管理科学中,界面被定义为人、资源、物之间相互联结和作用的状态;在计算机科学中,界面指计算机的外围设备和显示屏;在文化研究学者眼中,界面指两种或多种信息源面对面的交汇处①。

在交互界面的视角下,界面是"'两个系统、设备或程序'之间的共享边界,以及有可能协商和/或超越上述边界的联系形式"。交互界面"最为重要的特质就在于,它们能在不同的客体和系统边界之间游走"②。关于这种边界和系统,人们当下讨论比较多的包括人/机、虚拟空间/物理空间等。在移动传播的背景下,界面也成为传播学界的重要议题。从现有研究来看,根据交互双方类别的不同,可以大致将此类交互分为三种类型(如表1.1所示)。

表1.1 交互界面的三种类型

	人/机交互	虚拟空间/物理空间交互	人/人交互
内容	人与计算机设备的交互;文化交互界面;人与虚拟空间的交互;有机体与机器的交互	物理空间与数字空间的融合	人与人之间的社会交往
界面	实体的输入设备(如显示器、键盘和鼠标等);各种数据处理方式(如复制、重命名、删除文件等);应用软件	应用软件;赛博格;人机混杂体	作为媒介的物理空间、数字或非数字媒体
结果	人/机间的信息传受;文化的计算机化(数据化);数字空间的具身感知;作为赛博格的人机混杂体	混杂空间;地理媒介;媒体建筑混杂体;代码/空间	社会网络
代表人物	波斯特、马诺维奇、法尔曼、埃文斯、哈拉维、海勒斯等	席尔瓦、弗里特、麦夸尔、基钦、道奇等	瓦尔等

---

① [美]迈克尔·海姆.从界面到网络空间——虚拟实在的形而上学[M].金吾伦,刘钢,译.上海:上海科技教育出版社,2000:76-79.朱亚希.从移动界面出发理解传播:论新媒介时代移动界面传播的三重属性[J].新闻界,2020(9):26-34.
② [英]尼古拉斯·盖恩,[英]戴维·比尔.新媒介:关键概念[M].刘君,周竟男,译.上海:复旦大学出版社,2015:51.

第一章　活的光标：定位媒介与地方感的生成

按照波斯特的说法，界面介于人机之间，"使相互排斥而又相互依存的两个世界彼此分离而又相连"。"高品质的界面容许人们毫无痕迹地穿梭于两个世界，因此有助于促成这两个世界间差异的消失，同时也改变了这两个世界之间的联系类型。界面是人类与机器之间进行协商的敏感的边界区域，同时也是一套新兴的人/机新关系的枢纽。"① 根据对"机"的定义不同，人机交互可以分为四个层面的内容。第一，人与计算机之间的交互。这停留在计算机技术的层面，通过相关数字技术，计算机向人呈现内容，人向计算机输入内容。第二，人通过计算机界面与文化交互。这以马诺维奇为代表，他认为人机交互界面包括实体的输入设备（如显示器、键盘和鼠标等）和各种数据处理方式（如复制、重命名、删除文件等）。这种交互界面是一种能够为人们提供独特的世界模式、逻辑体系、意识形态的"代码"（code）。因此，"交互界面塑造了计算机用户对于计算机本身的想象，也决定了用户对于通过计算机获取的媒体对象的看法"，最终，"以特定的方式组织计算机数据，为用户提供了不同的世界模式"②。马诺维奇认为，随着互联网的普及，文化形式（如文本、照片、电影、音乐等）的传播都被数据化了，因此，"我们不再与计算机'交互'，而是在与以数字形式编码的文化'交互'"。他使用"文化交互界面"一词来描述"人-计算机-文化交互界面"，并认为"这是计算机呈现文化数据的方式，也是计算机允许用户与文化数据进行互动的方式"③。第三，人与虚拟空间的交互。界面成为数字空间具身感知的界面。这以法尔曼为代表，他较为强调空间的具身生产，具身意味着一种以数字界面为中介的感知铭刻。以数字界面为中介，人、技术、空间形成了一种紧密互动的关系。对于法尔曼而言，移动技术是一种具身化的、空间化的技术。界面是人们具身的重要途径，移动界面的出现形成了另外一种具身形式和感知铭刻形式，影响了空间的生产。第四，有机体与机器的交互。在海勒斯和哈拉维等后

---

① ［美］马克·波斯特.第二媒介时代［M］.范静哗，译.南京：南京大学出版社，2005：18.
② ［俄］列夫·马诺维奇.新媒体的语言［M］.车琳，译.贵阳：贵州人民出版社，2020：70,64,65.
③ ［俄］列夫·马诺维奇.新媒体的语言［M］.车琳，译.贵阳：贵州人民出版社，2020：70-71.

人类学者看来,人机的交互生成了一种赛博格。这种赛博格是无机物机器与生物体的组合,模糊了人类与动物、有机体与机器、物质与非物质的界限①。

与波斯特和马诺维奇不同,席尔瓦、弗里特、麦夸尔、基钦(Kitchin)、道奇(Dodge)等则较为关注物理空间与数字空间的融合,认为这种融合催生了新的空间形态,而数字界面成为二元边界互嵌的中间环节。席尔瓦和弗里特认为,在定位媒介中,位置成为网络信息的组织逻辑,促成了物理空间与网络空间的融合,产生了一种混杂空间、一种"net locality"②。麦夸尔认为,随着"空间化了的媒体平台的激增和杂合空间的整体生产",当代城市成为一种"媒体-建筑混杂体"、一种"媒体城市"。这"凸显了媒体技术在当代城市空间的动态生产中的作用"③。这种网络数字媒体在物理空间中的扩张也生成了一种"地理媒介"(geomedia)。在数字技术空间化的结构性耦合过程中,人们的空间体验能力被改变,数字技术本身也成为空间的有机组成部分④。基钦和道奇认为,软件和物理空间的互嵌生成了一种"代码/空间"(code/space),"空间性是代码的产物,代码的存在主要是为了产生一种特定的空间性"⑤。在数字空间与物理空间的交互中,存在两种界面类型:一种是机,即与计算机相关的硬件或软件;一种是人机交互而成的混杂体。在移动数字时代,随着随时随地移动传播过程中人机一体化的加剧,在讨论数字空间与物理空间交互的时候,已经不能够将人、机分开来谈。因此,在这个层面,人机一体化的赛博人成为赛博城市的一种元界面。

---

① 欧阳灿灿.当代欧美身体研究批评[M].北京:中国社会科学出版社,2015:165.
② Gordon E, de Souza e Silva A. Net locality: why location matters in a networked world[M]. Malden: Wiley-Blackwell, 2011.
③ [澳]斯科特·麦奎尔.媒体城市:媒体、建筑与都市空间[M].邵文实,译.南京:江苏教育出版社,2013:1.
④ [澳]斯科特·麦夸尔.地理媒介:网络化城市与公共空间的未来[M].潘霁,译.上海:复旦大学出版社,2019:中文版序第1页.
⑤ Kitchin R, Dodge M. Code/space: software and everyday life[M]. Cambridge: The MIT Press. 2011: 16.

第一章　活的光标：定位媒介与地方感的生成

社会界面采用一种界面中介化的隐喻，关注人与人之间关系的促生要素。例如，瓦尔认为，城市公共空间就有一种界面的功能，当下数字媒体界面也对城市公共空间的界面功能产生了影响。瓦尔说："城市生活的动态总是由各种各样的交换过程的积累组成。在很大程度上，日常生活总是在围绕着协调个人和集体身份，协调当前与过去，协调不同城市公众的关注和利益。从这个角度来看城市公共范畴一直都是一个界面功能。"经由这一物质界面，城市中的集体时间得以形成，同时，物质环境的形式和意义也随之改变[1]。这里的社会界面重点关注人与人之间的交往互动媒介。按照瓦尔的观点，扬·盖尔（Jan Gehl）所论述的城市空间与公共生活中的空间也可以被看作一种界面[2]。按照这种界面观，除了物理空间之外，所有能使人与人发生关联的事物都可以被视为一种界面，包括前文提及的硬件和软件。

上述三种界面的维度并不是互相独立的，而在赛博城市的移动场景中是相互关联的。人机的交互作为一个初始环节，将人的感知与机器相连。作为一种知觉器官，人通过数字界面感知数字空间。当人行走在物理空间中时，这种数字空间与物理空间通过身体的具身感知，在个体的经验层面相互交织在一起，造就了赛博城市这种数字与物理的混杂体。赛博城市这种新的空间形态作为一种界面，在人与人交往的层面也促成了新的社会关系形态，影响了城市内部的私人交往和公共生活。

从现有文献来看，国外关于定位媒介研究的重要学者大概有四位，即席尔瓦、弗里特、法尔曼、埃文斯（Evans）。从理论的侧重点来看，他们大致可以分为两种类型。席尔瓦和弗里特师徒主要从"混杂空间"的视角，将定位媒介视为一种交互界面，主要关注的是数字空间与物理空间的交互，身体与数字技术的交互未被纳入讨论重点。法尔曼和埃文斯对于定位媒介的讨论

---

[1] ［荷兰］马汀·德·瓦尔.作为界面的城市——数字媒介如何改变城市[M].毛磊，彭喆，译.北京：中国建筑工业出版社，2018：XVI，XVII.
[2] ［丹麦］扬·盖尔.交往与空间[M].何人可，译.北京：中国建筑工业出版社，2002；［丹麦］扬·盖尔，比吉特·斯娃若.公共生活研究方法[M].赵春丽，蒙小英，译.北京：中国建筑工业出版社，2016.

则大致属于人机交互的范畴,更多将定位媒介这一移动界面作为一种具身技术,来探讨定位媒介与空间之间的关系。在他们的视野中,定位媒介作为一种移动界面,在空间具身和空间生产过程中发挥作用。

从经验层面看,定位化移动是一个定位媒介、身体、物理空间、数字空间共同关联的过程。这意味着需要将四位学者放置在同一个体系中加以考量,才能洞悉定位化移动的过程。本书试图综合上述研究,以交互界面的视角为切入点,讨论身体、定位媒介、物理空间之间的交互如何影响人的具身感知,进而影响移动和地方生产实践。

具体而言,在定位化的过程中,存在着双重交互和双重界面。首先是人机(作为定位媒介的手机)的交互,在此过程中,手机界面为交互界面。由于定位媒介具有定位属性,因此,人的身体在移动过程中的每个驻足也被数字媒介感知。定位媒介根据身体的位置提供相应信息。其次是物理空间与数字空间的交互。在定位化的过程中,定位媒介提供的信息与物理空间相关。人对于数字空间与物理空间的具身感知相互交织,形成了一种混杂空间。在此过程中,人与手机交互而成的赛博格成为交互界面。正是这种双重交互使人、技术、空间以定位化的方式关联起来,从而使活的光标的移动和地方实践成为可能。

二、作为赛博人的"人-定位媒介"混杂体

人是一种技术性的存在。唐·伊德将人与世界的生存的技术关系称为一种"具身关系"(embodiment relations)。"在这种使用情境中,我以一种特殊的使用方式将技术融入到我的经验中,我是借助这些技术来感知的,并且由此转化了我的知觉和身体的感觉。"在这种技术具身中,"技术就好像融入到我自身的知觉的-身体的经验中"[①]。身体越来越多地是技

[①] [美]唐·伊德.技术与生活世界——从伊甸园到尘世[M].韩连庆,译.北京:北京大学出版社,2012:77-78.

的、与技术相关的、被技术增强的。"作为身体的我,借助技术手段与环境相互作用",技术在此过程中"把实践具身化",从而形成了一种"我-技术→世界"①的具身关系。在这种关系中,"人可以通过技术直接经验世界,而且由于技术的贴身和'透明',人的知觉和世界形成了一种同构"②。

法尔曼认为,梅洛-庞蒂关于具身问题的相关讨论,可以归纳为"具身是通过感知实现的"。在此基础上,法尔曼讨论了数字时代的具身问题。法尔曼综合后结构主义与现象学,认为人的感知是一种身体的"感知铭刻"(sensory-inscribed),而在此语境下的身体也是一种"感知铭刻的身体"(sensory-inscribed body)。这一概念意指,在人的肉身之外,还存在一些社会物质的因素在影响人的具身。这就将具身的问题引向了"媒介化具身"。在法尔曼看来,媒介技术也是一种重要的感知铭刻形式,会影响人的具身感知。在数字环境下,网络信息技术成为人类身体感知铭刻的重要形式,影响了人们关于外部世界的身体经验。人的空间观念源于身体的感知,因此,空间的问题本身就关乎具身。在数字时代,人的具身越来越经由数字技术的中介,形成一种数字媒介化具身③。

理查德森(Richardson)认为,"每种人类-技术的关系都是一种身体-工具的关系,每种身体-工具的关系都能够产生某种类型的在世存有(being-in-the-world),以及不同的了解世界和创造世界的方式"④。刘海龙和束开荣认为,具身观念可以用来反观新传媒技术及其实践,从而将虚拟现实理解为具身性的传播实践⑤。从这一身体观念出发,作为定位媒介的智能手机也关乎具身。

---

① [美]唐·伊德.技术与生活世界——从伊甸园到尘世[M].韩连庆,译.北京:北京大学出版社,2012:91.
② 黄旦."千手观音":数字革命与中国场景[J].探索与争鸣,2016(11):20-27.
③ Farman J. Mobile interface theory: embodied space and locative media[M]. New York: Routledge, 2011: 41, 35.
④ Richardson I. Pocket technoscapes: the bodily incorporation of mobile media[J]. Continuum: Journal of Media & Cultural Studies, 2007, 21(2): 205-215.
⑤ 刘海龙,束开荣.具身性与传播研究的身体观念——知觉现象学与认知科学的视角[J].兰州大学学报(社会科学版),2019,47(2):80-89.

不同的具身实践所产生的空间经验亦不相同。定位媒介研究亦是如此①。埃文斯和萨克尔认为，如果空间被认为是一种社会生产，定位媒介则可以被看作一种新的空间生产的技术。他们从梅洛-庞蒂的具身概念出发，认为定位媒介作为一种具身技术，使人们对空间产生了新的具身认知②。他们还将定位媒介视为一种为用户带来新的空间性的编码实践。在这一过程中，定位媒介可以被视为一种具身的代理人（embodied agent）。通过它，人的身体被感知铭刻，并与肉体的具身经验相互交织③。

作为定位媒介的智能手机，在知觉层面重塑了身体的边界。作为一种空间具身技术，用户借助定位媒介感知周围的环境，获取空间、人、物的相关信息。定位媒介的具身化性质，"耦合了身体、物质与符号，连接了具身与中介、物质与象征"④。人与世界经由定位媒介形成知觉同构。

在这种具身中，作为定位媒介的智能手机与身体成为一种混杂体。孙玮认为，这是一种身体-主体，将感性知觉整合进身体，反叛了意识-主体。不同于梅洛-庞蒂的身体-主体，这里的身体是被技术嵌入的，身体-主体所连接的世界是虚拟与现实相混杂的世界。这种主体是被技术穿透的、浸润的，是一种赛博人⑤。

人/定位媒介交互而成的赛博人，在定位化移动中具有双重意义：一方面，定位媒介作为一种感知界面，在人的空间具身层面发挥作用；另一方面，身体是定位媒介移动的依托，因为身体具有物理空间属性，所以定位媒介在移动的过程中也被赋予了相应的空间属性，这为物理空间与基于定位媒介的数字空间的交互提供了定位化的条件。在"人-定位媒介→世界"的知觉同构关系中，不仅人变成了一种赛博人，而且经由赛博

---

① Evans L, Saker M. Location-based social media: space, time and identity[M]. London: Palgrave Macmillan, 2017: 22.
② Evans L, Saker M. Location-based social media: space, time and identity[M]. London: Palgrave Macmillan, 2017: 17-19.
③ Evans L, Saker M. Location-based social media: space, time and identity[M]. London: Palgrave Macmillan, 2017: 25-37.
④ 谢静.私社区：移动新媒体时代的自我、他人与地方[J].南京社会科学，2019(1)：109-116.
⑤ 孙玮.赛博人：后人类时代的媒介融合[J].新闻记者，2018(6)：4-11.

人中介的空间也变成一种定位空间。

三、定位空间：赛博空间与物理空间的定位化融合

网络数字空间经常被称为"赛博空间"（cyberspace）。这个术语是由吉布森（Gibson）在他20世纪80年代出版的科幻小说《神经漫游者》一书中提出的[①]。当时，这不过是吉布森在计算机技术和维纳控制论的影响下，关于人类生存状况的一种天马行空的想象。自20世纪90年代万维网面世以来，赛博空间逐渐成为一种现实，并急剧影响了社会发展的进程。赛博空间对于定位媒介并没有太大的解释力，或者说不能描述定位媒介的全部"真相"。因为人们在提及赛博空间时，往往有一个核心的指向或者说预设，即其虚拟性的一面，并且这种虚拟性是与物理空间相背离的。在这种预设中，赛博空间的属性是比特。这与物理空间的原子属性格格不入。大卫·里昂（David Lyon）认为，"'赛博空间'，顾名思义，必然具备空间的含义；其次由于它所存在的特殊领域——赛博（cyber，网络空间），这个'空间'带有明显的'虚拟'特征"。这种虚拟特征"完全突破了原有的时空距离和物理学意义上的疆域限制"，因此，"区分'这儿'和'那儿'已经无任何意义了"。赛博空间"打破了世俗的枷锁，甚至挣脱身体的束缚，最终释放自我，解放灵魂。赛博空间真正做到了使人摆脱'肉身'的限制，达到'灵肉分离'的境界"[②]。在赛博空间的概念下，实在的身体与物理空间成为与虚拟的网络空间相分离的一种存在。而这两种因素恰恰是定位媒介的核心组成部分。

席尔瓦认为，赛博空间的概念具有三重缺陷：物理空间和数字空间的分离；强调网络节点，而非空间结构（spatial structure）；社交空间

[①] [美]威廉·吉布森.神经漫游者[M].Denovo,译.南京：江苏文艺出版社,2013.
[②] [加]大卫·里昂.赛博空间：是超越信息社会的存吗？[M]//[英]约翰·阿米蒂奇,乔安妮·罗伯茨,编著.与赛博空间共存：21世纪技术与社会研究.曹顺娣,译.南京：江苏凤凰教育出版社,2016：13-15.

（social spaces）以线上为主的乌托邦想象。在他看来，手机的出现打破了人们对于赛博空间的传统认识。作为一种移动界面，手机重构了人、物理空间与赛博空间的关系。作为传播中介的界面的变化，会导致其所中介的社会关系的变化，进而影响空间生产。面对移动界面的广泛应用，席尔瓦提出了"混杂空间"（hybrid spaces）的概念，旨在在移动传播时代重新界定物理空间与赛博空间之间的关系。席尔瓦认为，当下的移动数字设备"创造了人们和互联网之间更加生动的关系，其嵌入了人们的户外活动和日常生活，我们再也不能够严格区分开物理空间和数字空间的界限"。移动界面作为传播中介者（communication mediators），在赛博空间与物理空间中间呈现信息，使二者彼此定义。"混杂空间是之前称之为赛博空间的虚拟社区（聊天、多用户域和大型多人在线角色扮演游戏），由于使用移动技术作为界面而迁移到物理空间时出现的。"席尔瓦从"连接空间""移动空间"和"社会空间"三个维度定义了混杂空间的概念：首先，移动技术作为界面，模糊了物理空间与数字空间之间的传统边界；其次，移动界面将网络带入了移动中的物理空间；最后，混杂空间重构了城市社会空间[1]。

弗里特认为，混杂空间这一概念对于理解作为定位媒介的智能手机非常有用，因为它驳斥了数字信息与物理空间的二分[2]。在混杂空间中，手机显然成了一种"交互界面"。这种"交互"意义重大，克服了"软件/硬件、物理/虚拟、概念/物质"诸种二元对立，成为"一个协商的空间，一个不同系统之间交融的点"[3]。在尼古拉斯·盖恩（Nicholas Gane）和戴维·比尔（David Beer）看来，混杂空间"整合了虚拟和物理空间，从而使得两者密不可分"，代替了"将交互界面视为两个世界之间的隔膜的观点"。在这里，"交互界面成为一个重新思考社会和物理空间联系的关键

---

[1] de Souza e Silva A. From cyber to hybrid: mobile technoligies as interfaces of hybrid spaces[J]. Space and Culture, 2006, 9(3): 261–278.
[2] Frith J. Smartphones as locative media[M]. Cambridge: Polity Press, 2015: 8.
[3] ［英］尼古拉斯·盖恩，［英］戴维·比尔.新媒介：关键概念［M］.刘君，周竞男，译.上海：复旦大学出版社，2015: 64–65.

概念工具"①。"在混杂空间中人们所接触到的数字信息不再是外在于物理空间的了,对于用户来说,其就是物理空间的组成部分。"②

席尔瓦也认为,定位媒介较好地体现了物理空间与赛博空间的混杂③。在混杂的过程中,定位媒介、用户、赛博空间、物理空间之间建立了一种持续的关联。这既促生了新的空间形态,也重新定义了这一空间中的人际交往与社会关系④。定位媒介"在物理世界之上创建了一个数字层,激发了新的社会互动实践"⑤。

混杂空间应该是一个复数的概念,不同界面的不同交互、所产生的混杂亦不尽相同。例如,微信视频通话与手机导航所产生的混杂空间大不相同。关键在于网络信息与物理空间的关系不同。因此,定位媒介是混杂空间的一个独特案例。这种独特性源自定位媒介的特性——定位化。在这一层面,基于定位媒介的混杂空间可以被称为"定位空间"(locative space)。其中,信息与位置、数字与物理以定位化的方式相关联。这使定位媒介区别于其他形式的混杂技术。

总之,在定位化移动中,物理空间与虚拟空间经由人/定位媒介混杂而成的赛博人以定位化的方式相互交织,生成了一种定位空间。与此同时,居于定位空间的赛博人,在光标与身体、物理空间与数字界面的交互中开展具体的移动行为。在此过程中,人与空间均被数字技术铭刻、穿透。在赛博城市中,人的空间感知也就成了赛博人对于混杂空间的感知。物理与数字的彼此交互催生了赛博城市的空间感知和地方实践。

---

① [英]尼古拉斯·盖恩,[英]戴维·比尔.新媒介:关键概念[M].刘君,周竞男,译.上海:复旦大学出版社,2015:63.
② Frith J. Smartphones as locative media[M]. Cambridge: Polity Press, 2015: 8.
③ de Souza e Silva A. From cyber to hybrid: mobile technologies as interfaces of hybrid spaces[J]. Space and Culture, 2006, 9(3): 261-278.
④ Saker M, Frith J. From hybrid space to dislocated space: mobile virtual reality and a third stage of mobile media theory[J]. New Media & Society, 2019, 21(1): 214-228.
⑤ Bilandzic M, Foth M. A review of locative media, mobile and embodied spatial interaction[J]. International Journal of Human-Computer Studies, 2012, 70(1): 66-71.

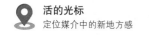

活的光标
定位媒介中的新地方感

第四节 定位空间中的新地方感

一、研究问题

空间感是地方感的重要基础,不同的空间感会促生不同的空间实践,进而生成相应的地方感。需要追问的是,基于定位媒介的空间感促生了何种空间实践,生成了何种新的地方感,进而在网络社会的流动空间中重新激活地方的活力和价值。

传播学中关于电视的受众研究有一个经典的形象——"沙发土豆"或者"容器人"。这一术语意在描述,由于收看电视是在背靠沙发、面向荧屏的狭小空间中进行的,这种封闭、缺乏现实社会互动的环境使得大多数电视观众养成了孤独、内向、以自我为中心的性格,社会责任感较弱。在网络时代,个体以节点的形式生存于网络空间,催生了大批宅男、宅女。宅男、宅女大都沉浸在网络虚拟空间中,与网络中的虚拟人物进行准社会互动,或者与遥远他处的网友产生关联。在这种"数字游牧"中,个体从地方抽身而走。物理空间的障碍被网络空间逾越,个体与地方的关系因而成了问题。于是,地方和附近的消失成为一种哀叹的话语。

项飙认为,现代社会的一个趋势是,作为日常互动场所的邻里和工作空间的附近逐渐消失了。人们(尤其是年轻人)很少能对其周围的人和空间变化进行详尽的描述。项飙对于附近的消失的讨论主要围绕公共交往展开。他认为,"在附近这个生活场景中,来自不同背景的个人不断相遇。附近将不同的立场带入同一视野,从而构成一个视域。在这一视域中,人们可以对现实形成更细致的理解,从而发展出新的社会关系和行动。附近意识可以防止地方社区沦为行政控制单位和资本获取价值的场所。"[①]

---

① 项飙.作为视域的"附近"[J].清华社会学评论,2022,1: 78-98.

但从地方感的视角来看,附近可以被视为人对于附近的感知,以及基于这种感知产生的地方实践和紧密的人地关系。在定位媒介的各种应用中,都有附近的功能。例如,微信的"发现"中有"附近"这一功能,点击之后,用户可以看"同城直播""附近的人";百度地图中有"周边""搜附近"等设置……这都成为定位媒介与地方关系产生的重要实践形式。

沿着梅罗维茨地方感(地域)消失的论述,在移动数字环境中,随时随地传播的特性使个体能够在任何时间从地方空间中抽身,地方仅仅成为肉体的容器,而非精神的家园。这与其说是"附近"的消失,毋宁说是"附近"的转型,是一种移动传播时代地方的转型。

移动数字媒体和地方并非决然对立。在定位媒介的案例中,地方和数字媒体以新的方式进行了结合。经由定位媒介的中介个体与地方的关系,呈现出"人-定位媒介→物理空间-数字空间"的关系。其中,定位媒介既改变了空间的感知方式,也改变了空间的形态。这种感知方式的重塑对于地方的意义是什么,需要在经验层面进一步追问和展示。

二、研究方法

针对上述问题,本研究将基于定位媒介的地方实践置于物质文化研究的范畴,采用数码人类学的研究方法。"人类学有两大任务,一是理解什么是人,二是理解人性是如何透过多元文化表现出来的。数码科技的发展给这两者都带来了新的作用力。"在丹尼尔·米勒(Daniel Miller)等人看来,人类与数码科技是辩证地相互定义的,他们希望借助数码人类学来探讨"数码科技对人到底意味着什么"[①]。借用米勒的表达,本书也试图将数码人类学作为研究方法,进而追问"活的光标对人地关系到底意味着什么"。

---

① [英]丹尼尔·米勒,[澳]希瑟·霍斯特.数码人类学[M].王心远,译.北京:人民出版社,2014:封皮内页.

（一）数码人类学：作为物质文化的数码与人何以为人

丹尼尔·米勒和希瑟·霍斯特（Heather Horst）在谈论数码与人的关系时说，数码作为物质文化的组成部分，不能仅仅被视为人类生产生活的衬底，而应该被视为人之所以为人的重要因素。他们所提倡的数码人类学，旨趣正在于此①。两位学者认为，这驳斥了数码的"非真实性"的迷思②。这延续的是物质文化的思路。物质文化是研究人与物相互关系的学科，反对将社会简化为社会关系，认为社会依赖于物质秩序③。"该术语的前半部分指出了有型物体在日常物质和精神生活中的重要性，而后半部分则说明关注日常生活中的有形物体，并不意味着忽略有符号意义的东西或道德规范。"物质与文化之间的关系可以概括为"社会生命都有物""物有社会生命"④。物质文化的目的在于打破物与人之间的二元对立，采取一种关系的视角审视二者，进而在人与物之间建立一种非二元模型。"其中既没有社会也没有文化形式被优先赋予特权，而是被当作相互赋权。"⑤从这种人与物的关系预设出发，米勒的物质文化研究所关注的问题是"物是如何融入人的生活并使人无法意识到它的存在，从而在这个过程中建立起秩序的，譬如数码的物质性"⑥。数码人类学是米勒等人关于物质文化研究在数字领域的延伸。米勒对数码的定义是："所有由1和0的二元数字发展而来，可约化为数字二元的事物。"这种被约化的数字二元"又可进而增值无限的特殊性和差异性"⑦。米勒在探讨物质（或数

---

① ［英］丹尼尔·米勒，［澳］希瑟·霍斯特.数码与人类［M］//［英］丹尼尔·米勒，［澳］希瑟·霍斯特.数码人类学.王心远，译.北京：人民出版社，2014：5.
② ［英］丹尼尔·米勒，［澳］希瑟·霍斯特.数码与人类［M］//［英］丹尼尔·米勒，［澳］希瑟·霍斯特.数码人类学.王心远，译.北京：人民出版社，2014：16-17.
③ Horst H, Miller D. Normativity and materiality: a view from digital anthropology[J]. Media International Australia, 2012, 145(1): 103-111.
④ ［英］西莉亚·卢瑞.消费文化［M］.张萍，译.南京：南京大学出版社，2003：1,9,17.
⑤ ［英］丹尼尔·米勒.物质文化与大众消费［M］.费文明，朱晓宁，译.南京：江苏美术出版社，2010：17.
⑥ 张进，王垚.论丹尼尔·米勒的物质文化研究[J].西北师大学报（社会科学版），2018,55(2)：39-44.
⑦ ［英］丹尼尔·米勒，［澳］希瑟·霍斯特.数码与人类［M］//［英］丹尼尔·米勒，［澳］希瑟·霍斯特.数码人类学.王心远，译.北京：人民出版社，2014：4-6.

码)与人时的这种物与人的相互关系,契合了"定位媒介中的新地方感"的思路。如果要更清楚地表述这种一致的立场,或许本书的研究问题可以表述为:定位媒介如何融入人的地方生活并使人无法意识到它的存在,从而在这个过程中建立起秩序,譬如定位媒介的物质性。

米勒等人所提倡的关于数码的物质文化研究,仍属于文化研究的范畴,但与传统的文化研究有差别。伯明翰学派的文化研究似乎更契合所谓的"媒体人类学",而非"数码人类学"。金斯伯格(Ginsburg)等人倡导的媒体人类学与数码人类学之间似乎都有着相同的关怀,但细究之下又并不完全等同。媒体人类学的研究"关注人们如何围绕媒介展开活动实践,从而探究媒介是如何嵌入到不同社会与文化生活之中",对"人们使用和理解媒介技术,以及围绕媒体社会实践做出文化阐释"[1]。郭建斌在回顾国外多位学者关于媒体人类学的界定后,给出这样一个定义:"媒体人类学是对于媒体相关的社会实践的民族志研究。"[2]这一定义像极了库尔德里对于媒介实践的解释。然而,媒介技术在这一过程中发挥了何种作用,却或多或少地被媒体人类学忽视了。这不是说媒体人类学的学者们不重视媒介技术,他们也强调媒介在社会实践中的作用,例如金斯伯格等就认为"重新塑造媒介民族志的形象,需要扩大范围,将科技本身的物理和感官特性考虑在内,并审视跨文化传播的物质性"。在媒体人类学的视域中,"媒介科技不是中立的","每一种新媒介都会将其与身体、感官、时间、空间的新关系强加给社会"[3]。但吊诡的是,在大多数媒体人类学的研究中,技术作为行动者在媒介实践中所发挥的作用并没有如此这般得到强调。而数码人类学考察了"人与物的亲密的互构关系"[4]。这种互构关系中便存在着物之于个体日常生活的价值。因此,米勒等人提

---

[1] 孙信茹.作为"文化方法"的媒介人类学研究[J].南京社会科学,2019(5):113-120.
[2] 郭建斌.媒体人类学:概念、历史及理论视角[J].国际新闻界,2015,37(10):49-64.
[3] [美]费·金斯伯格,[美]里拉·阿布-卢赫德,[美]布莱恩·拉金,编.媒体世界:人类学的新领域[M].丁惠民,译.北京:商务印书馆,2015:38.
[4] 张进,王垚.论丹尼尔·米勒的物质文化研究[J].西北师大学报(社会科学版),2018,55(2):39-44.

出的数码人类学更为契合本书的理论预设。对于定位媒介的研究，本书试图采用数码人类学的方法，以一种人与物相互关联的"物质文化"的立场，来分析定位媒介如何嵌入人们的日常生活，激发了什么样的人地关系和地方感。

（二）研究方法

数码人类学的核心方法是参与观察，其贡献在于"帮助人类学家通过观察人们的行为从而了解其隐含的意义"[①]。人类学的核心方法是阐释，要求研究人员进入特定的田野场景中，进行深入的、持续的观察。这是一种"文化方法"，是人类学的特殊"语法"。关于媒介的人类学研究亦是如此。研究者需要深入媒介使用的具体文化场景中，进行持续的观察与记录，描述人们的媒介行为，阐释这些行为中的文化意义[②]。随着数字文化的发展，网络空间也成为人类学家田野的组成部分。研究者需要结合自己的需要，进行线上的参与和观察[③]。遵循数码人类学的研究方法，本研究主要通过参与式观察、深度访谈、网络民族志、自我民族志等方法，对定位媒介的相关使用情况进行详细的记录。

本研究的田野工作正式开始于2018年4月，主要的田野工作基本在广东省湛江市完成，采用滚雪球式的方法，共访谈72人（见附录）。这些访谈对象大都为GMY大学的学生，还有部分社会人士。选择大学生作为本研究的主要观察对象，除了研究的便利性之外，另一个主要原因是，大学生群体的媒介经验较为丰富，其日常生活中使用定位媒介的频率较高，能够充分展示定位媒介所激发的新的社会实践。访谈在征求访谈对象的同意下全程录音，之后通过"讯飞听见"和人工相结合的方式整理成文字档案。在访谈过程中，研究者同时记录了访谈对象的相关反应和研究者的一些主观感受。

[①] 汤姆·毕昂斯托夫.反思数码人类学[M]//[英]丹尼尔·米勒,[澳]希瑟·霍斯特.数码人类学.王心远,译.北京：人民出版社,2014：68-70.
[②] 孙信茹.作为"文化方法"的媒介人类学研究[J].南京社会科学,2019(5)：113-120.
[③] [美]罗伯特·V.库兹奈特.如何研究网络人群和社区：网络民族志方法实践指导[M].叶韦明,译.重庆：重庆大学出版社,2016.

有一些访谈(尤其是关于blued的访谈)由于关涉较为敏感的个人隐私,访谈对象不愿意面谈,便改为线上访谈。相关记录也被整理成文字稿。

除深度访谈之外,因循质化研究往往将研究者自身视为研究工具的惯例,笔者也积极地使用相关定位媒介应用,借以熟悉相关应用程序的设置和作用,从主观层面对这些应用有一个感性的认识。作为自我民族志方法在传播学研究中的具体运用,上述定位媒介的详细使用过程均通过客观的智能手机数字痕迹和主观的使用体验两方面被详尽地记录下来,作为补充性的一手研究资料。

此外,诸如移动地图这类应用,在访谈过程中访谈对象很难回忆起具体的细节问题,尤其是导航中的数字信息和物理空间的交互情况。针对这种情况,笔者采取影像记录法,结合深度访谈,详细回顾了具体场景中的交互情况。

在基于移动地图的地方记忆部分,笔者还采用了日志法和认知地图、深度访谈相结合的方法,探究了四位大一新生在开学之后的三个月中如何借助移动地图形成对湛江市的地方感。

有一些部分,笔者还使用了网络中网友书写的一些评论和故事。这些评论在某种程度上能够反映出人们对于某个定位媒介的认识与评价。对于这些网友留下来的故事,其真实性可能值得怀疑,但定位媒介在故事中扮演的角色值得深究,至少能反映网友对定位媒介的认知。

三、研究框架

通过对田野材料的梳理,本研究认为,定位媒介中的新地方感主要表现在导航、自我追踪、地缘社交、地方记忆四个相互关联的方面。这四个方面从不同侧面体现了定位媒介所激发的地方实践。在这些相互纠缠又各有侧重的地方实践面向中,个体的地方得以生产,地方感得以刷新。田野调查中的每个案例都能够发现这四个方面的影子。第二章至第五章之所以将其分开来谈,一方面是因为智能手机中具有定位功能的APP在这四个方面各有偏重（详见上文对于智能手机中定位媒介的分类），另一方面是因为本书试图对这四个方面分别展开深入讨论。

第二章关注移动地图与地方的导航实践。导航是活的光标移动的过程，也是个体用身体经验物理空间的过程，因而可以被视为人地关系的重要面向。基于定位媒介的地方生产实践是一种移动实践，得益于定位媒介所促成的移动力。移动地图及其变种是定位媒介的核心要素，是定位媒介移动力的"源泉"。第二章既探究了基于移动地图的地方认知和行走实践，也为下述章节基于移动地图的其他应用的讨论提供理论基础。

第三章关注基于活的光标的自我追踪、自我认知。在定位空间中，人们经由定位媒介感知自我的空间位置与移动，自我基于地方被再生产。这凸显了物理地方之于个体的价值，生成了一种特殊的人地关系。定位空间中的身体是可被追踪、量化的。基于定位媒介，人们有了一种新的观看、认知移动自我的方式。第三章以跑步类APP为例，关注了定位媒介自我追踪的维度。

第四章关注定位空间中的地缘社交。定位空间中自我与他人位置的可追踪化，促发了地方空间中熟人或陌生人间的社会交往。作为一种交互界面，定位媒介在自我与他人之间营造了一种新的空间性与时间性，中介了自我与他人的关系。第四章以LBSN为例，强调地方空间在数字时代的交往过程中依然有存在价值。

第五章关注定位空间中的地方记忆。上述地方实践也是一种记忆实践，在具身与中介、物理与数字、实在与虚拟的耦合中，人们的地方记忆被生产和存储。在移动地图所激发的移动性实践中，人们用移动地图来经验空间。移动地图作为一种移动力和地方的第三记忆，帮助人们与物理空间相接触，促生了地方的第一记忆和第二记忆。借助移动地图，用户也能够获得间接的地方经验。打卡行为可以被视为一种地方生产的仪式和第三记忆的生产行为，同时作为一种地方的呈现也影响了人们的地方经验。人们借助定位媒介记录了地方中的移动轨迹。这种自我追踪作为地方的第三记忆，补余了第一记忆，即肉体对地方移动感知的局限。

最后，在上述地方实践的基础上，本研究认为，移动数字媒体本质上并不是反空间和无地方的。以定位媒介为代表的数字媒体，改变了人的感知模式，也转换了空间的形式，创生了一种新的空间感。人的身体成为活的光标，物理空间成为活的界面。数字与物理之间的交相呼应，使得定位媒介连接了人与地方，在移动数字时代彰显并刷新了地方的价值。

本 章 小 结

定位媒介以定位化的方式重新将物理空间拉回到移动传播的视野。数字媒体与地理终结之间的因果论断被推翻。定位媒介将人们的注意力从"远方"拉回到足下与附近，使人摇身一变，成为活的光标。这带来了一种空间感知模式的变革。基于交互界面的视角，本章通过身体、空间、定位媒介三者的相互关系，解释了这种空间感知模式。智能手机作为当下城市空间中的定位媒介，与移动中的人相互杂合，促生了一种赛博人。赛博人在知觉层面促使物理空间与赛博空间的定位化杂合，生成了定位空间。从知觉现象学的层面来看，原来"人→空间"的关系，转变成"赛博人→定位空间""人-定位媒介→物理空间-数字空间"的关系。这种空间感具有地方生产和地方感重塑的潜力。以数码人类学为方法，本书接下来试图追问：在定位空间中，人们基于定位媒介所生成的空间感进行着怎样的地方生产实践。本书试图在当下社会挖掘并呈现定位媒介激活地方的潜力和价值。

第二章
导航地方[①]：基于移动地图的地方感知与身体移动[②]

问："提到手机的位置功能，你最先想到什么？"

答："导航！"（俊霖）

"高德地图。"（卓凌）

"百度地图。"（钟祥）

问："除了导航之外呢？"

答："我想想哈……还有……跑步软件……位置共享……"（钟祥）

问："那你能不能谈一谈你对高德地图/百度地图的认识？"

答："这些地图可以给我指路……"

在为期一年多的田野中，有关定位媒介的讨论，大多以类似的对话开启。凡谈论手机定位，几乎所有访谈对象最先想到的都是导航。只有在继续追问或者提示下，他们才会陆陆续续说到跑步软件、微信位置共享、朋友圈定位等位置应用。导航地图已然成为定位媒介的典型代表。

谷歌地图、高德地图、百度地图、腾讯地图……每个人的智能手机里大概都会有其中一个APP。用户借以寻路、搜周边，在城市里穿梭，经验其中的人与物。这些移动地图还成为许多软件运行的基础平台，如美团

---

① 这里的导航地方意在表达基于导航的地方生成。"导航地方"即"导航化地方"，是一种空间的媒介化，也是网络化空间的一种具体体现。下面的"追踪地方""交往地方""记忆地方"均是在这个层面说的。

② 本章内容改编自：许同文.复合空间中的移动实践：作为移动力的移动地图[J].新闻学研究，2020，145：147-195.

第二章　导航地方：基于移动地图的地方感知与身体移动

外卖、滴滴打车、共享单车、微信、咕咚、运动世界校园、陌陌、blued、相册地图、世界迷雾等。导航是在某种技术的引导下，从一个地点到另一个地点的过程。这是一个用身体经验空间的过程，与个体的地方认知密切相关。在这个层面，移动地图是定位媒介及其相关应用的核心，是激发一系列人地关系的关键技术。因此，本研究对于定位媒介与地方生产关系的探讨从移动地图开始。鉴于百度地图与高德地图在中国应用广泛，故本章以此为例来探讨移动地图如何嵌入用户的地方认知和地方行走过程。

在时空压缩空前加剧的当下，空间环境的不确定性愈发凸显。传统的观念大都认为时空压缩是"不安全的、混乱的"，会带来"脆弱感"。于是，人们希求"地方感（sense of place）、本地感（sense of locality）"[1]。空间中有目的的移动是以移动个体对身处空间的认知为前提。地图则为人们"展示和标注了一个地方与其他地方的位置关系，而且以一种容易解码的方式在'真实的'空间中给自身或一组行为定位"[2]。因此，地图本身便攸关地方与移动。

在城市化加速发展的当下，人们经常在不同的城市及其中不同的区位驻足与行走。即使是经常生活的城市，也会因为市政改造或者商店更新而显得陌生。面对陌生的城市空间，置身其中的个体时常要借助数字地图进行空间导航，用一种确定性来对抗现代城市空间的流动性与陌生性。因此，数字地图可以被视为当下地方导航与地方认知的重要技术支撑。

詹姆斯·凯瑞在论述传播的仪式观时，用地图做了一个例证。他将地图定义为"是环境的一个表征（representation），能够让人们了解不熟悉的环境，它能指导人的行为，与此同时把无差别的空间转化成具体的地点——也就是我们可以明白的、领会的空间"[3]。按照他的"传递观"与"仪式观"，地图既作为地方空间的表征，又为地方空间提供表征。这影响

---

[1] [英]多琳·马西.空间、地方与性别[M].毛彩凤、袁久红，丁乙，译.北京：首都师范大学出版社，2018：193.
[2] [澳]德波拉·史蒂文森.城市与城市文化[M].李东航，译.北京：北京大学出版社，2015：146.
[3] [美]詹姆斯·W.凯瑞.作为文化的传播："媒介与社会"论文集[M].丁未，译.北京：华夏出版社，2005：15.

了个体的地方移动实践。

导航是行走实践,也是移动中的人地关系实践。从技术的视角来看,这种移动是被技术创生的过程。本章试图探究基于移动地图的定位空间促生了何种地方认知和移动实践。具体来说,本章借用考夫曼(Kaufmann)提出的"移动力"概念,从技术出发,对这一概念进行补充和改造,认为数字化的移动技术改变了空间感知,进而成为重要的移动力。本章将移动地图作为一种移动力,认为其促发了地方空间中"移动的混杂化""移动的可见化""移动的私人化"。地方也在这种混杂化、可见化、私人化的移动中被生产与更新。

第一节　作为移动力的移动地图与地方感知

一、移动力的技术面向

厄里(Urry)将支撑人、物、信息等移动的系统称为"移动系统"(mobility-systems),并认为20世纪70年代以来移动系统越来越与数字技术相关。这种移动系统何以能够增强个体及社会的移动能力?厄里将其归结为移动系统的可供性(affordance)。在厄里看来,"可供性在移动性范式中是一个有用的概念。可供性发端于人在移动过程中与周围环境的相互作用……环境中特定的'物'为人的活动提供了某种可能性或限制,人成为在精神上、肉体上、技术上被拓展的人和移动的人"。移动技术与人的身体相互交织,产生了不同的移动态的身体[①]。移动系统的可供性对于地方的移动性来说意味着什么?借用考夫曼的说法,移动系统意味着一种地方的移动力。

---

① Urry J. Mobilities[M]. Cambridge: Polity, 2007: 45, 50, 51, 65.

第二章　导航地方：基于移动地图的地方感知与身体移动

考夫曼等学者将移动性分为两种类型："社会的移动性"（social mobility）和"空间的移动性"（spatial mobility）。社会的移动性主要指阶层的流动或者是社会地位的变化，空间的移动性主要指人、物等在地理空间范围内的移动。考夫曼等人认为，两者紧密关联，但当前关于移动性的研究并没有将两者统一起来[①]。考夫曼提出了"移动力"（motility）的概念，试图将两者串联起来。他将"移动力"定义为"个体使用可能的移动性资源，并将这些潜在的资源应用在自己或他人的活动中的能力"。"移动力"这一概念"重点关注的是潜在的流动能力"。在不同的社会文化环境中，社会或空间的移动能力的实现方式及影响是不尽相同的[②]。在这里，移动性"既是一种资源（社会移动能够促进地理移动）"，"也是一种权利（获得地理移动的权利，可以促进向上的社会移动）"[③]。

考夫曼的移动力的概念重点强调人们接触、使用相关移动技术的机会、能力，而非关注移动技术为何及如何促成了移动性，促成了何种移动性。换言之，考夫曼的移动力的概念是一种政治经济视角下对于移动性问题的解读，而非媒介理论的思路。因此，本章试图从技术的角度对"移动力"这一概念进行补充，使其适用于本书的理论脉络[④]。

移动技术是移动性的重要组成部分，不同的移动技术促成了不同的移动性。移动性定义了世界，但同时，移动性又是技术性的[⑤]。按照这种

---

① 考夫曼认为，一方面，"关于空间的移动性（spatial mobility）问题，集中关注时空的移动，而忽视了社会结构和环境的因素"；另一方面，"很多关于空间及社会的移动性的研究，主要局限于当下的和过去的移动问题，而忽视了潜在的移动的可能性问题"。参见 Kaufmann V, Bergman M M, Joye D. Motility: mobility as capital[J]. International Journal of Urban and Regional Research, 2004, 28(4): 745-756。
② Kaufmann V, Bergman M M, Joye D. Motility: mobility as capital[J]. International Journal of Urban and Regional Research, 2004, 28(4): 745-756.
③ 孙九霞，周尚意，王宁，等.跨学科聚焦的新领域：流动的时间、空间与社会[J].地理研究, 2016, 35(10): 1801-1818.
④ 这并不代表"移动力"概念中的社会移动不重要，只是本研究的关注点是媒介技术与空间中的移动的关系。
⑤ 艾伦·莱瑟姆（Alan Latham）等人将移动性范式总结为八个关键命题，其中，第一个命题是"定义世界的是运动和流动性，静态不是主要的"，第七个命题是"社会必须被彻底地理解为社会技术的。技术世界不是某种存在于'社会'之外的东西。它与社会世界的延伸存在着基本的关联"。参见［美］艾伦·莱瑟姆等.城市地理学核心概念[M].邵文实，译.南京：江苏教育出版社, 2013: 19。

思路,正是移动技术定义了社会。关于这一点,考夫曼等学者在论述"移动力"概念时,是有所体现的。他们将"移动力"相互关联的因素分为接近(access)、能力(competence)、使用(appropriation)三种①。在这三种因素中,接近是一个基础性因素,亦是一个技术参与的过程②。虽然移动力关注的是一种潜在的空间和社会的流动能力,但这种流动能力也是一个被技术激发和创造的过程。因此,在这个意义上,促成移动的技术也可以被视为移动力的一个重要组成部分。

一种较为常见的移动技术是便携设备。早期的便携设备以纸质书为代表。21世纪,便携设备更多地以电子化、智能化的形式出现。这种移动计算技术(以智能手机为代表)是"一种颠覆性的技术"③。相较于台式电脑,智能手机使得软件以一种"气态"的方式存在④。"气态"意味着数字技术弥漫于与人们移动的周遭。在厄里看来,移动传播设备之所以能够促成移动性,在于其"产生了新的可供性",表现在"肉体的移动被移动传播设备增强""新的网络资本""移动中的社交性"等方面⑤。

二、移动地图与空间导航

借助地图认识地理空间并在地理空间中移动,是个"古老"又"新

---

① 接近主要指地点、时间、环境等因素对流动性的限制,如选择权和支持移动的环境。其中,选择权主要指可用的交通和传播方式,以及时空范围内设备和服务的可接近性。能力主要指个人或团体所具备的、直接影响到接近性的技能和能力。使用是指个人、组织、机构等根据自己的策略、动机、计划、需求等对自己所占有的移动技术的具体使用。参见 Kaufmann V, Bergman M M, Joye D. Motility: mobility as capital[J]. International Journal of Urban and Regional Research, 2004, 28(4): 745-756。
② Kaufmann V, Bergman M M, Joye D. Motility: mobility as capital[J]. International Journal of Urban and Regional Research, 2004, 28(4): 745-756.
③ [美]迈克尔·塞勒.移动浪潮:移动智能如何改变世界[M].邹韬,译.北京:中信出版社,2013: 6.
④ 按照迈克尔·塞勒的说法,"移动技术改变着软件的本质","它使得软件从'固态'变为'气态'":"在台式电脑时代,软件以固态存在,仿佛一块儿大石头搁在桌上,人们必须在桌边使用软件。这严重限制了人们使用软件的时间和地点";"到了手提电脑时代,软件以'液态'存在。它存在于好似河道和绿洲的咖啡馆,人们通过Wi-Fi这个'出水孔'获得;直至移动智能时代的到来,软件终于挣脱束缚成为无处不在的气态……我们如今可以随时随地使用气态的软件了。"参见[美]迈克尔·塞勒.移动浪潮:移动智能如何改变世界[M].邹韬,译.北京:中信出版社,2013: 11.
⑤ Urry J. Mobilities[M]. Cambridge: Polity, 2007: 172.

第二章　导航地方：基于移动地图的地方感知与身体移动

鲜"的故事。"古老"是因为人与地图的故事可以追溯至四万年之前。"新鲜"则是因为关于地图的制图术在不断进化，每种制图术都激发了人与地图、空间之间新的故事。

海华沙·布雷（Hiawatha Bray）为我们勾勒出远古至今的导航史：

> 人类可能在文字出现之前就开始使用地图了。
>
> 四万年前的非洲岩画就出现了对游牧定居点和畜栏的描绘。
>
> 公元前2世纪，希腊数学家希帕克斯提出了经纬度的概念。
>
> 2世纪中期，制图师托勒密基于经纬度的原则创作了《地理学》，托勒密地图在随后的一千年中都未被超越。
>
> 地图制作技术一直在改进，然而并没有革命性的进展，直到20世纪。
>
> 先是古列尔莫·马可尼（Guglielmo Marconi）等人意识到无线电可以作为导航工具。
>
> 随后，埃尔默·斯佩里（Elmer Sperry）等人又开发出了基于陀螺仪的独立系统。该系统能够通过动作信息计算出船只或飞行器的准确位置。
>
> 子午仪卫星是世界上首个卫星导航系统。为了满足美国军方在冷战中能够对地球上任何地方进行毁灭性打击的要求，GPS应运而生。随后，像互联网一样，GPS又经历了军用转民用的过程。20世纪90年代中期，手持GPS设备已经被众多徒步旅行者和背包客采用。
>
> 1995年，车载GPS导航系统首次出现。
>
> 1997年，FoneFinder这款手机做了最早的将GPS与移动电话融合在一起的尝试，但这款手机并没有热卖。之后，斯蒂芬·波兹纳（Stephen Poizner）及其创立的SnapTyack完善了这项技术，把完全成熟的GPS系统塞入了手机中。
>
> 2000年，日本大型手机运营商NTTDoCoMo成为全球第一家销售带GPS功能的手机企业，使用的就是SnapTrack技术。

2007年面世的一代iPhone并未内置GPS，而从那以后的iPhone都带有GPS功能。GPS成为一种新式的罗盘。①

从四万年前的非洲岩画到智能手机时代的导航APP，地图导航技术一直在不断进步。美苏冷战期间诞生的GPS，自20世纪90年代起就开始民用化，在世纪之交成功地与移动电话等移动便携设备结为一体，成为当下一种新式罗盘。"通过手机导航界面，世界的每一个点几乎都在我们的注视之下"，这是"一个无与伦比的技术奇迹"。因为"在人类历史上，普通人首次拥有了一部可以给自己定位的廉价设备，告诉自己怎么到达想去的地方。我们可以即时知道自己的确切位置，并且定位还不会间断，这一事实不可逆转地改变了我们的生活、工作和出行方式"②。

丹尼斯·伍德（Denis Wood）认为，人类地图制图经历了"从无法描绘世界，到能够描绘世界，能够与他人沟通，能够制作人造地图，到浸淫在地图的世界里"这样一个过程③。伍德说："最后这一点正是我提到绘图与制作地图的成长、发展和历史时，最常想到的状态……我所谓的浸淫在地图世界里的真正意义是什么呢？我的意思是被地图团团包围，以及可以轻易且频繁地查阅和制作地图，以至于认为它们就和端上桌的食物，或是头上的屋顶，或是显然毫不费力地复制的文化，没什么两样。"④

移动数字设备中基于空间定位技术的数字地图统称为移动地图（mobile maps）。它是地图在移动数字时代的"进化"⑤。在当下的数字革命中，"浸淫在地图的世界里"已经成为常态。

在智能手机所有的定位应用中，与空间中人的移动关系最为密切的

---

① ［美］海华沙·布雷.人类找北史：从罗盘到GPS，导航定位的过去与未来［M］.张若剑，等，译.北京：电子工业出版社，2018.
② ［美］海华沙·布雷.人类找北史：从罗盘到GPS，导航定位的过去与未来［M］.张若剑，等，译.北京：电子工业出版社，2018：162，125.
③④ ［美］丹尼斯·伍德.地图的力量：使过去与未来现形［M］.王志弘，等，译.北京：中国社会科学出版社，2000：52.
⑤ ［美］保罗·莱文森.人类历程回放：媒介进化论［M］.邬建中，译.重庆：西南师范大学出版社，2017.

就是导航（如谷歌地图、百度地图、高德地图、腾讯地图等），以及基于这些电子地图应用所延伸的被称为"地图混搭"（map mashups）[1]的一系列应用[2]。作为一种导航技术，不同的地图所促生的人地关系有较大差异。作为定位媒介，移动地图应用影响了物理环境的呈现，以及人在其中的移动[3]。因此，本章主要通过移动地图来讨论定位媒介与移动性之间的关系。

三、作为移动力的移动地图

定位媒介是当下移动技术的重要组成部分。定位媒介将空间、身体、技术整合为一体，使个体在移动的过程中能够通过技术感知身体所处的物理空间。以失去方向而不知自己身在何处的旅行者为例，他/她虽然身处空间之中，但对于其身体所处的空间所知甚少（除了空间中身体的实时感知外）；他/她手中可能拿着纸质地图，然而纸质地图并不会自动显示"你所在的位置"。他/她在此地看到的地图内容和在彼地看到的地图内容没有什么具体的差别，即空间与信息之间没有必然的实时对应关系。但在定位媒介中，上述移动系统的这种空间、技术、身体之间的相对分离就不存在了。人的移动是在空间中的移动，人们需要"立足之地"及周边环境的相关信息来为移动的相关决策提供信息支持。从这个意义上来说，定位媒介成为人们空间知觉的重要组成部分，作为移动系统，代表了一种新的移动力。

地图是一种空间再现的方式。这种对于空间的再现"能够发挥一种锚定（anchors）的作用，可以令我们确信自己是在（或者一直在）这里/那里/某地/任意一地"[4]。地图也是空间向人们敞开的一种方式。"一张地

---

[1] Batty M, Hudson-Smith A, Milton R, Crooks A. Map mashups, Web 2.0 and the GIS revolution[J]. Annals of GIS, 2010, 16(1): 1–13.
[2] 这并不是说其他定位媒介应用与移动性无关。跑步软件可以记录移动轨迹，据此提供相关的跑步数据；打卡是移动过程中的一个驻足，或者其本身也可以引发移动行为；共享实时位置可能是为了通过移动"相遇"⋯⋯这些在某种程度上都是移动地图的"衍生品"。
[3] Frith J. Smartphones as locative media[M]. Cambridge: Polity Press, 2015: 45, 46.
[4] ［澳］德波拉·史蒂文森.城市与城市文化［M］.李东航，译.北京：北京大学出版社，2015：143.

图会引领你到未知地域的边缘,然后把你留在那里;或者让你安心知道:'您目前正在这里'。"①获得自己在空间中的相对位置,几乎是地图的一个普遍性特征,但不足以表达移动地图的全部特征。

在数字革命浪潮中,地图绘制的改变远远超过之前几个世纪所有的创新。当下的移动地图已经是"即时即刻、触手可得、有我在内、无处不包的地图"②,是一种空间的具身技术。"数字地图具身性让我们以自我中心的姿态更为直接地体验世界;在展开意义世界上,数字地图不仅是意识形态的展现,更是渗透进衣食住行各个方面,构成了人的'地图性'生存。"③

从技术层面来看,移动地图有以下特征。首先,移动地图使空间信息数据化。移动地图的背后是一个巨大的数据库,其中储存着大量地理空间信息,不仅有传统意义上的地形、海拔、政区等,还包括极为详细的物理空间信息,如车流、人流的信息等。移动地图"让城市空间整体转变为数据"④。其次,移动地图使数据信息定位化。在移动地图中,数据库中海量的信息都是与具体的物理空间相关联的。物理空间成为数据库中信息分类与储存的一个重要标签和标准。再次,移动地图使定位化信息可搜索化。例如,谷歌地图不仅是一种孤立的地图应用,还代表着一种新的信息检索方式。换言之,地图从一个寻路的工具转变为一种搜索界面⑤。人们可以根据需求在地图界面上检索相关信息,感知空间,协调移动。

作为一种地理可视化技术(geovisualisation),"地图是我们思考世界

---

① [英]达娃·索贝尔.序:致对于地图的爱[M]//[英]西蒙·加菲尔德.地图之上:追溯世界的原貌.段铁铮,吴涛,刘振宇,译.北京:电子工业出版社,2017:viii.
② [英]西蒙·加菲尔德.地图之上:追溯世界的原貌[M].段铁铮,吴涛,刘振宇,译.北京:电子工业出版社,2017:503.
③ 于成,刘玲.从传统地图到数字地图——技术现象学视角下的媒介演化[J].自然辩证法通讯,2019,41(2):89-94.
④ [澳]斯科特·麦夸尔.地理媒介:网络化城市与公共空间的未来[M].潘霁,译.上海:复旦大学出版社,2019:67.
⑤ Gordon E, de Souza e Silva A. Net locality: why location matters in a networked world[M]. Malden: Wiley-Blackwell, 2011: 19.

的一种方式",它能够"影响我们如何和看到什么"①,"是一组关于世界本身的断言"②。道奇认为,这种地理可视化"是制图学的一个重大进步",对于地图使用者来说,"它代表了一种全新的空间思维方式"③。每次地图的进化都会带来空间可视化和空间思维方式的变化。数字地图也赋予了人们一种新的观看世界的方式。相较于以往的纸质地图,移动地图是一种新的移动系统,作为一种"居间中介",中介了人与地方空间的关系。

综上所述,作为定位媒介的移动地图改变了人们的空间感知,进而影响了移动,因而可以被视为一种现代社会的移动系统,代表着一种新的移动力。这种移动力催生了定位空间中的导航实践,主要表现在导航的混杂化、导航的可见化、导航的私人化等方面。这在空间导航层面为人地关系的发展提供了助力。

第二节 移动的混杂化:活的界面中的活的光标

"2017年寒假,我们一行四人前往大凉山的悬崖村支教。晚上7点多,我们在西昌火车站找师傅拉我们去悬崖村。李师傅知道怎么去昭觉县,却不知道怎么去悬崖村,因此,从昭觉县到悬崖村的路完全靠导航指引。一路上,我们靠着手机导航开进了山里。虽然山路不好走,但一路上倒也平安。但车开着开着,我突然就懵了。因为手机没信号了!这个区域停电,直接导致手机完全接收不到任何信号。之后,导航就完全没有了作用。我们只能靠着手机没信号之前所'预存'的路线走。我们越走越偏,所行的路全是泥泞,已经不

---

①③ Dodge M. Mapping and geovisualization[M]//Aitken S, Valentine G, eds. Approaches to human geography: philosophies, theories, people and practices, second edition. London: SAGE Publications Ltd, 2014: 289–309.
② Kitchin R, Perkins C, Dodge M, Thinking about maps[M]//Dodge M, Kitchin R, Perkins C, eds. Rethinking maps: new frontiers in cartographic theory. London: Routledge, 2009: 1–25.

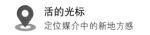

活的光标
定位媒介中的新地方感

是水泥路。那时候海拔在3 000米左右,雾越来越大,能见度依然很差。那个场景是真的危险,因为你以前没有感受过生死嘛……"①(大鹏)

大鹏的"绝境"凸显了移动地图在陌生环境中的重要性。相较于传统地图,移动地图最大的特点在于,手持移动地图的赛博格居身于定位空间。定位空间由物理空间与作为物理空间表征的数字地图相互交织而成。在定位空间中,"物理空间被信息化","信息被定位化","移动被私人化"。赛博格在定位空间中协调移动。

在定位空间中,移动地图的使用者成为移动地图中活的光标,数字地图界面随之成为一种活的界面。换言之,在移动过程中,活的界面表征了物理空间,物理空间中的身体成为活的界面中的活的光标。随着物理空间中身体的移动,活的光标随之移动,活的界面也随时变化。在移动的过程中,活的界面助力于人们对物理环境的认知,活的光标引导着身体在物理空间中的移动。这就是移动的混杂化。

携带移动地图在物理空间中移动的人,处于一种定位空间中。移动地图中的信息随着"我"的位置的变化而变化。人们用眼睛环顾物理空间,同时,移动地图中关于物理空间的信息"迎面扑来",与人们目所能及的空间信息相互补充、相互交织,共同协调人们的移动。人们在物理空间中行走,同时在定位空间中行走。在这一过程中,物理空间中的身体"幻化"为导航界面中"移动的光标"。人们的身体即是光标,光标即是人们的身体。

一、定位空间中的寻路实践

对移动地图在人们寻路活动中发挥的作用的描述,需要回到借助移

---

① 本故事大部分材料来自访谈,同时参考了大鹏的公众号"茶久水粉店"。

动地图寻路的"现场"。本研究结合影像记录法和深度访谈法，记录了陈同学寻找"粗口阿姨牛杂"的过程。目的在于将人们日常熟悉的寻路过程陌生化，从而凸显移动地图作为"数字罗盘"的价值。

(一)"去找'粗口阿姨牛杂'"[①]

2019年1月11日下午3点左右，陈同学一行四人准备去湛江市赤坎区找那家"据说很好吃"的"粗口阿姨牛杂"。陈同学说自己是"路痴"，方位感并不是很强，一般出去都是跟在别人后边走。

陈同学说她之前在百度地图上搜过"粗口阿姨牛杂"。搜索之后，出现了几个选项。前几个被排除，最后一个"粗口阿姨牛杂"最为接近。陈同学尝试点击了这个选项，地图页面便出现了以"粗口阿姨牛杂"为中心的地理位置图。页面下方显示"粗口阿姨牛杂 8.2 KM 广东省-湛江市-赤坎区-福建街31号"等信息。

陈同学对赤坎区不熟悉。因此，看到这个地图页面时，她说自己完全没有概念，"这个图告诉我的信息是，确实有粗口阿姨牛杂这家店，在地图上有显示，确实有这个地方，按照导航走，肯定能找到这个地方"。

随后，陈同学点击页面右下方"到这去"的蓝色按钮，出行方式选择"公交"。页面中推荐了两条公交线路——12路和16路。陈同学根据以往对于这两个公交站的了解，选择了她认为最近的16路。页面显示，距离陈同学最近的公交站是城市假日公交站。陈同学虽然知道城市假日站在哪儿，但不知道在路的哪边上车。她试图求助百度地图，把页面放大，想看一看究竟是在哪边上车。然而，她虽然知道地图上是在哪边上车，但对应到实体空间，还是不知道该怎么走。

[①] 陈同学是笔者的田野对象。笔者跟随了陈同学的这次出行活动，详细记录了陈同学此次出行过程中的导航使用情况。这次出行共五人，由陈同学负责出行安排及路线选择，其他人不参与出行路线的规划和指引。影像记录分为两个部分：笔者用手机摄像功能记录下陈同学出行的全过程，尤其是她利用手机导航的全过程；笔者让陈同学进行了手机录屏，记录下手机导航界面的全过程。在出行结束后，笔者结合记录的影像，对陈同学进行了一次深度访谈，试图还原此次出行使用手机导航的全过程。

无奈之下,陈同学关闭了导航,想着随机选一边,看一看具体的公交路线再说。去了之后,她发现居然蒙对了。

一个多小时的车程后,终于到了下车的站点。下车后,陈同学打开百度地图,搜"粗口阿姨牛杂",然后点击"到这里去",方式选择"步行"。之后,"导航开始"。

这时,陈同学大概看了一下将要行走的路线,她说对于全程的路线要有个印象,做到心中有数。移动地图显示,全程510米,大概需要7分钟。

一开始,陈同学还是不知道往哪个方向走。她让三角箭头对准图中蓝色的路线,然后开始走。确认箭头是在蓝色线路上移动之后,她才放下心来。

虽然百度导航规划的这条路线比较清楚,相对来说是一条直线,但陈同学仍然全程开着导航,并且看了很多次手机。陈同学总结说原因有以下几个方面:"路有点窄,两边的房屋都很相似,我要确认我没有走错路";"整个过程大概有七个岔路口,很容易走错路";"想知道自己距离目的地还有多远"。

在922路到福建路的岔路口,陈同学正在考虑是往左边走还是往右边走时,突然看到了福建路的路标,于是确认了前进的方向。她说:"因为我知道要往福建路去,而路标指示前面就是福建路。"

沿着福建路走,过了一个十字路口,导航提示"即将达到终点""你已到达终点,目的地就在你的左侧"。陈同学一行停了下来,往左一抬头就看到了"粗口阿姨牛杂"。

(二)混杂中的移动

大鹏在他的公众号里回忆他悬崖村一行的经历时写道:"再长的旅行也会把行人带回家,鞋底沾着远方的尘土,世界上一切的路、一切的左转右弯最后都会回到家门口。回来之后一样会心烦,会吵闹,还是得上学听老师叨叨。"

在本书的语境中,人们沾染何种旅途的"尘土"、在旅途中如何"左转右弯",都与其栖居于世的移动系统紧密相关。无论是在"他乡"或是

"故乡",导航都为人们在空间中的移动提供了某种移动力。正如访谈对象刘敏所说:"有了百度地图,我们就不需要在陌生的地方到处找人问路,然后靠着不全的信息在陌生的城市里四处碰壁。"

从陈同学邂逅"粗口阿姨牛杂"的个案来看,基于移动地图的寻路过程大致可以分为四个前后相继的环节:"以'我'为中心,搜索目的地","线路规划与选择","跟着导航走","抵达目的地"。

在导航的过程中,陈同学有很大一部分时间是盯着手机屏幕的。看屏幕,看实体空间,再看屏幕……她不断重复这样的行为。她说,因为需要确认一下走的路线是否正确。作为活的光标的陈同学像大多数人一样,需要将导航界面中的空间信息和实体空间进行很好的对应,以确保身体前进方向的准确性。在这四个阶段中,身体与活的光标、物理空间与活的界面相互交织,共同协调了混杂空间中"我"的移动。

1. "我是宇宙中心":活的光标与系留的身体

纸质地图和移动地图依托的载体不同,分属不同的"媒介圈"。纸质地图的内容是固定的,与地图使用者查看地图时的位置关系不大,通常情况下只表征物理空间的某个面向。移动地图则是按需搜索的,是"千人千图"的。移动地图根据地图使用者当下的位置,以此为中心,呈现相关地理信息。

"我手机的位置功能一般都是关的,因为开着比较费电,除非用到的时候,比如导航时就得打开(位置功能),要不然它就没有'我的位置'那个东西,就跟一般的纸质地图没啥区别。"(琳沙)

"那个箭头就代表我啊,我动,那个箭头也会动。"(赵老师)

"在导航地图上,我永远是宇宙的中心……"(朱林)

正如达娃·索贝尔在评述地图的发展史时所言:"过去我们的地球牢

牢站在宇宙的中心,意见不同的天文学者面对的是绞刑架。再晚些时候,我们把耶路撒冷放在地图中央,或者,如果我们生活在中国,把幽州放在地图中央。之后,可能是英国或者法国,他们各自位于帝国的心脏。……但现在,我们每个人都占据着私人地图世界的中心。在电脑、手机和汽车里,我们规划的不是从A到B的路线,而是从自己('允许使用当前位置')到我们选择的任意地点——我们的位置是计算所有距离的起点,不论是否愿意,我们自己在移动时也成了绘图的对象。"①

在移动地图中,"我"成为地图的中心。打开导航界面(必须同时打开手机的位置功能),"我"手机中的地图页面永远是以"我"的肉身所站立的位置为中心的,依此向"我"展示与此地相关的信息。这种"以我为中心"的媒介特性充分反映出定位媒介的独特之处。由此,形成了"千人千图""千地千图"的场景。这是移动地图和非移动地图最大的区别。

2."移步异景":活的界面与可视化的物理空间

地图是地理可视化的一种重要形式,"地理可视化是对人体的一种强大的假肢增强"②。用户通过移动地图,感知与"立足之地"相关的环境信息。

> "如果仅仅靠我的眼睛来观察的话,那我可能获得的信息很少……但是,通过导航,你能看到很多信息,比如你在哪个位置、你的目的距离你有多远、相对位置是啥、你去那儿的路线是啥、最近的公交站在哪儿……"(钟祥)

目之所及的立足之地的信息,与移动地图中与此地有关的信息相互交织,共同构成了人们对于所在位置的空间感知,进而为具体的移动行为

---

① [英]达娃·索贝尔.序:致对于地图的爱[M]//[英]西蒙·加菲尔德.地图之上:追溯世界的原貌.段铁铮,吴涛,刘振宇,译.北京:电子工业出版社,2017: xviii.
② Dodge M, McDerby M, Turner M. The power of geographical visualizations[M]//Dodge M, McDerby M, Turner M. eds. Geographic visualization: concepts, tools and applications. Chichester: John Wiley & Sons, Ltd, 2008: 1-9.

提供了前提。

纸质地图和移动地图对于人们"读图"能力的要求也不尽相同。从麦克卢汉的"感官延伸"的角度来观照纸质地图和电子地图,前者应该属于"冷媒介",后者应该属于"热媒介",因为"热媒介要求的参与度低;冷媒介要求的参与度高"①。纸质地图所要求的空间抽象能力较高,使用者必须具备阅读地图的能力,经过相当程度的训练才能够读懂地图。纸质地图的呈现形式是抽象的线条和文字,这就要求参与者发动想象力去填补相关信息。而高德地图、百度地图等移动地图的信息形式和表现形式更加丰富,能"跟着移动地图走""跟着语音提示走"。换言之,活的光标的指向对于物理空间中个体的移动具有向导性作用。这对于使用者的读图能力要求相对较低。陈同学在此次行走过程中还用到了景区的导游图。这是一种传统意义上的地图,上面有"你所在的位置"。当身体站在导游图前时,它类似于定位媒介,因为通过这种技术形式,它标明了游客身体的当下位置。但当身体移动时,它就失去了这种功能。传统地图能否完成引路的任务,完全依靠个人对于地图的理解。个人需要具有一定的"读图"能力,需要有一定的"专业化背景",如"上北下南左西右东"。寻路者还得知道"你所在的位置"名称、物理环境中东西南北的具体位置。如此,人们才能够将纸质地图和实体空间进行很好的对应。导航和纸质地图的一个较大区别是,用户不用读懂地图,"跟着走就行了"②。

导航不仅能够为用户呈现两点之间的线路,还具备出行建议的功能,比如步行、骑行、驾车、公交等出行方式的线路规划。以公交这种大众化的公共出行方式为例,移动地图会提供多条线路供用户选择。在陈同学的案例中,导航发挥了搜周边、规划路线、引路等功能。陈同学虽然将自己定义为"路痴",但并未在陌生的环境中有焦虑感。

---

① [加拿大] 马歇尔·麦克卢汉.理解媒介:论人的延伸[M].何道宽,译.南京:译林出版社,2011:36.
② 这是多数访谈对象对移动地图导航功能的评价。

3."边走边看导航":物理与虚拟混杂中的微观协调

据笔者的观察,在导航的过程中,人们一般会将开着导航页面的手机拿在手中(开车的人一般会将手机放在方向盘旁边出风口的手机支架上)。正如陈同学所说:"我要确认一下走的路线是否正确,有没有走偏……还有就是接下来该怎么走……如果要转弯的话就提前做好准备。"

有时候虽然线路很清晰,但物理空间的情况比较复杂,也需要移动地图作为参照。

> "比如说,有的路比较窄,两边的房屋都很相似,岔路多,那么我就需要看下导航,确认我没有走错路……我可能还想知道自己距离目的地还有多远。"(俊霖)

这种混杂在某种程度上使用户"一心两用":一方面要关注物理空间的环境变化,另一方面要注视移动地图中的相关信息。有的用户出于安全的考虑,就将手机放在口袋中,通过语音导航的形式来获得混杂感。

> "因为在马路上,尤其是人多的地方,你一边看手机一边走路就不安全,有一次我差点被撞。现在我如果在人多的路上使用导航,一般都是戴着耳机,开语音……这样比较安全吧……"(邱同学)

林认为,移动电话的出现减弱了机械时间(mechanical time)的重要性,因为移动电话让时间更加具有灵活性,从而协调了人们的日常活动。林提出了微观协调(microcoordination)的概念,指人们在移动过程中能够通过移动电话来改变日常的各种计划。① 弗里特认为,移动地图也有微观协调功能。他通过纸质地图、在线地图和移动地图三种应用场景的对

---

① Ling R. The mobile connection: the cell phone's impact on society[M]. San Francisco: Morgan Kaufmann, 2004: 69.

比来说明:"手拿纸质地图的人想要计划路线,必须知道最终目的地的大致位置。但是纸质地图一般不会详细地显示一个具体的办公室或者饭店的位置……在线地图网站会提供某个具体地点的位置和线路,但是人们在出行之前必须对这个线路有一个记忆或者把它打印出来随身携带,在离家之前必须知道最终的目的地。对于纸质地图和在线地图网站来说,人们在出行之前必须计划一个线路,如果中途想要去其他地方,地图的作用就会弱化。而对于移动地图来说……人们可以随时随地变换路线。"[1]

在定位化移动中,身体与光标、物理空间与移动界面的混杂,创造了一种可检索的时间与空间节奏。贝特尔(Bertel)将人们使用智能手机检索信息进而改变原有计划的行为称为一种"灵活的校准"(flexible alignment)[2]。定位空间中的个体能够根据自身的需求,随时改变自己的行走路线,安排自己的移动实践,在移动中进行微观协调与灵活校准。

二、空间不混杂时"无处安放"的身体

虚拟空间与物理空间的混杂、光标与身体的混杂,使得线上和线下连为一体,赛博格们在虚拟与实在的来回穿梭、互相映照中完成移动的行为。在这一过程中,基于定位媒介的混杂成为关键性的因素。在日常的移动实践中,出于种种原因,也会出现不混杂的情形。不混杂意味着线上与线下的脱离、虚拟与实在的分裂,于是,赛博格们在来回穿梭的过程中,不能够相互映照。人们在接收导航界面的信息后,无法与实体空间形成对应,身体不知如何移动。或者在导航界面的指引下,身体在物理空间中的移动是错误的,无法到达目的地。按照克莱默尔的说法,"保真的信息几乎使传媒变得不可见","只有当传媒崩溃的时候,传媒自身才被我们想

---

[1] Frith J. Smartphones as locative media[M]. Cambridge: Polity Press, 2015: 52-53.
[2] Bertel T F. "It's like I trust it so much that I don't really check where it is I'm going before I leave": informational uses of smartphones among Danish youth[J]. Mobile Media & Communication, 2013, 1(3): 299-313.

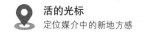

起"①。因此,为了突出混杂之于寻路的意义,我们需要回到移动地图"崩溃"的现场。

在导航过程中,不混杂大概有以下几种情形:主观上不混杂,客观上混杂,即虽然移动地图和物理空间相互映照,但用户主观上并未体味到这种映照,例如导航之初人们无法确定移动的方向;主观上混杂,客观上不混杂,即人们主观上认为是混杂的,但实际上是不混杂的,例如移动地图因故障或未及时更新空间数据而引错路;主观上不混杂,客观上也不混杂,例如因网络故障而无法导航。

(一)"原地转几圈"与"往前走几步"

虽然移动地图对用户读图能力要求降低,但并不意味着用户不需要读图能力。这尤其表现在导航之初,人们决定往哪个方向走时。对于大多数"路痴"来说,尤其如此。虽然移动地图为用户标出了行走的方向,但是箭头所指的方向与物理空间如何对应起来,需要用户有一定的技能。在熟悉的环境中,问题不大。但在陌生的环境中,人们就需要在物理空间和导航界面中找出对应的参照物来,如建筑、路标等。有时候很难找到参照物,于是,活的光标的朝向与身体的朝向便不混杂了。这时候,人们通常会在原地"转几圈",将光标箭头的方向调整到与其规划路线相一致的方向上。

> "有时候不知道是往前走还是往后走。你感觉站在那里,走哪边都是对的……但是你走远一点就知道。"(大天)

> "如果方向感很差,我就分不清上北下南左西右东到底是在哪,就得拿着导航,转几圈,再转几圈,看一下箭头指向哪里……前进几百米,我完全没有概念……上次找酒店,我在一个十字路口走了两三

---

① [德]西皮尔·克莱默尔.作为轨迹和作为装置的传媒//[德]西皮尔·克莱默尔编著.传媒、计算机、实在性——真实性象和新传媒[M].孙和平,译.北京:中国社会科学出版社,2008:65.

次就是找不到那个点。"(邱同学)

"我们在导航的时候,刚开始……地图跟我们的方位是不对应的……不完全对应,我们不知道地图上箭头的方向跟我们实际空间的方向是怎么对应的。因此,我们要去转圈。"(陈同学)

"有时候,它的反应会比较迟钝。转了好几圈,发现还是搞不清楚它到底指向哪里……如果你看到有人拿着手机在那里转圈圈,很有可能就是在找方向。如果你很熟悉地图的话就不用转圈圈了。但像我这样的人,就看不太懂。"(邱同学)

通常在原地"转几圈",将箭头的方向对准规划路线后,接下来用户还会"走两步",看一下光标是否沿着规划的路线移动。此时,人们才在主观上进入混杂的状态。

"还有另外一个有趣的现象,就是我们会走两步……确定一下有没有走错,不然的话就很凄凉。像我在十字路口就很抓狂,我走两步,就过了十字路口,还要再拐回来!"(邱同学)

无论是"转几圈"还是"走两步",用户在最初始并不完全处于混杂的状态(至少是主观上的不混杂)。在确认身体移动的方向与光标指示的方向完全一致后,这种混杂才最终形成。

(二)"找不到目的地"

在用户即将结束导航的时候,导航往往会提醒用户"已到达目的地,导航结束"。用户面临脱离定位空间,切换进物理空间的状态。这时候的一个关键问题是,真的到达目的地了吗,或者说导航指示的目的地与用户寻找的目的地是否一致。这也是一个混杂的问题。这时候大概存在两种不混杂的状态：一种是导航所指的目的地与用户欲达的目的地不一致；另一种是导航的指示是正确的，但是目的地环境复杂，用户找不到他们最终想到的地方。正如卓凌的经历：

> "我高考结束之后想去打暑假工，简历投出去后接到了一个面试。面试的地方在天河区，我住在荔湾区，我对于我家附近之外的路况一无所知。有同学推荐我用百度地图。我按照地图的指示，乘坐三号线来到了燕塘站。一出地铁，抬头都是高楼大厦，毫无方向感。我拿着手机，开着导航，左转右转……后来语音提示'前方五十米即将到达目的地'，我当时就愣住了，环顾四周，这是……一个小区门口啊，不是应该在写字楼吗？我重新在原地定位寻找真正的目的地，但是我的手机给了令我失望的答案'目的地太近无法准确定位'……我在原地冷静了三秒，决定放弃这个不争气的APP。后来问了好几个路人，终于找到了我要去的地方。"

移动地图对于空间信息的指示大都是在水平面上进行的，缺乏垂直层面的导航。例如，在一些高楼中，移动地图只能在水平面上指示到某一栋楼，而不能在垂直面上导航。正如刘敏的经历：

> "我今年刚过完年去哈尔滨，坐公交车到一个旅社附近的公交站，然后借助高德导航步行去那个公交站。我跟着导航走，到一栋居民楼下的时候，导航显示我已经到达目的地。那个旅社在六楼，起初我没有想到旅社会开在居民楼的高层上，就怀疑导航是不是给我指错路了。那时候是早上七点多，天特别冷，我给旅社打电话，没人接，我又重新输入'我的位置'和'终点位置'，绕着居民楼找了一圈，也没找到。在零下二十几度的天气里，我简直气到要砸手机了！后来，我冷静下来，猜测会不会是在这栋楼里。我一层层爬上去，到六楼才看到一间屋子门口挂着'青年花园旅社'的牌子。"

再如重庆,因为它是山城,所以比其他城市更立体,空间混杂的难度也更大。重庆复杂的地势和城市格局让人戏称"人还没疯,导航先疯了"①。

"重庆那个导航,它能给你导正方向,但你可能找不到路。因为它的地形……在那边,导航使用起来有时候会不方便。有时候靠着导航找不到,一问人,哦,原来就在前面。"(李韬)

在微博里也能看到一些关于导航的段子式的吐槽②:

"地铁在上面二十米,再也不相信重庆的导航了。"(五个西红柿多少钱)

(三)"导航让我投江!"

导航过程中,除了起始点和目的地存在不混杂的情况之外,移动的过程中也存在不混杂的情况。例如,在大鹏去悬崖村的案例中,大鹏走到了没有手机信号的区域,导航预存的路线偏离了实际路线,最终导致大鹏一行原路返回。导航过程中由于信号或者导航后台数据库有误等,往往会出现移动过程中不混杂的情况。

"我暑期工结束,要坐公交车去汽车站。我用高德地图查了一下,工作的地方距离公交站还挺远的,于是,我花了五块钱坐小三轮。到了一个路口,三轮车师傅说前边就是了,那边有监控,他不敢过去。我下了三轮车后,再次打开高德地图,输入公交站名字后选择了'步行'。我一边看手机,一边调整走的方向。手机上提示要拐弯了,但

---

① 思想哥.中国最容易迷路的城市:导航基本失效,是中国第1个魔幻8D城市[EB/OL].(2018-04-27)[2019-03-15]. https://baijiahao.baidu.com/s?id=1598887137887717983&wfr=spider&for=pc.
② 唐俊.重庆,一座让导航"失灵"的城市[EB/OL].(2019-06-14)[2020-03-15]. https://baijiahao.baidu.com/s?id=1636275812967465006&wfr=spider&for=pc.

实际上并没有拐弯的路可以走,如果硬听了导航的话拐弯,我就要翻栏杆了。后来,我退回到下三轮车的路口,从附近的红绿灯路口走到对面。我按照它规划的路线走,但是走了一段路后,它显示我已经超过自己定位的公交站。我又掉头往回走,但是一路上也没有看到公交站,连一个小小的站牌都没有。我当时就很崩溃啊……后来,我放弃挣扎,叫了一辆滴滴把我送到了汽车站。"(梁丽)

"有一次,我跟我同事去开封的医院看另一个同事,导航把我们导进了一条小巷……前边还好,车还能过去,后来小巷越走越窄,最窄的地方只能过一个人。我们下来去问当地居民,人家都笑说,这里没路了,这路只能人走,不能过车。"(朱大萌)

"魔幻之重庆……遥想年轻时去大足,被导航带到嘉陵江边,'前方请直行'……那时真的很年轻,完全不想投江……"(微博网友,额骨阿宝)

"再也不相信导航了,300米绕了将近40分钟,导航上居然让我上东水门长江大桥走到一半跳下去……"(微博网友,鼓楼君)

有时候,手机网络信号差或中断,也会造成这种不混杂。

"比如网络很差,你走了一段路,箭头还是在那里不动,然后你走到这边刷新一下,才发现错了。"(李克)

(四)"南辕北辙"

在现实生活中,有些地方的名称是相同的,如果对这个地方比较陌生,可能会出现南辕北辙的情况。例如"马路两边同名的公交站",有时候导航会把用户引导到相反线路的公交站,用户不得不再绕到马路另一边乘坐公交。在城市内部，有些地方是同名的，导航也有可能给用户指引到错误的地点。在此过程中，空间在客观上是混杂的，在主观上却是不混杂的。

"有一次，我要去赤坎那边的维修点修电脑，那边我不太熟悉。出发前我搜好了自己的乘车路线，有一段路是要步行才能到另一个公交站点。我跟着移动地图走，方向没错，地图上也没有显示我走错。但是当走到高德地图指示的公交站的时候，我发现公交车行驶的方向是相反的，我需要走到马路对面的公交站坐车……假如我不看公交站牌的信息，那我就被高德地图坑了！"（梁丽）

"有一次，我从郑州西边去纬四路附近，那边有一个住房公积金的点。我输入'经三路纬四路'，也没有仔细看。滴滴到那后，发现不是正正经经的经三路纬四路，它是一个汽车城，里边的路也命名为纬一路、纬二路、纬三路、纬四路、经三路。结果就导到那儿去了，给我气的。"（朱大萌）

第三节　移动的可见化：定位空间中的在与共在

在定位空间中，活的光标不仅可以表征自我，还可以表征他人。用户不仅能在地图上看到自己当下所在的实时位置，还能看到他人当下的实时位置。前者可被称为移动地图中"自我移动的可见性"，后者可被称为"他者移动的可见性"。"可见"是人和物视觉层面的"见"与"被见"。人和物的可见性是一个与空间和媒介相关的概念。可见性大致可以分为"身体在场的可见性"与"媒介化的可见性"。前者意味着看与被看者因为物理空间的接近性而可见。后者意味着经由媒介的中介，跨空间的看与被看者间的可见。前者的具体场景是实体空间,后者自大众媒介已降,"'可见性'的基本状况发生了极大变化"①。汤普森(Thompson)将后者称为"媒介化的可见性"。以电视为例,汤普森认为,电视扩展了个体可见性的空间范围,创造了新的可见性。这种可见性具有非在场、非对话、无限开放等特点②。戴扬(Dayan)和卡茨(Katz)的"媒介事件"中的"竞赛""征服""加冕"③便是这种可见性。戴扬认为,网络新媒体的崛起带来了一种新的可见性。这种可见性的重点在于,个体通过互联网被他人看见,从而拥有了被他人注意的权利。这种可见性与新媒体的公共性相关联④。对于作为定位媒介的智能手机来说,这种可见性尤其表现为物理空间位置的可见性。汤普森和戴扬等人主要在公共性层面关注"媒介化的可见性"。定位媒介的可见性关乎本书所述的四个维度。本章主要关注移动地图中"媒介化的可见性"与移动性的关联。

移动地图"媒介化的可见性"可以分为两个层面:"自我的可见性"和"他者的可见性"。"自我的可见性"指"我"作为活的光标,用户通过活的界面中的活的光标来认知自己在物理空间中所处的位置。这关乎用户的自我认知。"他者的可见性"指在移动地图中,用户也能够看到他人在物理空间中的位置及移动。例如,在滴滴打车中,用户能够看到前来接驾的司机的实时位置;在美团外卖中,用户能够看到外卖小哥的实时位置;在微信的位置共享中,用户可以看到朋友、家人的实时位置……这造就了混杂空间中的"在"与"共在"⑤。

---

① 孙玮,李梦颖."可见性":社会化媒体与公共领域——以占海特"异地高考"事件为例[J].西北师大学报(社会科学版),2014,51(2):37-44.
② Thompson J B. The media and modernity: a social theory of the media[M]. California: Stanford University Press, 1995: 119-148. Thompson J B. The new visibility[J]. Theory, Culture & Society, 2005, 22(6): 31-51.
③ [美]丹尼尔·戴扬,[美]伊莱休·卡茨.媒介事件:历史的现场直播[M].麻争旗,译.北京:北京广播学院出版社,2000:30-31.
④ Dayan D. Conquering visibility, conferring visibility: visibility seekers and media performance[J]. International Jornal of Communication, 2013, 7(1): 137-153.
⑤ 移动地图的这种功能与第四章论述的基于地理位置的社会交往有密切关系。这部分重点关注移动地图非社交性的一面,尤其是这种功能如何重组了人们的时空感知及移动实践。

第二章　导航地方：基于移动地图的地方感知与身体移动

一、自我的可见性

20世纪90年代初期，钱伯斯（Chambers）这样描述纸质地图与人的关系："由于地图本身固有的对稳定的地形、固定的指示物和一定的测量法的依赖，绘图的初衷看起来与都市生活和全球化所具有的明显变迁与流动性相互矛盾。地图里满是参照物和指示物，却与人不'搭界'。你往往需要拿一张纸质地图在城市里转，依据图上标的地铁系统和街道网络来行动。但是，这一最基本的定向功能，根本不能充分展示你所在区域的现实状况。"①

移动地图却是与人"搭界"的。移动地图中自我的可见性是一种个体对自我位置及移动的认知。这种自我认知是通过活的光标与身体的混杂而形成的空间感知。自我位置的认知是身体有目的的移动的前提。如果对于自我位置缺乏认知，人们便可能在物理空间举步维艰。自我的可见性可以分为自我位置的可见性和自我移动踪迹的可见性。

（一）自我位置的可见性

"像出去旅游，我每时每刻都会想要确定自己在哪里，因为害怕。我会经常跟我的闺蜜去旅游，但我们两个是女孩子，她又长得比较漂亮，身边有那种乱七八糟的新闻比较恐怖……只要开着导航，它给你指的那条路一般都是让你走大路，不会让你走小路。有了这个导航，起码知道自己在哪里……就没有迷路的那种慌乱。就像出去打车，你也大概会知道离开这个地方要怎么走、自己大概在什么位置、还有多远才能到。你搭个车从这里到那里，完全交给司机的话，如果被'宰'了……"（麦子）

---

① Chambers I. Cities without maps[M]//Bird J, Curtis B, Putnam T, Tickner L, eds. Mapping the futures: local cultures, global change. Londan: Routledge, 2012: 188−199.

正如麦子所说,移动的混杂化为在物理空间中移动的个体带来了一种安全感。林认为,移动电话能够为用户提供某种形式的安全与保障[①]。智能手机中的移动地图也能够为用户带来一种保障和安全感。这种安全感来源于移动地图所带来的环境的确定性,在某种程度上"销蚀"了城市的陌生性。

在陌生空间中,人们往往会关注一个问题"我在哪儿?"在尚未出现移动地图的时代,人们在陌生环境中,可以通过问路、路标、纸质地图等途径获知自我位置。问路是一种通过人际交往获知自我空间位置的方式。在问路的过程中,人们可能会遇到如下问题:

"有时候问路,人家爱答不理的,就很丧,觉得这个地方的人很冷漠。另外,语言沟通也是个问题……"(俊霖)

"问路吧,经常会遇到别人跟你说了怎么走,你却不知道怎么走的情况。如果路线比较简单,比如一直往前走,或者在前边第一个路口右拐就到了,就比较好。但是如果路线比较复杂,七拐八拐的,你就get不到具体该咋走……你走一段路之后,还得再问路。"(朱大萌)

路标倒是能够告诉路人当下的位置,但是对于位置之间的关联缺乏诠释。

"路标一般都是在路口有吧,有时候你想看路标还得去找……当然,有时候找公交站也可以看自己所在的位置。"(李克)

"就算你靠路标知道了自己的位置,但接下来该咋走、咋到目的地,这个路标不会告诉你……"(李克)

---

① [挪]Rich Ling. M时代——手机与你[M].林振辉,郑敏慧,译.北京:人民邮电出版社,2008:33-49.

第二章　导航地方：基于移动地图的地方感知与身体移动

地图的功能在于能对物理空间进行一定比例的再现。用户使用地图时，需要将地图的再现与被再现一一对应起来①。基于这种对应，用户才能进行位置的自我确认。不同的地图对于人们物理位置的呈现是不一样的。例如，地图比例尺的大小和自我位置的可见性就有很大关系。除此之外，使用传统地图确定自己物理位置的个体，需要将自身所处的物理空间通过某些参照物与地图对应起来。有些传统地图会标识出"我"的位置，比如景区中带有"您所处位置"的地图。借助这种地图，人们能够获得自我位置及周边环境、移动线路的相关信息，但是也仅限于此时此地。当人们移动到其他位置时，地图便失去了效力。

以上文提到的陈同学为例。陈同学一行在"粗口阿姨牛杂"这家网红店的体验并不是很好。有人就提议去寸金公园。陈同学是在寸金公园下的公交车，便坚定地以为原路返回就能找到寸金公园。然而，走了一段路之后，依然没有看到寸金公园。走到一个路口，陈同学看到一个指示地图"赤坎古商埠老街导游图"。上面有"你所在的位置"，看起来寸金公园就在不远处。陈同学觉得靠这个指示应该就能找到寸金公园，还把它拍了下来，试图对照着走。然而，走了一段距离后，她说实在很难通过将实体空间的建筑物与这块牌子上的导游图对应起来，以确定正确的行走方向。在几次"碰壁"后，她最后不得不打开导航。在导航的帮助下，才顺利地找到寸金公园。

景区导航地图往往以石刻或者木刻的形式矗立在某一具体位置。当游客站立于景区导航地图的系留时刻，景区导航地图与移动地图都具有混杂空间的属性，但也只限于系留这一时刻。随着移动的进行，景区导航地图便不具备混杂的属性和自我位置的可见性了。

相较于上述使自己物理位置可见的方法，移动地图的混杂属性则可以使人们借助活的光标便捷地了解移动过程中实时的物理位置。

---

① ［澳］德波拉·史蒂文森.城市与城市文化［M］.李东航,译.北京：北京大学出版社,2015：145.

"我假期回家坐大巴车在路上或者出去旅游在火车上的时候,有时会打开地图看一下我在什么位置,距离目的地还有多远……这时候就用到平面地图,它能够更清楚地呈现我在整个行程中的位置。我不需要了解我所在的位置的周边状况,因此,这种大比例尺比较能满足我的需求。"(俊霖)

"之前我去广州荔湾区找我朋友,我对那儿不熟,按照我朋友给的路线,出了地铁之后,我找了半天也没找到。后来,我朋友问我在哪个位置,他下来接我。结果我一脸懵,因为我也不知道我走到哪儿了,跟他说建筑物的名字,他也不知道。我当时也没看路标,就打开地图看了一下,然后跟他说我在哪儿哪儿……"(钟祥)

"我出去旅游的时候,喜欢漫无目的地逛,有时候逛一段时间就会看一下百度地图,看看我在哪儿……"(赵老师)

(二)自我移动踪迹的可见性

移动地图不仅能够使自我位置可见,还可以使用户欲移动的路线或者移动过的路线可见化。移动地图在规划线路的时候,会标示出起点到终点之间具体的移动路线。移动路线的事先可见化,能够让人们对比不同的路线,从而选择一条最佳的移动路线。

"我不知道怎么走的时候,一般都会看一下线路规划,选择一条最优的路线。"(李师傅)

用户也可以通过预先规划的线路了解具体的移动路线。

"如果路线不复杂的话,我就把手机关掉。如果是一条直线的话,当我确认我走的方向正确之后,我就会退出导航页面,干其他事情,比如听音乐或者给朋友打电话。如果路比较复杂的话,我一般是大致记一下前边该怎么走,在什么标志性的建筑物转弯……然后走一段再看下一段路该怎么走……"(丹丹)

移动地图及基于移动地图的应用也会记录用户移动的路线,供用户在移动过程中或者在移动之后查看。例如,咕咚等跑步软件在跑步结束时,会在移动地图上显示或者以动画的形式回放用户的移动路线;世界迷雾等应用则会记录用户在地球上的移动轨迹,并进行叠加。

移动过程中的轨迹本身也可以被赋予某种意义,例如用轨迹来绘图。加拿大艺术家斯蒂芬·伦德(Stephen Lund)通过GPS记录下骑行的轨迹,制作出生动有趣的图案,如维多利亚女王、恐龙等。这些精心设计的骑行轨迹赋予了骑行轨迹本身以意义[1]。在这一过程中,"自行车变得不再只是一辆车,而是一支画笔,整个城市就是我的画布"[2]。

二、他者的可见性

这里的"他者"既包括物(如商店、景区等),也包括人(如朋友、外卖小哥等)。物与人的可见性,使个人与他者之间的关系成为可能,引发了人与地、人与人之间的关联。

(一)"它"的可见性

"它"的可见性具体表现为物理空间信息在移动地图中的可搜索化,即"物理空间的信息化"与"信息的定位化"。"它"的可见性为用户在移动地图上进行相关位置及周边环境的检索提供了重要前提。用户可以根据自己的实际需求搜索相关信息,还可以放大或者缩小比例尺,从

---

[1] Sketchbook of a GPS Artist[EB/OL].[2020-2-11]. https://gpsdoodles.com/.
[2] 百度百科.Stephen Lund[EB/OL].[2020-2-11]. https://baike.baidu.com/item/stephen%20lund.

而获得不同的空间感。移动地图中的可见性,意味着一种经由移动地图中介的人地关系。"不可见"可能意味着人与地的"绝缘"。例如,在高德地图的贴吧中,有商户会向高德地图运营商反映自己的店铺在高德地图上搜不到:

"高德的管理者们,为什么我家店铺不在地图上显示啊?我家店开了十一年了。刚开的店都有显示了。怎么回事啊?帮忙看看啊。"①("啄木鸟")

这显示了"它"在移动地图中的可见性,意味着一种被搜索的可能和人地关系的可能。商户可以在移动地图中动手添加或者编辑店铺信息,确保能够在移动地图中被搜索到②。如果在搜索过程中,某些空间信息不可见,这种人地关系就很有可能因为不可见性而隐匿。

(二)"他/她"的可见性

"他/她"的可见性指移动地图及其扩展应用中,除用户自身之外的他人的可见性。人们能够根据这种可见性协调自己及相互间的活动。

1. 移动地图中的外卖小哥

"有一次,我很晚下班回家,就点了外卖。那几天小区出了点事情,不让外卖小哥进来。那天风很大,有点冷。我的理想状态是,校车到小区门口的停车点时,正好外卖小哥也送外卖到楼下。如果订餐时间早的话,可能还没到家,外卖小哥已经把外卖送到,外卖小哥估计得在大风中等待,有可能还会发飙;如果我到家的时候,外卖小

---

① 啄木鸟.高德的管理们 为什么我家店铺不在地图上显示啊 我家的店已经开[EB/OL].(2018-06-09)[2020-03-15]. http://tieba.baidu.com/p/5738233493.
② 高小德.这样做,你的店铺也能显示在高德地图上![EB/OL].(2019-04-25)[2020-1-20]. http://mp.163.com/v2/article/detail/EDKS24DA0511RP3A.html.

第二章　导航地方：基于移动地图的地方感知与身体移动

哥还没到，我可能就得在大风中等待外卖小哥，或者先爬楼梯上楼回家，然后等外卖小哥到了再爬楼梯下楼拿外卖，再爬楼梯上楼。于是，我就估摸着时间点了外卖，路上时不时关注着外卖小哥的位置。结果还是我先到了，在那儿等半天……"（吕老师）

在吕老师的案例①中，与导航不同，出现在地图上的不是"我自己"，而是他者。他者处于"我"的注视中。他者的实时位置及其移动情况，通过地图及其位置可视化的相关技术，向"我"展开。这是感知他人空间位置的一种新模式。在此之前，用户能和移动中的他者实时沟通位置的方式是移动电话，通过发短信或者打电话的方式告诉别人"我在哪儿"，或者询问别人"你在哪儿"。然而，这并不是一种高效的方式。这一问题的应答者具有较大的回旋余地，可以欺骗对方，捏造虚假位置。

"如果想知道某个人在哪儿，现在最便利的方式就是发定位。打字的话太麻烦，打电话吧，可能也很难说清楚。给我发个定位，一目了然。"（杨逸）

在吕老师的案例中，外卖小哥通过定位媒介，在美团平台上相对客观地呈现出自己的位置信息。作为一个服务人员，他让渡了自己的位置信息，从而可以被他人"凝视"。这种凝视在某种程度上存在着一种看与被看的权力关系，无论是外卖小哥还是滴滴司机都在消费者的注视之下。这种凝视是用户感知他人位置信息的新的方式，促成了一种新的地方实践。

在吕老师的案例中，对于美团小哥位置的认知，对吕老师接下来将要做什么产生了较大的影响。空间的感知和时间的安排是紧密相关的。"外卖小哥现在在哪儿"的问题，影响到吕老师的行为决策，比如等待外

① 本案例根据吕老师的移动地图使用日志和访谈资料整理编写。

卖时的心情、在哪儿等外卖（一两分钟的话，可能在小区门口等；七八分钟的话，可能在楼下等；十分钟以上的话，可能就要回家等）。吕老师平时点完外卖之后隔一小会儿就会看看外卖小哥的具体位置。她说："我会根据他的具体位置来决定我下一步将要做什么，是继续完成手头的事情，还是收拾餐桌准备吃饭（因为我家餐桌时常会很乱），召唤我家人准备吃饭，然后准备给外卖小哥开门？"

最后，吕老师关掉了地图，就看不到外卖小哥在地图上的位置了，也就不能够准确感知"哪个是给自己送外卖的美团小哥"。在这种情况下，定位空间消失了，缺少网络空间中关于物理空间的信息提示，吕老师只能凭借物理空间中的信息来判断哪个是给自己送外卖的小哥。虽然知道外卖小哥快到了，但当几个穿着美团外卖的黄马甲的外卖小哥几乎同时出现的时候，吕老师还是很难判断哪个是她要等的外卖小哥。

丹丹也经常以外卖度日，她一般会在两种情况下关注外卖小哥的位置：一种情况是她很饿的时候，另一种情况是外卖迟迟不到的时候。关于第二种情况，丹丹遇到过这样一件事情：

> "有一次，我等了好久……都超时好久了也没给我送来。就金沙湾的店，超时一个多小时。我就急眼了，给店家打电话，店家说早就送啦。等了一会儿，还是没送到。我一看地图，外卖小哥就在我们附近转悠。我就给小哥打电话，小哥说他第一天上班，业务不熟，找不到地方。这人也是不会变通，找不到也不会给我打电话，就自己在那儿瞎找，也不知道问问人。他只会打电话问同事，问了也没整明白，给我饿的。我这也是遇到个不灵活的，一般不能那样。"

2. 移动地图中的滴滴司机

与美团外卖的地图中外卖小哥的位置能够协调用户的行为一样，滴滴司机的位置也能够让人们安排自己的出行活动，尤其是上车之前的活动。正如盈盈所说："我叫完车之后基本上就会盯着滴滴那个页面看，除非有微信信息,然后退出来,再进去。"在这里,有如下三种情况。

第一,和司机沟通上车地点。人们叫完滴滴之后,司机都会使用电话或者借用滴滴平台中的聊天工具问乘客"你定位的上车地点是否准确"。一般情况下,司机/乘客都会到约定的地点①接客/上车。有时候,乘客可能会根据司机的位置调整上车的地点。晓明回忆自己的经历时说:

"有一次,我在公交站迟迟等不到公交车,因为赶时间就叫了个滴滴,上车点定位的就是这个公交站,但是看到滴滴司机是在对面公交站的那条路上,过来还得开很远,还得在红绿灯那边转弯。因为我知道两边都能到我想去的地方,并且也没有很绕路,所以我就跟司机说:'要不你在对面那个公交站等我,我正好可以穿马路过去,这样就节省了时间。'"

第二,根据司机的位置调整等车期间的活动。有的人可能习惯于在家或工作单位先叫滴滴,等滴滴快到了再下楼坐车。有时候滴滴距离乘客较远,有时候可能就在楼下,人们可能会根据滴滴的具体位置来安排自己的活动。吕老师说:"我在家的话一般都是下楼再叫滴滴,叫完之后看他的位置,如果远的话,我就会在阴凉的地方等一会儿。我一般都是定位到楼下的公交站,那边光秃秃的连棵树也没有,很晒。"

第三,"理解"滴滴司机。虽然有时候人们距离滴滴汽车的位置不太远,但滴滴汽车迟迟不到。这时,根据滴滴汽车在地图上的位置,人们也能够了解滴滴司机迟到的原因。吕老师说:"有一次叫完滴滴,因为距离很近,我就立马去上车点等他。但是等了快十分钟吧,还没到。我一看,发现他还在原来的位置。后来一想,那个地方这个时间点特别堵车。"

---

① 用户在使用滴滴打车APP时,该应用会自动定位乘客所在的位置。如果乘客是在马路边,该应用会以乘客当下位置的商店或建筑物名称为乘车点;如果乘客是在小区或其他建筑物内部,该应用一般会给用户推荐最便利的上车位置。

活的光标
定位媒介中的新地方感

晓明是一位男同学，个子不高，微胖，接受访谈时上大二，航海专业。晓明说自己是一个不太有安全感的人，不太能够轻易相信陌生人。晓明说："我坐任何一部网约车，一般都会先用手机拍下车牌号。这样就算我出事，我手机里的信息也可以告诉这个事情对应的车的车主是谁……不管有没有用吧，就对自己多一份保障。"

晓明之前遇到过被滴滴司机绕路的情况，并且身边的人也经历过类似的事情。对于生活费有限的晓明来说，这是一件很让他气愤的事情。尤其是2018年两起网约车事件①之后，晓明对于滴滴司机和网约车更加不信任。

应对网约车风险的一种办法是少坐或不坐网约车。但是，晓明的社会活动很频繁，所在的学校距市区有十公里以上，只有一趟公交车。因此，网约车是为数不多的选择之一。

晓明只能采取其他措施来应对网约车绕路及其他不安全因素。上文提到的，拍车牌号是一种措施。另一种措施就是用手机导航来监视司机是否绕路。晓明说，司机如果绕路的话肯定有别的企图。

移动地图及滴滴打车软件所带的移动地图，一般都会给乘客和司机规划一个路线。在乘客和司机的手机界面中，地图规划的路线都是一致的。一般情况下，司机都会按照这个路线行驶。很多访谈者都很在乎司机是不是按照滴滴平台规划的路线走。如果不按照这个路线走，司机可能就是"别有用心"。滴滴司机如果不按照平台预先规划的路线走，一般会向乘客解释。如果滴滴司机没有向乘客解释，乘客一般会质问滴滴司机。

司机绕路的原因，一些用户猜测是不是在故意多收费或者图谋不轨。晓明也是如此。很多时候，晓明都会在行驶的过程中玩一会儿手

---

① 2018年5月6日凌晨，郑州空姐搭乘滴滴顺风车，不幸被司机杀害。2018年8月24日，浙江乐清一名20岁女孩在搭乘滴滴顺风车的途中遇害。参见上海法制报."滴滴网约车连酿两起命案"入选2018年十大女性新闻事件［EB/OL］.（2019-01-02）［2019-11-09］. http://www.sohu.com/a/286272753_289260.

机,然后返回滴滴界面,看一下司机是否偏离原来规划的路线。尤其是晚上的时候:

"因为白天我知道路了,大概知道他会经过哪儿,大概知道路上会有什么东西。但是晚上的话我不信任任何一个司机。从本质上我的内心对于司机是不信任的。虽然他们也不知道……但是我还是习惯打开定位,看一下我在哪儿。如果我知道我的路线大致是正确的,我就不会管了。我遇到过有司机乱开,他虽然是好人,但是也想多赚一点钱,他就到处绕。我就直接跟他说这路我熟,你跟着我说的走就行了,他就会乖一点。"

杨同学也有类似的习惯:

"很多司机,尤其是快车司机……快车是根据时间算钱的,不像顺风车是定死了价格。如果定死了价格,你爱怎么着就怎么着,我也不管你,因此,顺风车司机一般就不绕。但快车司机就特别喜欢绕,他就欺负你晚上天黑,你又不懂路,你又看不清路。我就有这种意识,因为不想多浪费钱嘛。"

在滴滴打车的过程中,系统会自动规划出一条路线。这条路线对于大多数乘客来说都是一条"安全的路线",一条"最优路线"。这种"安全"和"最优",除了意味着司机不故意绕路之外,还意味着司机不会"图谋不轨"。一般情况下,这些路线都是一些大路。有时候司机可能是出于好心,想走一些距离比较近的小路。这时,司机都会提前征求乘客的意见。正如李师傅所说:

"我一般不轻易改变路线,滴滴导航让怎么走,我就怎么走。你要是走的跟导航的路线不一样,乘客可能会质疑你,你还得跟他解

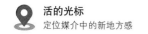

释,很麻烦,没必要。有时候我知道某个地方堵车很严重,或者道路在施工,我可能会在乘客上车的时候征求他们的意见,看他们要不要更换另一条路线。"

如果滴滴司机私自更改路线走小路,又不事先和乘客沟通,可能会导致乘客恐慌。

"有一次,我叫了滴滴去市区,一路上我都在低头玩手机,完全没有注意到路边的风景,等我抬起头来的时候,发现车走在我平时没有走过的小路上。我当时就很恐惧,问司机,司机说这条路比较快一点。后来,在我的要求下,司机就掉头按照原来的路线走了。路上司机还说我警惕心太强了。"(琳沙)

"我个人认为百度地图对于女生来说也是一个十分重要的应用,在一定程度上可以保护女生。不在万不得已的时候,我是不会单独乘车的,但有时候也没有办法。这时候我最常用的一种办法就是打开百度地图……这样我就可以很直观地看到司机有没有偏离路线了。"(永欣)

"广州天河公安"微信公众号开发了"微护航"的功能。在"微护航"中,用户开启护航功能之后,"系统会每60秒自动上报当前位置到天河公安,形成一条信息记录轨迹,在乘车过程中,就好像有警察在全程陪同一样,起到真正的护航效果"①。

3. 移动地图中的熟人

微信中的位置共享和发送实时位置也是基于移动地图的。在微信的位置共享中,用户可以看到朋友和家人的位置。一般的场景是,大家从不

---

① 广州天河CBD.天河警方"智慧新警务"为您"微护航",还可以一键报警! get起来[EB/OL].(2018-08-10)[2019-11-2]. https://www.sohu.com/a/246396993_99896336.

同的地方过来,需要在某个地点会合,但对于目的地及去目的地的路线不太熟悉,可能就会打开位置共享。经由他人位置的可视化,也形成了"一起移动"的场景。

"我表妹结婚,新郎的家在一百公里外的另一个市。送亲那天,有六辆车,要走省道,然后上高速,下高速后再走一段距离。送亲的人和司机都不太熟悉路,迎亲的人在第一辆车中引路。一路上,为了不走散,每个车上都有人打开位置共享,这样就能够看到前面的车走到哪儿了,能够紧紧跟着,不至于走散。"(肖塘)

"上大学报到之前,我和室友之间已经互加微信。报到那天,我们开了位置共享,想看一下对方走到哪儿了。我们约好了在校门口见,然后一起去办报到手续,一起去宿舍。这样可以比较直观地看到彼此间的距离有多远。"(钟祥)

"有时候跟朋友一起出去玩或者聚会,就问'你在哪儿',很难说清楚,通常就会说'你发个定位给我',这样就能看到对方在哪儿,然后或者是我用导航去他那儿,或者他导航来我这儿。"(杨逸)

"有一次,我家人来湛江过年,我们一行人去热带植物园玩儿。一共有八个人,叫了两辆滴滴。结果两个车的司机把我们送到植物园不同的门。于是,我哥就让我打开共享实时位置,我们两拨人就往中间走,没费啥功夫就相遇了。"(赵老师)

总之,在这类定位空间中,不仅"我"的位置在地图中可见,他者的位置在地图中同样得以显现。这种被移动地图中介的可见性,是移动地图的一个重要特征。它作为一种移动力,促成了新的地方实践和时间管理方式。

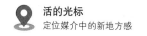

第四节　移动的私人化：按需混杂

"移动地图比纸质地图智能多了。在出发之前，我会用百度地图确定好入住的酒店的位置，并且搜索火车站到机场的线路，选择省时省钱的交通工具到达酒店。入住后，我会用百度地图搜索酒店附近的商圈、美食街等，再用百度地图搜索各个景点的位置，选择交通工具到达所要到达的景点。当然，找地铁站等也离不开百度地图……如果没有百度地图，搞清楚地铁口在哪里、景点在哪里、应该怎么去都要花很多时间，这样就会把很多时间都浪费在路上，游玩的时间就少了。"（康康）

正如康康所说，与纸质地图相比，移动地图具备一定的智能性。这种智能不仅表现在经由虚拟与实在的混杂而产生的引路的移动力，同时，移动地图也成为一种搜索引擎，用户可以按需搜索相关的环境信息，如周边、实时路况信息、用户生产的地理标签、二维或者三维的道路信息等。在按需搜索的过程中，相关位置应用界面按需表征物理空间，也就形成了一种"按需混杂"的景象。按需混杂使移动地图根据用户的需求表征物理空间，使移动私人化。史蒂文森认为，地图在描绘城市方面，消解了城市的差异性与多样性。但"城市生活中活生生的杂乱纷繁"不可避免地使一座城市不止有一种地图[1]。这是传统地图的属性，在某种程度上具有标准性、唯一性、公共共享性。与之相较，移动地图则颇具个人化、个性化的特征。

雷蒙·威廉姆斯（Raymond Williams）关于"移动私人化"的论述认为，在现代社会，"人们越来越倾向于以小规模的家庭为单位生活，甚

---

[1] ［澳］德波拉·史蒂文森.城市与城市文化[M].李东航，译.北京：北京大学出版社，2015：146-147.

至是以封闭的个人形式生活,与此同时,人们如此受限的私人生活却具有前所未有的移动性"[1]。保罗·杜盖伊(Paul du Gay)等学者认为,随身听、iPhone和iPad这类移动设备,促进了移动性和私人化的发展,在公共领域中创造了一种私人领域[2]。移动地图在以自我为中心、"按需搜索""一人一图"的移动过程中,也使定位空间在移动过程中呈现出私人化的性质。

一、发现周边

导航除了能够为人们找路提供帮助之外,还具有搜索引擎的功能,人们可以利用移动地图来"搜周边"。以百度地图为例,打开百度地图,页面左下方有"发现周边"的按钮。点击"发现周边",会出现周边导览的界面。"发现周边"的内容包括美食、景点、酒店、休闲娱乐、车主服务、超市、商场、大学、火锅、花店、厕所、医院、地铁站等等。点击相应的选项,便会出现相关主题的地图。例如,需要找周边的超市或厕所,便会出现以"我所在的位置"为中心的"超市地图"或"厕所地图"。

大伟是"95后",喜欢交友、吃喝玩乐,除了打游戏外,不太愿意宅在家里。外面的世界对于大伟极具吸引力。对于大伟而言,百度地图搜周边的功能已经成为他认识周边环境、"出去浪"的一个重要途径。大伟说,刚使用百度地图搜周边的功能时,搜吃的比较多。高考完的暑假,大伟的爸妈因为工作经常不在家,大伟只能在外面吃饭。当时,大伟把家附近的中餐都吃了一遍,有点吃腻了,就很想吃甜品、披萨之类的东西。但他又不想跑太远去吃东西,因为夏天很热。大伟不太习惯叫外卖,就想着用百度地图搜一下,看看距离他最近的甜品店或者必胜客在哪儿,然后考

---

[1] [英]雷蒙·威廉姆斯.移动私人化[M]//[英]保罗·杜盖伊等.做文化研究:随身听的故事(第二版).杨婷,译.北京:中国传媒大学出版社,2017:117-119.
[2] [英]保罗·杜盖伊等.做文化研究:随身听的故事(第二版)[M].杨婷,译.北京:中国传媒大学出版社,2017:18-20.

虑要不要过去吃。搜索的结果令大伟有点吃惊：

"我发现家附近竟然有甜品、披萨之类的店，以前完全不知道，一直以为只有中式快餐。觉得自己的生活被改善了，你造吗①······就觉得丰富了很多。"

大伟说他在外面旅游的时候，如果找不到地方住，会用百度地图搜附近的网吧。"你总得找个地方过夜啊，网吧包一个晚上很便宜的，也就几十块钱，不超过五十块。"

类似通过搜周边发现惊喜的经历，麦子也有：

"有一次，我去剃头②，在美团上搜，搜到城市广场七楼有一家很好的理发店，上面的评价都说还不错。正常人逛街的话不会逛到那里，就靠美团，然后导航找的。后来，事实证明那个Tony老师手艺还不错。"

很多访谈对象一般都会搜索美食、酒店、景点等之类的信息。每到一个陌生的地方就去搜邻近的派出所和医院的，大鹏是唯独一个。

"到一个酒店之后，我会有意识地去搜酒店附近的医院和派出所······这个是习惯······我到了一个地方，尤其是陌生的地方······我就是想看看它在哪儿，离我有多远。我喜欢住距离医院和派出所不太远的地方。如果离得很远，出了事怎么办？我选酒店的地方一般离医院不会超过十公里，极限就是十公里，十公里以外就太远，至少要有一个相对比较靠谱的诊所。"

---

① "你造吗"是网络流行词。知道（zhi dao）连着读或者读快了就成了"造"（zao）。
② 理发的意思。

大鹏解释说，他的这种癖好大概跟他之前的经历有关，是很小的时候养成的习惯。

大多数人在外出的时候，可能不会像大鹏一样用移动地图去搜派出所和医院。但人们一般都会用移动地图及其衍生的相关应用去搜索周边、发现周边，从而获得某种确定性。

"前些年，我们一家人利用春节长假去旅行，出行时往往没有详细的计划，只会确定一个地点，然后一家人开始自驾游。在这个过程中，我们找饭店和找酒店都很随缘，开到哪儿算哪儿，然后就地解决吃、住问题。这种旅行体验就使快乐大打折扣了，由于没有提前计划，遇到的饭店和住处往往不尽如人意……但现在，百度地图、去哪儿、大众点评是我出行的三大宝贝……在大众点评上选择一些心仪的餐馆后，便会用百度地图的路线功能规划出行路线，去哪儿网则可以用来订酒店……"（永欣）

二、数据的实时更新

纸质地图是一种相对固定的地图，每次印刷都把相应的信息固定在地图上，如果不是版本的更迭或手动添加，上面的信息是不会改变的。这是纸质地图较为突出的特点，其明显带有古登堡星系的特征。但在变动不居的时代，一切"坚固"的东西都"烟消云散"了，地理信息同样如此。在移动性空前加剧的时代，物理空间中的人与物都处于移动的状态，甚至附着在物理空间上的信息、表征物理空间的信息都是经常变化的（例如街边商店的名称等）。信息相对固定的纸质地图，在应付现代社会的移动性时便有点捉襟见肘。移动的人们迫切需要一种信息及时更新的地图，借以应付外界的变化，从而做出相应的决策。高德地图、百度地图等移动地图便能做到实时信息的更新与呈现，比如交通路况图、热力图、滴滴汽车、共享单车等的实时地图。这种地图极大地方便了城市人群的移动，创造

了一个实时的液态城市。

"国庆节,我家和我表叔一家自驾去武夷山。出发的时候,我把用高德地图设定好路线的手机放在车里。表叔过来看到后说他去了几次福建,用不上手机导航这种东西,乖乖跟在他车后面就行了。但我觉得还是有备无患的好。上了高速之后,表叔轻车熟路地带着我们往福建的方向奔去。我爸看我开着高德地图,让我把它关了,说这东西太吵吵了。我就把手机拿到手里,导航还开着,却被我静音了。过了半个多小时吧,导航路线的前面一段变成了红色,表示严重拥堵,实时路况显示前面有交通事故发生,通过时间预计要40多分钟。我跟我爸说,高德地图显示前面堵车了,通过的话得40多分钟。我爸让我打电话给表叔。表叔将信将疑地跟着我们在下一个出口下了高速。后来,过了收费站,从这边都能看到堵车的车尾。下了高速之后换我们的车在前面走,我把手机音量调高,放在手机架子上。导航不断提示'注意限速''注意电子眼拍摄''前方拥堵,为你重新规划路线'……真像个唠唠叨叨的大妈。经过大半天的行驶,途中为了加快速度和规避拥堵,我们在高速与国道之间切换了好几次,终于在傍晚到达目的地。"(朱林)

"我开车的时候,一般出发前都会通过百度地图看一下实时路况,这是一个习惯吧,因为怕堵车。即使是熟悉的路,有时候也会因为交通事故或者什么的堵了。如果看到堵了,就可以事先选择另外的线路啊。"(李师傅)

"那个实时路况还蛮有用的。2020年元旦跨年的时候,我去住在金沙湾的朋友家看那里的烟火表演,人特别多。晚上10点多看完,本来想坐滴滴回家,结果我朋友在百度地图上看到我回家的路有一段堵死了,上面显示预计得50分钟到家,平时可能就20分钟。

我们就继续在朋友家玩儿。之后看了好几次路况图,到晚上11点多那段红色的堵车路段终于变成绿色了,我们就起身打车回家了。"
(赵老师)

希尔兹(Shields)认为,前移动地图时代中的地图是对城市的"静态生活写照"[①]。如此看来,移动地图显然呈现了一种"液态"的城市。

三、路线规划与下车提醒

移动地图能为用户的出行规划路线,这种路线具有多种选择性,如步行、驾车、乘公交车等。用户可以根据不同的需求选择不同的路线。刘敏在谈论移动地图的路线规划功能时说:

"高德地图里有一个功能用途我是非常满意的,那就是点开'路线',输入出发地和目的地之后,它就会出来一系列交通方式供你选择,如乘公交、驾车等。这意味着我们可以根据自己的实际情况,选择最合适的出行工具。这一功能可以帮助用户在最短的时间内,知道哪种出行方式是不可取的,哪种交通工具最为省时省钱。我最为满意的地方之一就是,高德地图可以显示出不同公交的价格、打车的价格等。这使我觉得高德地图不仅仅是一个导航APP,更像是一个公交APP,交通出行APP,真的集多功能于一体。"

王阿姨同样是这种路线规划的受益者。王阿姨是河南郑州人,接受访谈时62岁,曾经是名小学教师,现在已经退休。退休后的日子丰富多彩,其中有一项就是外出旅游。在很长一段时间里,王阿姨和老伴都随团

---

① Shields R. A guide to urban representation and what to do about it: alternative traditions of urban theory[M]//King A D, eds. Re-presenting the city: ethnicity, capital and culture in the twenty-first century metropolis. London: Macmillan Press LTD., 1996: 227–252.

旅游。王阿姨说,这样不用去操心路线的问题、住宿的问题。把钱交给旅行社,然后跟着旅行社走就行了。如果要是自己出行,还得去规划路线。到一个地方人生地不熟的,很麻烦。但王阿姨不太喜欢旅行社的那种组团的旅游,她说那种旅游方式不太自由,跟打仗似的,一个景点接着一个景点地跑,很累。王阿姨回忆说:

"以前都不太敢一个人远行。出去的话都得带着一个纸质地图。提前还得做一个详细的规划表,写在纸上,比如在哪儿下车、之后坐几路公交车,还得提前打电话订酒店,然后问火车站到酒店怎么走。到了一个城市,第一件事情可能就是去城市街道两旁的报亭,或者在火车站门口,买一张城市的地图,随身带着。在公交车上或者在酒店里会认真看这个城市的地图,有时候还会提前在地图上标好第二天的出行路线。在出行的过程中,迷路的时候会很多。这时候就会拿出纸质地图看,有时候能找到正确的路线,有时候看了地图也看不明白,就得去问路。"

在王阿姨看来,问路是一件很烦人的事情。

"比如,你去一些大城市,你一问路别人就知道你是外地来的,对你爱答不理的。遇到耐心的人还好,遇到不耐心的人,让自己觉得会很没面子,会很难受。以前社会治安不是太好,经常看新闻说城市里面有抢劫的啊什么的,就会很害怕,尤其当你在一个陌生的环境里,你一问路,别人就知道你是外地人。这时候要是遇到坏人,他们很可能从外地人下手,人生地不熟的,抢了你,或者把你带到一个人少的地方……你也没办法。"

鉴于以上因素,王阿姨说,她以前对于独自一个人外出是很发怵的,一般都是跟着别人,跟大家一起出去,自己不用操太多心。

第二章 导航地方：基于移动地图的地方感知与身体移动

2016年冬天，王阿姨和老伴、女儿去了一趟海口，在那儿待了一个星期。这期间所有的出行、住宿、游玩都由女儿来安排。王阿姨说，她当时发现，女儿出行之前也没怎么准备，就在网上订了一个机票。出发之前，她还提醒女儿，让她记一下下了飞机该怎么走、去哪儿坐车、怎么到酒店、怎么去景区……女儿说根本用不着，到时候跟着导航走就行了。

在这七天里，王阿姨的女儿就是靠着移动地图，把老两口从一个地方带到另一个地方："上面的路线规划得很清楚。我们在海口那几天都是坐公交车和步行，很少坐出租车，基本上没有向本地人问过路。"

王阿姨说，这让她大开眼界。回来后，王阿姨就让女儿教自己用导航，想着要是学会了，就可以和老伴一起出去了，不用麻烦女儿了。

"刚开始还担心自己学不会，没想到还挺简单的，用起来也算顺手。上边不仅能够显示路线，还能指引你怎么走，你跟着箭头走就行了。还能搜酒店、搜景点，很方便……"

此后，王阿姨先是在郑州市内尝试用导航：

"用了大概有半年吧……找不到路的时候就用，或者别人告诉我要去哪个地点，我不是太清楚的话都会打开导航。现在郑州市的地图都很少看了。以前我老伴书房的墙上贴着一张郑州市地图，去年把它换成一个朋友送的国画。"

后来，王阿姨和老伴去了很多地方，河南省内的如安阳、南阳、信阳，河南省外的如西安、平遥、济南。在这期间，移动地图都是必不可少的。王阿姨说：

"出去的时候，也没有那么慌了，觉得有了导航就有了一种安全感，并没有觉得一个地方很陌生。有一次手机欠费停机，导航用不

了,我挺慌的,立马在路边找了个营业厅充了话费。"

除了规划路线之外,移动地图还具备语音播报、下车提醒等功能。语音播报让混杂空间中线上的信息变成语音的形式,用户不用再去时刻关注手机界面。下车提醒功能也让用户在移动的过程中变得更轻松。

"语音播报很有用啊,尤其在骑行或者开车的时候,老是去看手机不太安全。"(李师傅)

"高德地图有一个很好的功能设置,就是如果我选择公交出行,可以在上车之后开启'下车提醒'这一功能设置,这样就可以不用因为不熟悉陌生城市的地名或者与朋友聊天没有注意到站点而坐过站了,避免了很多出行中不必要的麻烦。有时候,在外面逛累了,想要在公交车上闭目养神,高德地图的下车提醒功能也可以使我安心休息,不用担心一不小心坐过站了。"(刘敏)

四、多种混杂模式

在移动地图中,存在着二维移动地图、三维导航和实景导航,每种导航形式在人们的寻路过程中所发挥的作用、带给人们的混杂感也是不尽相同的。正如永欣所说:"我十分欣赏和推荐百度地图的3D全景功能。在我找不到路的时候,图像就是最好的解决办法……在这个全景功能中,点击箭头可以移动景象,这对于认路也太方便了吧!"

用户可以根据不同的需求,选择不同的导航模式、不同的混杂模式。大鹏在讲到他的地图使用经验时说:

"如果我是在走路、找路,我就用三维的。如果是坐车、在车上,我经常用二维的。骑自行车或者走路一般用三维的比较多。

因为三维地图更直接！有时候，我将二维、三维切换着看。我在确认大概方向的时候看二维，走在具体的路上的时候就会看三维。有时候会走很长的路，比较直的长路，特别长，三维在每栋楼上面都会有那种标志性的……二维的话显示得就比较少，三维会显示更多商户的信息，就更能够确认你在哪儿。二维的信息少，只有那些比较大的、比较出名的、比较高的楼才会有信息显示。因此，走在路中间的时候开三维，走在分岔路口的时候一般切换着看二维的比较多。"

杨逸也有同样的使用体验，他说：

"平常的话，它规划的路线……我可能懒得去看，看不懂，但实景导航就很直接，相当于一个相机，它前面就是一条路线，你跟箭头走就可以了。"

在谈到二维地图和实景地图的区别时，杨逸说：

"挺大区别！这个就是更加简单，更加傻瓜式吧。二维的，你要看一下它的方向标，东南西北在哪边，然后才能根据它的路线走。你还要在地图上看一下自己处于什么位置，在地图上找一下自己到底是在哪个点。但是AR的话，……它只有一条路线，跟着路线走就可以，它也会标个方向给你。"

二维地图和实景地图在具体的寻路活动中所发挥的作用也不尽相同：

"二维地图可以让我确定一个大概的方向，但是比如说我现在要开始走了，我可能就会打开实景导航，它能够让我在行走的过程中看到更多细节化的东西，方便我去找路。比如说，有时候那些小路可能找不到。当我过一条街的时候,我可能不知道到底该走左边还是右边,哪边会近一点。AR直观地给我规划了往哪边走,我就知道走哪边可能会近一点。"(杨逸)

在这个过程中,二维地图和三维地图的空间视角是不尽相同的:二维地图类似于传统的纸质地图,是一种俯瞰的视角;三维地图则是一种身在其中的、平行的视觉观看。因此,三维地图能够让用户了解到其所走的路的更为详细的信息。二维地图能够帮助用户确认其在所走的路线中的相对位置。三维地图一般都是仿真模拟的,而VR导航将实景和导航界面融为一体。这又是一种空间的认知方式。

本 章 小 结

导航的需求源于空间的陌生性和不确定性。面对陌生的空间环境,导航的过程成为地方认知的过程。从陌生到熟悉,数字地图为日新月异的城市空间提供了一种认知方式,也为人们的地方移动实践提供了移动力。从纸质地图到数字地图,从传统媒体到定位媒介,身处定位空间中的赛博格经验了种种与以往不尽相同的移动性故事。这些故事从移动的混杂化、移动的可见化、移动的私人化等方面,昭示着一种都市内部的新的移动性和地方认知方式。在这种混杂化的移动性中,个体与他人是可见的、可被追踪的。这也激发了相关的自我追踪、地缘社交与地方记忆实践。

第三章
追踪地方：定位空间中的身体量化与规训

2019年7月29日,"逍遥"在微信群"湛跑协新人群"里发布了一个"齐跑8.1 贺八一"的链接。点开链接,页面跳转到"悦跑圈"的报名页面,主办方是名为"湛江跑步群"的一个跑团。

作为一款社交类跑步APP,悦跑圈是"属于跑者的圈子"。相较于咕咚、KEEP等跑步APP,"跑团"是悦跑圈的一大特色。悦跑圈能够根据地理位置"实时推荐附近的精彩活动,让跑友和身边高品质的跑团不期而遇,还可一键报名参加",让"同城活动,不期而遇"①。

这次"齐跑8.1 贺八一"的跑步活动准备在湛江市霞山区海滨公园进行,时间为8月1日19:30—21:00。活动内容为:

> 首先,8月1日19:30在海滨公园风帆雕像处集中;然后,大家和跑群里的老兵一起,合照、自我介绍、集体热身;之后,由老兵手持跑团的旗子在前面领跑,大家"齐刷8.1公里",在"湛跑协新人群"里"打卡齐贺八一(老兵们辛苦了!)";跑步结束之后,大家集体拉伸,"切蛋糕","祝老兵们身体健康"。②

这次活动在跑团中得到广泛响应,有70多人报名。然而,因为台风

---

① 悦跑圈官网[EB/OL].[2019-08-10].https://www.thejoyrun.com/.
② 此内容为"逍遥"在"湛跑协新人群"里发布的活动公告。

活的光标
定位媒介中的新地方感

"韦帕"8月1日17时40分前后在湛江市登陆,这次跑步活动被取消,改为酒店聚餐。

在八一建军节这天,"湛江跑步群"试图以跑8.1公里并在群里打卡的方式,表达对群里老兵的敬意。在这一过程中,跑步软件中记录的跑步里程不仅仅是一种个体的跑步数据,还别具意义。这种赋予跑步数据以意义的情况在当下比较常见。例如,在情人节,有的跑步爱好者通过跑步软件中的数据,向情人表达爱意:

> 送玫瑰花,数目不同代表的意思不一样,跑步也可以这么玩,带着喜欢的人一起跑步,可以跑爱意配速520(每公里5分20秒),跑爱意距离,最少跑5.20公里,跑步能力强的跑13.14公里,精英跑者必须33.44公里才能表达足够爱意。或者,设计一条图案路线,跑出一个爱心、一朵玫瑰,跑出一个字或一句话。①

"拿上手机","戴上耳机","打开跑步软件","打开音乐软件"……然后"开始跑步"……这大概是多数城市跑者的习惯。手机已经融入人们的跑步活动。至于为什么要用跑步软件,跑者们的理由多种多样:

> "我想知道我跑了多远。"(李克)
> "跑步软件可以提示我上一公里用了多长时间。"(钟祥)
> "我想记录下我跑步的总里程,看啥时候能绕地球一周……"(琳沙)
> "记录一下,发朋友圈啊,告诉他们我今天跑步了。"(永欣)
> ……

对于不同的人来说,跑步APP中记录的数据有不同的用途,代表不同

---

① 跑步的脚跟.情人节的另类表达,跑步丈量爱意[EB/OL].(2019-02-14)[2020-02-12]. https://baijiahao.baidu.com/s?id=1625429288064255822&wfr=spider&for=pc.

的意义。但在将跑步过程可视化、数据化，进而认知地方中移动的自我这一点上，几乎所有用户都是一致的。

第二章在讨论移动地图时，已对地方空间中定位化移动呈现出的混杂化、可见化、私人化的特征进行了具体分析。这些特性除了被用于地方导航之外，还延伸出定位追踪、社交等应用。许多跑步运动APP都以此为基础。定位空间中活的光标在移动的过程中，相关APP实时记录了移动过程。活的光标的每个驻足都被数字设备铭记，进而成为移动个体自我认知、规训、生成的有机构件。鉴于定位媒介的自我追踪维度在跑步运动类APP中表现较为突出（比如咕咚、悦跑圈、KEEP、运动世界校园等跑步类应用，以及黑鸟单车、骑行世界等骑行类应用），本章以此类APP为例来探讨这一定位空间中的地方实践维度。本章将定位媒介视为一种新的自我追踪技术，将定位空间视为一种规训空间，生产了一种规训地方，作为活的光标的物理身体在网络化空间中被计算与凝视。通过主动式自我追踪中的自我规训与被动式自我追踪中的他者规训，物理身体在地方空间中被不同的话语体系生产和形塑。

第一节　作为规训空间的定位空间

一、自我追踪/量化：一种自反性监视

量化自我（quantified self）由加里·沃尔夫（Gary Wolf）和凯文·凯利（Kevin Kelly）于2007年提出，指人们通过自我追踪来进行自我认知。被追踪的内容包括人的心率、呼吸、睡眠时间，甚至是一天中打喷嚏和咳嗽的次数[①]。量化自我是一种自我的数据化，是一种自我量化，

---

① What is quantified self?[EB/OL].[2020-2-9]. https://qsinstitute.com/about/what-is-quantified-self/.

是自我追踪（self-tracking）的一种方式，一般指人们通过相关技术手段，定期检测、记录、分析身体的相关数据，借此进行自我监管、控制，从而达到强健体魄、优化生活等自反性监视（reflexive monitoring）目的的一种活动[1]。勒普顿（Lupton）对"自我量化"的定义，大概包含如下几层含义：首先，自我量化与自我追踪之间可以相互替换[2]；其次，自我量化是一种自我的数据化，自我的相关情况以数据的形式被记录、呈现；再次，自我追踪是一种自我的监视活动，监视行为的执行者是自我追踪者本人[3]；此外，自我追踪是一种自反性行为，意味着自我追踪的相关数据会实时反馈给自我追踪者本人，人们借以调整相关行为[4]；最后，自我追踪的行为是基于自我追踪技术的，意味着自我追踪技术的进步会激发出相应的自我追踪实践。

量化式的自我追踪由来已久。例如，在心里默数走路的步数、脉搏的次数、心跳的次数等，都是自我量化。自我量化并不仅仅局限于健康及身体管理领域，还分布在人们日常生活中衣、食、住、行、用等诸多方面（比如"走了多远""穿了几件衣服""吃了几碗饭"等，在某种程度上都是自我量化）。

从自我量化是否依赖技术的维度，可以将自我量化分为主观式自我

---

[1] Lupton D. Self-tracking modes: reflexive self-monitoring and data practices[J]. Social Science Electronic Publishing, 2014, 391(1): 547-551. Lupton D. Self-tracking cultures: towards a sociology of personal informatics[C/OL]. Australian Computer-human Interaction Conference on Designing Futures: The Future of Design, 2014. [2020-6-8]. https://www.researchgate.net/publication/290766116_Self-tracking_cultures_Towards_a_sociology_of_personal_informatics. Lupton D. The diverse domains of quantified selves: self-tracking modes and dataveillance[J]. Economy and Society, 2016, 45(1): 101-122. Lupton D. The quantified self[M]. Cambridge: Polity Press. 2016: 9.

[2] 通常意义上的自我追踪指自己记录自己的行为或活动。记录方式是多种多样的，比如日记、照片，甚至当下的Vlog等，都可以被视为自我追踪的手段。自我量化也是自我追踪的一种典型代表。在这里，勒普顿将自我追踪等同于自我量化。本研究中的自我追踪通常情况下大约可以和自我量化画等号。有些移动轨迹虽然也是一种自我追踪，如世界迷雾、相册地图等，但基本不涉及量化的问题。

[3] 下文回顾自我追踪的分类时提到自我追踪有主动和被动之分。但无论是哪一类，追踪自我的执行者都是"我"。

[4] 比如血压高就吃降压药把血压降下来，发烧就吃退烧药，跑步时没有达到目标里程就咬牙坚持……

量化和客观式自我量化。主观式自我量化不借助技术,是一种自我肉身的直接感知。这种自我量化一般以既往的经验认知为参照,比如"我大概走了多远"(不借助测量设备)、"我大概学习了多长时间"(不借助计时设备)。客观式自我量化需要借助一定的量化技术,例如钟表、体温计、尺子等设备。个体通过技术的中介来感知自身的活动,追踪自身。这种自我认知是被中介化的。这是一种经由技术的"自我观看"。

在自我量化的过程中,自我追踪的结果以一种数字化[①]的方式呈现出来。麦克卢汉认为,"数字是我们最亲密的、相互关系最密切的活动(触觉)的延伸和分离","数字和触觉试图靠压缩视觉空间本身来对付视觉空间和图画空间"[②]。以钟表这一人们日常生活中较为常见的自我量化技术为例,芒福德认为,"人类思维的量化分析法应用于自然研究之后,第一个表现,就是对于时间有规律的量度"[③]。"钟表把时间元素从人类活动和人类事件中拆分出来,并且在此基础上进一步建立了一个独立世界的概念,这就是具有数学精确度的、具有自身秩序的、新型科学世界。"[④]麦克卢汉在谈及时钟的时候说:"作为一项技术,钟表是一种机器,它按照装配线模式生产统一的秒、分、时等时间单位。经过这样统一的加工,时间就从人的经验节律中分离出来了……不靠个人独特的经验计量时间,而是用抽象的统一单位来计量时间,这种方式计量的时间慢慢渗透进了一切感知生活,就像文字和印刷技术渗透进感知生活一样。"[⑤]

借助自我量化技术,人们的自我认知超越了以往仅仅依靠自身感知

---

① 指计数。
② [加拿大]马歇尔·麦克卢汉.理解媒介:论人的延伸[M].何道宽,译.南京:译林出版社,2011:129,139.
③ [美]刘易斯·芒福德,[美]唐纳德·L.米勒编.刘易斯·芒福德著作精萃[M].宋俊岭,宋一然,译.北京:中国建筑工业出版社,2010:424.
④ [美]刘易斯·芒福德著,[美]唐纳德·L.米勒编.刘易斯·芒福德著作精萃[M].宋俊岭,宋一然,译.北京:中国建筑工业出版社,2010:427-428.
⑤ [加拿大]马歇尔·麦克卢汉.理解媒介:论人的延伸[M].何道宽,译.南京:译林出版社,2011:168.

的局限，得以用一种理性的、客观化的方式认知自我。这种客观性存在于数字所建构的理性世界中。自我在此过程中被客观化了。

有些量化人体的技术在很长一段时间内掌握在专业人士手中，如血压计等。随着量化技术的普及，个体也能够接触、掌握、使用量化的设备，如家用血压计等的普及。随着科学技术的进步，越来越多自我量化设备（如体温计、血压计、体重秤等）进入人们的日常生活，在移动数字时代尤其如此。数字设备的可穿戴化与移动化，让移动中的身体能够自始至终处于被监控的状态。智能手表/手环及各种手机量化APP的涌现，在用户中激起了一场"'量化自我'运动"（"quantified self" movement）①。

加里·沃尔夫是自我追踪运动的最初倡议者。他认为，随着自我追踪技术的数字化与可穿戴化，"数字正在进入我们生活中的最小缝隙"。这与过往相比有较大差异。加里·沃尔夫说："在过去，定量评估的方法是费力和神秘的。你必须手动测量并记录在日志中；你必须在电子表格中输入数据，并使用不友好的软件执行操作；你必须建立图表，从数字中梳理出理解。现在，许多数据收集可以自动化，记录和分析可以委托给许多简单的Web应用程序。"加里·沃尔夫认为，这场由数字可穿戴设备掀起的自我追踪浪潮的口号应该是"通过数字认识自我"②。换言之，借助各种可穿戴设备，日常生活中的身体被数据化，人们可以轻而易举地通过数字了解自我的身体③。

二、数据装置中的身体生产

如上所述，自我追踪并非数字时代的"故事"。相关的技术形式多种

---

① Lee V R. What's happening in the "quantified self" movement?[C]//Polman J L, Kyza E A, O'Neill D K, Tabak I, Penuel W R, Jurow A S, O'Connor K, Lee T, D'AmicoL, eds. Learning and Becoming in Practice: The International Conference of the Learning Sciences (ICLS), 2014 (2): 1032-1036.
② Wired Staff. Know thyself: tracking every facet of life, from sleep to mood to pain, 24/7/365[EB/OL]. (2009-6-22)[2020-2-9]. https://www.wired.com/2009/06/lbnp-knowthyself/.
③ 宋庆宇，张樹沁.身体的数据化：可穿戴设备与身体管理[J].中国青年研究，2019（12）：13-20.

多样,不同的社会存在不同的自我追踪技术。进入数字时代,自我追踪技术越来越数字化了。数字传感器(digital sensors,如GPS、数字指南针、陀螺仪等)是当下自我追踪的关键技术[1]。自数字移动化浪潮以降,大多数移动设备都内置了数字传感器,如手机、手环等。这些传感器让诸多物被"联网"(the internet of things)[2]。以智能手环为例(现在的手环大都内置了GPS感应器,也是一种定位媒介),它通过蓝牙设备与智能手机相关联,不仅具有接听电话、查看消息等功能,还能够记录用户的步数,监测心率,分析睡眠,记录运动轨迹、卡路里消耗,以及游泳时划水的次数、配速、划水频率、距离等。这俨然是一个自我追踪设备。智能手机也是当下一个大众化的自我追踪设备。智能手机中的许多应用都具有自我追踪的性质,比如微信步数、各种跑步APP、各种记录出行轨迹的APP、体重秤的APP等。

自我追踪运动在医疗健康,尤其是移动医疗(M-health)领域,具有重要价值。移动医疗是移动计算和通信技术在卫生保健和公共卫生领域的应用[3]。有学者认为,"移动医疗"这一新兴概念代表了电子医疗系统从传统的桌面远程医疗平台到无线和移动设备的演变。无线通信技术与可穿戴技术的结合,将对未来的卫生保健系统产生根本性的影响[4]。

总之,面对智能手机、智能手环等移动化、数字化的自我追踪设备的兴起与普及,自我追踪应该成为移动媒体研究领域的一个重要话题,需要进行相关探讨[5]。作为一种自反性行为,不同的人的自我追踪的目的亦不尽相同,比如"留作纪念""和他人分享""调整行为"……随着高血压、肥

---

[1] Lupton D. The quantified self[M]. Cambridge: Polity Press. 2016: 22.
[2] Bunz M, Meikle G. The internet of things[M]. Cambridge: Polity, 2018.
[3] Free C, Phillips G, Felix L, et al. The effectiveness of M-health technologies for improving health and health services: a systematic review protocol[J]. BMC Research Notes, 2010, 3(1): 2−7.
[4] Istepanian R, Jovanov E, Zhang Y T. Introduction to the special section on M-Health: beyond seamless mobility and global wireless health-care connectivity[J]. IEEE Transactions on Information Technology in Biomedicine, 2004, 8(4): 405−414.
[5] Pink S, Fors V. Self-tracking and mobile media: new digital materialities[J]. Mobile Media & Communication, 2017, 5(3): 219−238.

胖等现代人健康问题的出现，自我追踪越来越多地涉及现代人关于健康生活方式的定义。

基于移动技术的数字设备引发了一场"个体化的健康革命"[①]。这场"革命"以数据化和个体化为特征：一方面，在自我量化的过程中，个体的诸多方面都以数据化的形式得以呈现[②]；另一方面，量化过程是由普通个体操作的，而非专业人士。这是自我量化技术大众化的表现[③]。这意味着自我追踪的日常生活化。自我量化者在"科学的技术"所呈现的数据中了解自我。数据成为自我的一种"刻度"，使个体成其所是（you are your data）[④]。数据是客观的、"不会说谎的"。自我量化技术界面中呈现的数据使用户对于自我的感知"去主观化"，生成一种"数据拜物教"（data fetishism）[⑤]。这也是一种经由技术中介的自我观看，是一种自我数据的可视化[⑥]。

自我追踪不仅仅可以被看作一种"自我技术"，在勒普顿的视野中，自我追踪也是一种"数据实践"。数据实践意在描述在自我量化的过程中，数据被收集、理解、应用的过程[⑦]。从实践的概念出发，自我量化中的数据成为"活生生的数据"（lively data）[⑧]。更进一步说，自我追踪还是一

[①] Sharon T. Self-tracking for health and the quantified self: re-articulating autonomy, solidarity, and authenticity in an age of personalized healthcare[J]. Philosophy & Technology, 2017, 30(1): 93–121.
[②] Sumartojo S, Pink S, Lupton D, LaBond C H. The affective intensities of datafied space[J]. Emotion, Space and Society, 2016 (21): 33–40.
[③] Pantzar M, Ruckenstein M. The heart of everyday analytics: emotional, material and practical extensions in self-tracking market[J]. Consumption Markets & Culture, 2015, 18(1): 92–109.
[④] Lupton D. You are your data: self-tracking practices and concepts of data[M]//Selke S, eds. Lifelogging: digital self-tracking and lifelogging — between disruptive technology and cultural transformation. Wiesbaden: Springer Fachmedien Wiesbaden, 2016: 61–79.
[⑤] Sharon T, Zandbergen D. From data fetishism to quantifying selves: self-tracking practices and the other values of data[J]. New Media & Society, 2017, 19(11): 1695–1709.
[⑥] Marcengo A, Rapp A. Visualization of human behavior data: the quantified self [M]//Innovative approaches of data visualization and visual analytics. IGI Global, 2014: 236–265.
[⑦] Lupton D. Personal data practices in the age of lively data[M]//Daniels J, Gregory K, Cottom T M. eds. Digital sociologies. Malden: Polity Press, 2017: 339–354.
[⑧] Lupton D. Personal data practices in the age of lively data[M]//Daniels J, Gregory K, Cottom T M. eds. Digital sociologies. Malden: Polity Press, 2017: 339–354. Lupton D. The diverse domains of quantified selves: self-tracking modes and dataveillance[J]. Economy and Society, 2016, 45(1): 101–122. Lupton D, Pink S, Heyes LaBond C, Sumartojo S. Digital traces in context: personal data contexts, data sense, and self-tracking cycling[J]. International Journal of Communication, 2018(12): 647–666.

种"产生数据装置(data assemblages)的数据实践"①。

"装置"(assemblage)是一个由人与非人的诸多要素组构的复杂网络系统②。勒普顿强调,自我追踪的研究需要将人与非人的因素等而视之,不可"厚此薄彼"。勒普顿建议用一种"女权主义的新物质主义理论视角"来讨论相关的个人数字化数据的问题。他关注数据实践中"人类与非有机物(尤其是数字技术)之间的关系,以及这些互动如何被注入生命力和活力"。这种超越人类中心主义的视角的观点,强调了人与非人因素间的相互交织。勒普顿认为,采用这种方法,可以将"人-数装置""看作一个不断变化的生动的物质的形式"。女权主义的新物质主义是新物质主义(new materialism,有时也称为社会唯物主义,sociomaterialism)的一个分支,关注人类与非人类的融合。在此脉络中,后结构主义者所关注的话语、符号等现象被拓展到物质层面③。这种视角有助于理解自我追踪过程中诸如身体、交通工具、软件、数字设备、物理空间等是如何关联和交互的④。这种视角强调这些因素相互关联所产生的具身的经验、情感、感觉⑤。但大多数研究并未从这个层面展开。自我追踪不仅仅是一个被个人动机促成的"使用与满足"的过程,还是一个被诸如媒介技术等非人的因素促成的过程⑥。在这一过程中,技术被囊括进具身和自我的概念之中⑦。人们借助技术来观看自身,因此,自我追踪技术也变成了一种具身技术。在此过程中,技术也就融入了自身的知觉的、身体的经验中。

---

① Lupton D. You are your data: self-tracking practices and concepts of data[M]//Selke S, eds. Lifelogging: digital self-tracking and lifelogging — between disruptive technology and cultural transformation. Wiesbaden: Springer Fachmedien Wiesbaden. 2016: 61–79. Lupton D. Self-tracking modes: reflexive self-monitoring and data practices[J]. Social Science Electronic Publishing, 2014, 391(1): 547–551.
② Marcus G E, Saka E. Assemblage[J]. Theory, Culture & Society, 2006, 23(2–3): 101–106.
③ Lupton D. Data selves[M]. Cambridge: Polity Press, 2020: 19–20.
④ Lupton D, Pink S, Heyes LaBond C, Sumartojos. Digital traces in context: personal data contents, data senses, and self-tracking cycling[J]. International Journal of Communication, 2018 (12): 647–665.
⑤ Pink S. Approaching media through the senses: between experience and representation[J]. Media International Australia, 2015, 154(1): 5–14.
⑥ Lomborg S, Frandsen K. Self-tracking as communication[J]. Information, Communication & Society, 2016, 19(7): 1015–1027.
⑦ Lupton D. The quantified self[M]. Cambridge: Polity Press, 2016: 42.

智能手机、手环等可穿戴设备使日常生活得以以量化的方式被用户经验①。这些普适计算(everyware)技术成为人们身体的一种尺度。人们的身体通过这些技术被想象②。数据化(datafication)成为赛博格的一种生活方式③。具体到本研究对于"活的光标"的讨论,产生数据实践的数据装置包括定位媒介(内置位置传感器的可穿戴设备)、身体、物理空间、数字信息。以勒普顿为代表的学者,在自我追踪方面的研究更注重"人(身体)-机-数"的勾连,但并未将空间的因素纳入讨论的范畴,也就未能对身体与技术和地方的关系展开讨论。鉴于"活的光标"这一定位空间中的数字化身体,在自我追踪中关于人地关系的讨论不能仅仅局限于身体与技术的讨论,还需要将物理空间、赛博空间,以及身体、技术、空间三者的关系视为数据装置的重要组成部分,纳入自我追踪中身体生产的讨论范畴。

三、定位空间中的反馈回路与身体规训

之于身体,空间还是一种规训形式。这在福柯的空间规训思想中有较为深刻的体现。他主要强调权力技术在空间维度的治理策略和规训实践。具体来说表现为:"权力话语通过对空间的巧妙设计、构造与生产来完成对个体的监视和可能的改造,并使个体服从于'权力的眼睛'的管制范畴和规约体系。"④福柯借用英国功利主义思想家杰里米·边沁的"全景敞视监狱"(panopticon)来讨论19世纪规训制度的权力运作机制。这种全景敞视建筑是这样一种建筑学形象:"四周是一个环形建筑,中心是

---

① Gilmore J N. Everywear: the quantified self and wearable fitness technologies[J]. New Media & Society, 2016, 18(11): 2524-2539.
② Greenfield, A. Everyware: The dawning age of ubiquitous computing[M]. Berkeley: Peachpit Press, 2006: 48-53.
③ Sumartojo S, Pink S, Lupton D, LaBond C H. The affective intensities of datafied space[J]. Emotion, Space and Society, 2016 (21): 33-40.
④ 刘涛.社会化媒体与空间的社会化生产:福柯"空间规训思想"的当代阐释[J].国际新闻界,2014,36(5):48-63.

第三章 追踪地方:定位空间中的身体量化与规训

一座瞭望塔。瞭望塔有一圈大窗户,对着环形建筑。环形建筑被分成许多小囚室,每个囚室都有贯穿建筑物的横切面。各个囚室都有两个窗户,一个对着里面,与塔的窗户相对;另一个对着外面,能使光亮从囚室的一端照到另一端。然后,所需要做的就是在中心瞭望塔安排一名监督者,在每个囚室里关进一个疯人或一个病人、一个罪犯、一个工人、一个学生。通过逆光效果,人们可以从瞭望塔的与光源恰好相反的角度,观察四周囚室里被囚禁的小人影。"[1]

全景敞视建筑的主要后果是"在被囚禁者身上造成一种有意识的和持续的可见状态,从而确保权力自动地发挥作用"。"这构成了一种分解观看/被观看二元统一体的机制。在环形边缘,人们彻底被观看,但不能看见;在中心瞭望塔,人能观看一切,但不会被观看到。"[2]这种全景敞视空间通过空间的设置,达到了一种看与被看之间的不对称,进而生产出一种权力秩序。在这种空间制度中,"每个人在这种目光的压力之下,都会逐渐自觉地变成自己的监视者,这样就可以实现自我监禁"[3]。

在这里,空间成为一种规训技术,体现了一种权力的微观政治学。随着空间的不断演进,这种关乎个体的规训技术呈现出不同的形态。自我追踪也成为一种自我规训。规训的对象是身体。因为身体本身是在地化的,地方中身体的移动成为规训实体身体的重要方式。这在定位空间中的自我追踪和自我量化实践中有较为充分的体现。

在数字时代,定位媒介是自我追踪领域一个重要的媒介类别。正如上文所言,定位媒介的一个重要特征是具备位置功能,能够记录身体在物理空间中的移动,甚至为物理空间中身体的移动提供一种参照。定位媒介在自我量化方面的可供性的主要表现是,借助于手机内置的GPS传感

---

[1] [法]米歇尔·福柯.规训与惩罚:监狱的诞生(修订译本)[M].刘北成,杨远婴,译.北京:生活·读书·新知三联书店,2012:224.
[2] [法]米歇尔·福柯.规训与惩罚:监狱的诞生(修订译本)[M].刘北成,杨远婴,译.北京:生活·读书·新知三联书店,2012:226.
[3] [法]米歇尔·福柯.权力的眼睛[M]//权力的眼睛——福柯访谈录.严锋,译.上海:上海人民出版社,1997:158.

器,相关软件通过对用户在移动过程中实时位置的记录,显示用户移动的速度、里程、轨迹等。在此过程中,个体在物理空间中移动轨迹的重要性被凸显出来。

在基于定位媒介的自我追踪中,物理空间中移动的身体与技术相融合。此时的身体已经被技术穿透,被数据浸润。"自然人"转变成人机混杂的赛博格。这一人机混杂体促生了一种定位空间。定位空间反过来影响了身体的感知铭刻,调节了身体的相关活动。在这一数据实践中,技术、身体、空间三者紧密关联、共生共存。

在本章所讨论的基于跑步APP的数据实践中,跑步者在实体空间运动的同时,需要频繁地看手机APP中的跑步轨迹和跑步数据。跑步者经由这种感知铭刻认知移动状况,调适移动,因而形成了"边跑边'看'手机"的特殊场景。通过频繁地"看",虚拟空间与物理空间连为一体。在"边跑边'看'"的过程中,存在着一个"反馈回路"(feedback loop)[1]。反馈回路是计算机学科的术语,意指"由系统生成信息,然后根据这些信息进行调整"。在自我量化中,这是一个"监测""评价""改善"的连续过程,目的是消灭现实与目标之间的差距。"当人们通过量化引发感觉时,他们在观察身体感知的物理信号与数据记录之间的对比。综合二者,他们能更好地定义或感觉到一些现象。数据成为'感觉的代替品',以及某种帮助人们感觉自己身体或周围世界的东西。"[2] 移动中的反馈回路是定位空间使然。其表现在如下几个方面:首先,赛博格在物理空间中的移动通过GPS传感器被记录在赛博空间,并以关于里程、速度、时间、轨迹等数据和图片的形式呈现出来;其次,赛博格通过赛博空间中的数据,理解身体在物理空间中的运动过程;最后,人们据此调整身体的运动。

在这一过程中,经由数字设备,地方物理空间赋予身体意义,同时,身

---

[1] Ruckenstein M, Pantzar M. Beyond the quantified self: thematic exploration of a dataistic paradigm[J]. New Media & Society, 2017, 19(3): 401-418.
[2] [美]吉娜·聂夫,唐恩·娜芙斯.量化自我:如何利用数据成就更幸福的自己[M].方也可,译.北京:机械工业出版社,2018: 65,67.

第三章 追踪地方：定位空间中的身体量化与规训

体又以行走的、数字化的方式定义了地方。活的光标身处定位媒介所促生的混杂的地方空间中，自我追踪的数据实践便发生于这一定位空间。因此，可以说定位空间是自我（的身体）的规训空间，定位媒介也是一种自我技术。

在定位空间中，活的光标在地方空间中的移动以数据化、可视化的形式呈现出来①。这既能保持人们的运动动机，也能促进人们运动水平的提高②。自我追踪的类型多样，勒普顿对其做了一个详细的分类："私人化自我追踪"（private self-tracking），指人们因为某种个人动机，主动地、自愿地进行的自我追踪；"鼓动式自我追踪"（pushed self-tracking），指个体在他人的鼓励、诱导下开始的自我追踪活动；"社交化自我追踪"（communal self-tracking），指人们进行自我追踪是为了社会交往，比如分享自我追踪的数据、博得他人的赞赏等；"被动式自我追踪"（imposed self-tracking），指在其他人或组织的压力之下被迫进行的自我追踪，例如当量化成为雇佣或购买保险的前置条件时，人们就不得不进行自我追踪，这中间包含了一种不平等的权力关系；"发掘式自我追踪"（exploited self-tracking），指个体的自我追踪数据被商业机构或者软件运营商等组织秘密或公开使用的自我追踪③。

总的来说，自我量化式的定位媒介主要应用于人们的移动过程中，呈现活的光标移动的相关信息。基于移动方式的不同，自我量化式的定位媒介可分为两种类型④。

---

① 其原理在于：(1) 借助移动路径上的点，通过地图SDK能够计算出移动的距离；(2) iOS上有定位的SDK，如GPS，配合上计时器，就能得到位置坐标，除以时间就能够得到配速；(3) 能够记录整个跑步过程中的跑步轨迹，并在地图上显示出来。

② Ahtinen A, Isomursu M, Huhtala Y, et al. Tracking outdoor sports—user experience perspective [C]//Ambient Intelligence: European Conference, AmI 2008, Nuremberg, Germany, November 19-22, 2008, Proceedings. Spriger Berlin Heidelberg, 2008: 192-209.

③ Lupton D. The diverse domains of quantified selves: self-tracking modes and dataveillance[J]. Economy and Society, 2016, 45(1): 1-22.

④ 此外，也可以记录游泳的轨迹，但主要得依靠手环这类设备，故不在本研究的考虑范围内。在汽车驾驶过程中，使用相关导航设备显示里程和速度也属于一种自我量化。本章主要关注的是以运动为目的的跑步、健走等类型的自我量化。

第一,走路或跑步类定位媒介。这种是主流的自我量化式定位媒介,主要应用于以体育锻炼为目的的自我量化过程中。本研究的田野对象用得比较多的有KEEP、咕咚、悦跑圈、运动世界校园等。以咕咚为例,咕咚的宣传口号是"智能运动 尽在咕咚"。咕咚的"智能"表现在:"精准记录健走、跑步、骑行、登山等运动数据与路线,提供运动前后热身、拉伸等专业运动指导";针对不同人群,"提供多类型专业教练课程","制定科学训练计划";寻找离用户最近的"跑步圣地","PK跑场达人,集聚跑场人气,打造城市专属运动地标";"记录运动时刻,分享快乐瞬间,邂逅精选达人"。在自我量化方面,咕咚在不同的运动类型中能够呈现不同的信息。例如,在跑步过程中,咕咚能够显示平均配速、时长、大卡、步频、步幅、心率等信息;在骑行过程中,能够显示海拔、用时、速度等信息;在健走过程中,能够显示海拔、用时、步频等信息①。

第二,骑行类定位媒介。虽然像咕咚这样的运动软件里面也有骑行的功能,但在本研究的田野对象中,骑行"发烧友"们大都不会用咕咚这类附带骑行功能的软件,而是倾向于使用更加专业化(专门化)的骑行类APP,如行者、骑行世界、黑鸟单车等。以行者APP为例,它具有路书、数据分析、智能设备、赛段挑战等功能:路书可以"提前规划制作行者路书",使用户"出行安全无忧,再也不担心迷路,还能发现更多精彩路书";数据分析能够精确记录用户的每条路线轨迹,为用户提供详尽的数据分析报告,"快速查看并全面了解自己的运动能力";智能设备指行者公司专门开发的一款骑行设备,"可以直接导入行者的路书库,通过内置GPS进行导航提醒,走错方向时会及时提醒";赛段挑战让用户在经过某个赛段时,"自动匹配","查看排名","与其他经过同个赛段的挑战者一较高下"②。

自我量化式的定位媒介种类繁多,功能多样。总的来说,这些功能

---

① 咕咚官网[EB/OL].[2019-05-31].https://www.codoon.com/.
② 行者官网[EB/OL].[2019-05-31].http://www.imxingzhe.com/.

大致包括三个方面:记录运动数据、运动指导、社区功能。基于勒普顿对于自我追踪的分类,结合本研究的田野材料,本章将自我追踪分为主动式自我追踪和被动式自我追踪两种类型。从空间规训的角度来看,前者属于自我规训,后者属于他者规训。本研究将两者分别置于地方实践的语境中,考察自我量化式的自我追踪技术如何激发了相关的自我追踪实践和人地关系。

第二节 主动式自我追踪:地方空间中的自我规训

2018年9月,笔者在豆瓣上加入了一些跑步类小组。在一个叫"喜欢跑步的人"的小组中,笔者发了一个题为"跑步软件对大家的跑步行为有何影响"的帖子[1]。在帖子中,笔者说:"很想知道,跑步软件如何影响了大家的跑步行为?离开跑步软件,我们还能像现在这样跑步吗?"截至2019年5月22日,共有16位网友回答了这个问题。虽然人数较少,回答较为简单,但基本上揭示了跑步软件在跑步中发挥的作用。网友的回答大致可以分为以下六个类别。

第一,记录跑步情况,使自身更好地掌握运动情况。

"主要是数据,跑了多长距离,多少时间,每公里时长,这个月跑了几次,一共多少公里。"("TAR&EARTH")

"跑步软件初期提高了我的感知能力。"("我有只狗叫面条")

"更多的是记录数据吧,心率是最主要的,还有看着自己的距离由短变长,配速慢慢提高,也是开心的事。"("DIR_L")

---

[1] 豆瓣[EB/OL].[2019-05-31]. https://www.douban.com/group/topic/124561750/.

第二，在记录跑步数据的基础上，有网友认为，自我量化对自己的跑步行为是一种鼓励。

"鼓励自己一天比一天多一点。"（"诗人的情人"）

"成就感，看着过去的里程，鼓励我继续跑下去。"["文老山（低价出售正能量，可小刀。）"]

"有公里数的概念，不然觉得坚持不下去。"（"月亮"）

第三，有网友认为，这些数据能够调整自己的跑步行为。

"主要就想记录下自己的跑步里程，根据里程来提高下一次的距离。"["过期的鱼罐头（冷暖自知）"]

"可以根据身体情况和平均水平来调整配速，同时记录距离逐步提高又防止受伤。"（"小白白"）

第四，也有人表示，这些数据主要是用来发朋友圈的。

"主要用来发朋友圈。"["路多长就走多远（究竟有多长……）"]

第五，记录的作用，属于一种数字记忆。

"记录自己运动的点点滴滴。"（"红红0916"）

第六，也有人主张脱离硬件，回归自我认知，不借助相关数字设备进行自我感知。

"有本外国人写的书里的确有脱离硬件回归自我感知的说法，也许会舍弃蓝牙耳机，最多也就这样，心率表不可能不带。"（"黑猩猩"）

总的来说,这种定位空间中的自我追踪实践,主要表现在以下几个方面:首先,人们通过自我追踪,了解身体的相关移动情况,如里程、速度、卡路里等;其次,自我身体的数据会引起人们心理感情的变化;再次,移动数据作为一种数字档案,可以成为自我追踪者的移动记忆;最后,人们借助于移动中的自我追踪,控制、调整自己的移动过程,完成自我的再生产。

一、"我要减肥"①:失控的身体

人的身体具有社会性和文化性②。对于人们来说,"忽视身体的直接后果就是降低自己作为一个人的可接受性,也是一个人懒惰、不够自重(low self-esteem)甚至是道德失败(moral failure)的一种标志"③。饮食、睡眠、锻炼等身体实践既是个体行为,也是社会行为。"身体是进行巨大的象征工作和象征生产的场所。""符合文化界定的完美身体则是赞美和歆羡的对象。"④ 每个时代都存在关于身体的"生命教引"(biopedagogies)。这一概念源自福柯(Foucault)的"生命权力"(biopower)。"生命权力"指个体和人们通过与身体相关的实践进行的身体规训。"生命教引"不仅指个体被监视,也指人们受某种文化(或相关风险知识)的影响而进行的持续的自我监视。这种关于身体被评估、监视、研究的方法通过大众媒体、网络新媒体等当下的文化实践而深入人心。人们被提供了许多方法来了解他们自己,改变他们自己,并采取行动来改变他人和他们的环境⑤。作为一种审美经验,当下人们对于"健康身体"

---

① 此内容源自访谈对象大志、小梯。
② 高宣扬.流行文化社会学[M].北京:中国人民大学出版社,2015:281-289.
③ [英]迈克·费瑟斯通.消费文化中的身体[M]//汪民安,陈永国.后身体:文化、权力和生命政治学.长春:吉林人民出版社,2011:293.
④ [英]布莱恩·特纳.身体与社会[M].马海良,赵国新,译.沈阳:春风文艺出版社,2000:278.
⑤ Wright J. Biopower, Biopedagogies and the obesity epidemic[M]//Wright J, Harwood V, eds. Biopolitics and the "Obesity Epidemic": governing bodies. New York: Routledge, 2009: 1–14.

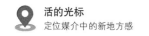

活的光标
定位媒介中的新地方感

的定义与消费主义、资本逻辑等现代性因素密切相关①。这种关于身体的"生命教引"促使人们按照某种理想型去关照、控制自己的身体。

在本研究的田野调查中,大多数研究对象自我量化的一个主要动机是减肥。肥胖意味着一种不健康的生活方式,亦不符合现代人的审美。肥胖给人们带来了诸多烦恼,既有生理方面的(如高血压、高血脂等身体疾病),也有心理方面的(如被别人嘲笑、自卑等)。大志和小梯都遇到过这方面的问题。

大志是2017级学生,微胖,一米七零左右的身高,肤色较暗,比他的同学稍显成熟。他有过两次高考和上大学的经历。大一开学一个月后,大志就开始跑步了。他说:"其实最主要是因为当时的确太胖了,体测出来有190多斤……然后是一个大胖子,真的特别胖!"

"屁股变大""腰椎间盘突出""睡觉打呼噜""容易鬼压床……感觉自己要被憋死了,一直醒不来"……这些都是肥胖给大志生理方面带来的影响。除此之外,肥胖也对他的心理产生了影响。其中,最大的一个影响是难以融入集体。这也是大志第一次上大学时选择退学的原因。

"我第一次上大学时也很胖,就是相比190斤、200斤的肯定要瘦一点,但是那个时候就感觉自己没有融入大学生活里面。第一次上大学的经历就是一个人在上大学,整个人天天待在寝室里面打游戏、看小说,我就干这两件事情。后来自己是真的受不了这种生活了,就选择退学。"

退学后的大志去江浙沪一带做了销售。随后,他选择重新高考。第二次读大学的大志决定做出改变,"不能再重蹈覆辙","不能再过同样的生活"。可能是因为两年做销售的工作经历,大志内向的性格改变了很多。同时,他也想在体形上做些改变。

---

① 李春媚.消费文化语境中"审美经验"的悖论式实现[J].学习与实践,2019,6:134-140.

> "做了两年销售,内向的性格有所改变……我想,要跟他们一起玩的话,可能需要在外形上也改变一下自己。至少要把自己变成一个正常人,我心理压力会没那么大。"

小梯是一位大一的男生,身高一米七五左右,体形还算匀称。小梯说,这是他减肥的结果。他的减肥计划是从大一下学期开始实行的。他减肥的主要方法是跑步。小梯说:

> "上大学后没高中那么紧张了,生活安逸了,再加上我平时也没怎么运动,所以大一上学期就长了一些肉。我理想中应该是在120斤左右,有一些肌肉,不是特别大块的那种肌肉……我那段时间开始有一些赘肉了,别人可能看不出来,但是我自己知道……要及时改变吧,拖得太久了,太肥了……可能就很难减下去吧。"

当然,减肥并不是人们跑步的唯一动机。"放松"(如下文提到的浩班长)、"自我挑战"(如下文提到的强哥)、"提高身体机能"等,都可以成为跑步的动机。马拉松爱好者强哥更关心跑步时的配速。总的来说,跑步代表一种健康的生活方式。在当下城市,跑步的人群急剧扩张,"越来越多的人参与到跑步运动中,根据科学与理性精神管理和改造身体,增加自己的身体资本"[1]。这成为城市的一种"新风尚"[2]。

二、"立个flag"[3]:数字的魅力与被规训的身体

减肥或者保持身体健康的方式有很多,比如去健身房、打球等。相对

---

[1] 宋庆宇,刘能.中产阶级的身体管理:以跑步运动为例[J].中国青年研究,2018,10:85-93.
[2] 邹华华,于海.跑步风尚:城市青年文化的一个新面向[J].当代青年研究,2017,3:11-16.
[3] 此内容源自访谈对象大志、小梯。"flag"本义指"旗帜"。"立flag"是网络流行词,指说下一句振奋的话,结果往往与期望相反。

活的光标
定位媒介中的新地方感

来说,最为"经济实惠"的方式还属跑步①。在大多数人看来,跑步是减脂的一种有效途径。在跑步中,为了达到效果,人们通常会为自己设定一定的目标,比如"跑多长时间""跑多远""以多快的速度跑"等,所有目标几乎都需要用数字的形式表示出来。对于大多数田野对象而言,在这些量化的指标中,排在第一位的是里程,随后是速度和时长。如小梯所言:

"我比较关注跑步软件为我提供的公里数,因为我是按公里来跑的。有些人按时间来跑,可能他们关注的是时间有多少。像我关注公里数,我就希望一打开,上面显示的就是我跑多少公里。"

这些数字化的跑步目标需要跑步者在跑步的过程中执行并顺利完成。按照邱同学的说法:"这样才能达到锻炼身体的目的吧,不能说你高兴跑的时候就跑,累的时候就不跑……最重要的是坚持吧,不能随心所欲……所以就要给自己定一个任务,如一星期跑几次、每次跑多远。"

在自我追踪的过程中,数字让目标得以具体化、客观化,成为一个"flag",人们借以达到锻炼身体的目的。自我量化在运动过程中的作用主要是让运动过程中的数据可视化,提供一种相对个人感知而言的客观数据。这种相对客观的数据能够让用户掌握跑步过程中的具体情况,从而实现自己的跑步目标。

对于跑步里程的认知,在没有定位媒介的时候,人们大概只能通过主观估算的形式进行。这种估算在足球场外围跑道跑步时还算有效,因为标准的跑道有一个数值(例如最里边的一圈是400米)。但是对于路跑的人来说,估算距离则是一个难题。

"用了咕咚之后,我可以知道我跑了多远,算是我的一个成果。

---

① 马拉松跑步.跑步是一种最简单又有效的健身方式[EB/OL].(2017-07-07)[2020-2-12]. https://www.sohu.com/a/155288444_398564.

这个还挺重要的。隔一段时间要拼命地跑一次,跑到精疲力尽那种。我想知道我的极限是多少,这都得靠跑步软件来告诉我吧。我对距离真的没有概念,虽然我知道一公里是一千米,但是在实际生活中,我还真不太清楚多远是一公里,除非路上有标记。"(邱同学)

"我经常在足球场外围跑道跑,不过我不太想去记我跑了多少圈。我一般每周都要跑三次吧,每次给自己设定的目标是五公里,大概就是绕着操场十二圈、十三圈的样子……跑步已经很累,我不太想去记我跑了几圈。我也有试过,但是每次记到后来就记不清楚了。"(小娜)

除了距离之外,对于跑步者来说,速度也是一个重要的指标。

"我觉得配速还是挺重要的,可能……有时候人对自己跑步速度的感知不是很准确吧。例如,我状态特别好的时候,可能并没有觉得跑多快,但是跑步软件给我报每公里的速度,我才发现原来我今天的速度很快。我觉得每公里五分半钟对我来说是一个比较好的状态吧,我不想跑得太快或太慢。有时候根据软件提示的速度,太快我会放慢下来,因为开始跑太快,可能后面就跑不动了。"(小娜)

专业的跑步人群一般对配速有较高要求。例如,经常参加马拉松的阿雄就会在跑步时非常关注自己的配速:

"我以前跑马拉松的时候……在跑马拉松之前,一般会提前一两个月准备。这个时候就会很在意自己的配速。因为要合理安排自己的体能,所以要监控速度。"

咕咚这类跑步软件对跑步里程与速度的记录并非完全准确。例如,

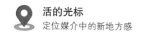
活的光标
定位媒介中的新地方感

有研究通过间接测热法K4b2和咕咚等跑步软件在相同距离内的耗能的对比,发现两者差别较大,认为咕咚等跑步APP不能准确测量运动能耗[①]。有跑友也反映了相关问题。例如,"pirlo21"在网上发帖说,自己对比了"endomondo"和"runKEEPer"两款跑步软件:

> "我跑的是中学的塑胶跑道,非400米标准跑道,具体一圈多少我也不清楚,我跑的是内测往外数第三道,估计一圈在250米到300米之间吧。两款软件都是我实测结果,都是按照平时的跑步路线走一圈,结果相差30米,按照我的跑量在30圈到40圈的样子。跑步一次,两款软件实测差距达到1 km以上。这就比较离谱了。到底该信哪个?还是都不信呢?"[②]

邱同学和大志也认为跑步软件可能在数据记录方面有一些偏差,但他们认为"这些偏差一般都不会太大"或者"不会大到离谱",因而都是可以接受的。

> "因为毕竟它提供了一个参考吧……比自己估计的应该要准确很多,没有更好的选择吧,再加上自己的目的是锻炼身体,没有过于精准的要求,因此还是挺有用的。"(邱同学)

尽管这些跑步APP中的数据可能与真实情况存在偏差,但它们毕竟使人们的运动目标通过数字的形式变得理性化,并变得可监管了。这些通过数字进行自我监管的技术可以被视为一种自我技术。通过自我技术,人们进行了自我与身体的再生产。大志和小梯就通过自我技术很好

[①] 明鑫,王斌.手机运动软件与K4b2测量步行运动能耗的比较研究[J].安徽体育科技,2015,36(3):55-58.
[②] pirlo21.跑步软件实测和误差对比~endomondo和runKEEPer[EB/OL].(2011-11-08)[2020-03-04]. http://bbs.runbible.cn/thread-82022-1-1.html.

地完成了"再生产"(减肥的任务)。

大一第一学期的体育课中,大志遇到了王峰老师。王老师对大志说:"你要是这一学期体重减30斤,体育课我给你满分。"大志说他那时候已经打算要减肥,王老师又给他立了一个flag,他就下定决心开始慢慢跑。刚好那学期学校开始改革"体测"[①]。大志回忆起那段日子:

"一开始真的跑不了……跑两圈都跑不了……跑两圈1 000米都不到。前一个月跑得特别累,后面慢慢能跑3公里、5公里,后来跑10公里都没有什么问题。反正慢慢跑起来,主要是那几个月把以前的很多习惯都改掉了。"

对于大志来说,运动世界校园在他减肥开始成为逼迫他跑步的一种动力。迫于体育课成绩的要求,大志不得不完成几乎每天1.5公里的任务。

大志为自己设置的每次的跑步里程是6公里,因为他觉得"既然都出来跑步了,就坚持多跑一点儿"。他非常关注自己跑了多远。有时候实在跑不动,想停下来,但是软件上的里程显示还不到6公里,他一般都会咬牙坚持下去。他说:"我觉得这个软件对我的跑步也能起到鼓励作用吧,有时候虽然很累,但是为了软件上数字达到6,还是会咬牙坚持。"

当然也有放弃的时候,只不过次数比较少。一般情况下,软件上的数字达到6,大志就会停下来。他说:"达到6那个数字后,感觉像是完成了一项任务,整个人都泄了一口气,一下子松下来,很难再去坚持跑了。"

和大志一样,小梯减肥期间也给自己规定了跑步计划:每次7公里,每周至少5次,共35公里。至于为什么每次要跑7公里,小梯解释说:

[①] 学校通过运动世界校园督促学生跑步,跑步成绩要计入体育课的期末成绩。详见本章第三节关于校园跑的论述。

活的光标
定位媒介中的新地方感

>"因为7公里是我能接受的最大限度。之前我跑过一两次8公里,跑完之后我的膝盖很不舒服。我知道跑步比较伤膝盖,就会控制在7公里。"

小梯基本上都是夜跑,因为他白天事情比较多,热带的天气也比较晒。一般晚上9点多下课之后,小梯会回到宿舍,冲一杯300多毫升的黑咖啡,喝完之后过20分钟,换上跑步的衣服和鞋子,去足球场外围的跑道跑步。整个跑步的时间大概有40分钟。跑完步再回宿舍。

对于大志和小梯来说,每天坚持完成定量的跑步目标对自己的"减肥大业"效果是明显的。现在大志每星期会跑3次,平时也颇为注意饮食,体重在150斤左右浮动。他觉得这种状态就很好:"微胖,已经是一个正常人,对于大学生活的融入状态也比较满意。"在评价运动世界校园时,大志说:"把跑步养成一种习惯是用了那个APP之后最大的一个改变吧。"

坚持了近两个月,小梯发现自己减肥成功了。之后,他跑步的频率又少了:

>"我跑步是为了想要减肥,后面跑着发现减肥成功了,我就不想跑步了。减肥成功之后,我还是定期跑步,因为我怕会反弹。发现不会反弹了,我就彻底不跑了。"

三、"是激励,也是禁锢":"我为什么用/不用跑步软件"

(一)"坚持下去的理由"①

对于大多数人来说,跑步一般都会有一定的规划和目标,比如今天要跑多少公里、要跑多长时间等。在完成跑步目标的过程中,人们需

---

① 此内容源自访谈对象大志、小梯。

第三章 追踪地方：定位空间中的身体量化与规训

要了解实时的跑步情况来决定是否结束跑步。跑步目标相对来说是一个客观的东西，需要用量化的方式表达出来，比如"我今天要跑十公里""我今天要跑一个小时"等。但与此同时，个人的感知又是主观的。这时就需要借助量化设备。量化能够使人们掌握跑步过程中的相关数据，也能激励（逼迫）用户完成既定的跑步任务。正如大志所说："没有运动世界校园，可能真的坚持不下来。因为很累的时候身体就想停下来，这时候看一下运动世界校园上的数据，还没有完成任务，就想着必须坚持下来。"

量化的跑步数据不仅能够让用户了解跑步的相关情况，还是一种鼓励。正如大鹏等人的话，就是一种"坚持下去的理由"。

"我一般每次跑步设定的目标都是6公里。有时候是真的累，尤其是跑到后面，觉得坚持不下来。但是一看咕咚，还有两三公里没有完成，因为我想减脂嘛，所以就必须咬牙坚持啊。如果没有咕咚，我也不知道我跑了多远，就很盲目吧。"（大鹏）

"用跑步软件对我来说类似于打卡……有的人可能不是那么自律，这种软件可以给他一种成就感，也是更好地督促自己。"（杨逸）

"每跑完1公里，KEEP都会提示我又完成1公里，就觉得离今天的目标又近了一步。尤其是它提示我距离跑步结束还有1公里的时候，我就特别兴奋。那时候虽然没有太大劲了，但是内心还是轻松的。"（俊霖）

"跑到最后的时候，我会想着怎么还不结束，怎么还不结束，软件怎么还不提醒我跑步即将结束……在最后三四百米的时候，真的是咬牙坚持啊。我会盯着屏幕上的数据，看它慢慢变小，慢慢变小……"（小梯）

（二）数字的等级与挪用

某些数字对于跑步者来说具有特别的意义，因此，他们会在跑步过程中"努力跑出这些数字"。

例如，数字可能代表了跑步的某种等级。在跑者的圈子里，跑步可以分为5公里、10公里、半马、全马四个级别。每个级别可以根据性别、配速分为若干个等级①。5公里在某些人看来属于告别"跑步小白"身份的门槛②。

再如，有些数字可能具有某种情感方面的意义，如"2.14"（情人节）、"520"（我爱你）、"13.14"（一生一世），或者亲友的生日、结婚纪念日等。有的跑者会在情人节以520配速跑13.14公里③，有的跑者会在2019年大年初一跑20.19公里④……

大志在2017年12月最后一天跑出了人生中第一个10公里。这让他至今记忆犹新。他从10月开始减肥，之后两个月是他减肥史上最有成效的两个月。2017年最后一天，他达成10公里的目标。在回忆为什么那天要完成10公里的目标时，大志说："本来我前面都是6公里，然后想了一下，我觉得2017年最后一天要完成之前设置的10公里的目标，最后一天自己拼了。后面好像有5天没跑，跑了10公里腿废了。"

（三）数字也是禁锢

这种"自我观看"并非受所有跑步爱好者的欢迎。浩班长是大志班上的班长，喜欢跑步，但不喜欢在跑步时为自己设定目标，跑步对他来说

---

① 迈路士户外运动.最新跑步等级评定：10公里、半马、全马你是什么水平？[EB/OL].(2018-02-07)[2020-02-13]. http://www.sohu.com/a/221415040_695647.

② 耐力运动营.先跑个5公里，看看你是什么等级的跑者！[EB/OL].(2019-02-27)[2020-02-13]. https://baijiahao.baidu.com/s?id=1626584473299890844&wfr=spider&for=pc.

③ 吉也春树.情人节以520配速跑13.14 km[EB/OL].(2018-02-24)[2020-02-13]. https://www.meipian.cn/143yi6xo.

④ 摄影522. 2019大年初一跑个20.19公里[EB/OL].(2019-02-05)[2020-02-13]. https://tieba.baidu.com/p/6027263278?red_tag=0946609997.

是一种放松活动。他说:"反正我喜欢跑步,但是有些原因就会让我不想跑……拿手机去跑,我就不是很喜欢……既然是完成任务,我就完成它。"

浩班长所说的"完成任务",指的是校园跑①。校园跑让浩班长极为不舒服。他排斥校园跑。因为校园跑是一种被动式自我追踪,是一种"凝视"。浩班长不仅抗拒体育教师(校方)的凝视,也抗拒来自跑步软件的凝视(这也是一种对自我凝视的抗拒)。浩班长说:

"跑多少公里对我来说意义不是很大。我不在意这个东西,只在意跑了之后开心。运动嘛,就是没有给它加标准……它应该是一个健康生活的方式。"

浩班长不喜欢拿手机跑。他说:"我就觉得带包包不是很方便,跑步就跑步,不要给我太多的限制。"他对跑步速度也没有什么要求:"就按自己的节奏,受不了就慢一点,感觉慢了就快一点。完全凭自己的感觉去调整速度的快慢。"

浩班长在日常跑步中对跑步的里程、速度等指标都不是特别关注。他有时候会关注自己跑了多长时间,一般会戴一块手表,看下时间。他不会给自己每次的跑步定目标:

"一般不会给自己定一个目标,我没有那么专业,那些应该是挺规范的(才用的),或者是(专业的跑步爱好者)。我没什么要求……拿着手机跑就感觉多了一个东西在手里面,经常有很多汗在上面,弄湿手机。放袋子里的话它又来回摆动……我不是很喜欢用。因为是完成任务的,所以跑够了我就停下来。"

在校园跑的过程中,浩班长一般情况下不看手机,只是在开始和结束

---

① 详见本章第三节对于校园跑的介绍。

的时候看下手机。开始时看手机是为了大致了解下必经点和随机点的位置,结束时看手机是为了确认成绩是否有效。也有其他访谈对象是这样做的,但他们一般都会靠运动世界校园的语音提示来完成校园跑。浩班长连语音提示都关掉了。他解释说:

> "我关了那个提示,不用提示,我就跑步,干吗提示我?没必要提示我。不要暗示我是在完成任务……很多事情都是我的问题,我不喜欢那么多限制。因为我的目的不是训练,就是想放松……什么都不用想,就喜欢什么都不想这种感觉……目的不一样。"

浩班长跑步的目的是放松。他对跑步的速度、里程等均无特殊要求,不需要借助跑步软件进行自我量化。大志则截然相反。大志是以减肥为目的的,他给自己规定每次跑步至少6公里,大学四年要完成2 000公里的目标。完成这种目标就需要量化。此外,大志是不热爱跑步的,跑步并不是一件能够让他身心愉悦的事情。在坚持跑完6公里的过程中,跑步软件能起到一个很好的自我监督作用。

四、"痛并快乐着"[①]:自我追踪中的数据感

人们在跑步的过程中,时常会主动地或被动地去关注跑步软件中的数据。主动地关注,例如"我想知道我跑了多少公里,于是我拿出手机,看一下跑步软件中的数据";被动地关注,例如"我每跑一公里,跑步软件都会提示我'你已跑步一公里''用时××'"等。这些实时的跑步数据会使跑步者产生相应的心理变化。勒普顿用"数据感"(data sense)来描绘人们在面对自我追踪的数据时所产生的心理反应[②]。数据感既包括上文提到

---

① 此内容源自访谈对象大志、小梯。
② Lupton D. Data selves: more-than-human perspective[M]. Cambridge: Polity Press, 2019: 76.

的数据所产生的"鼓励"与"禁锢",也包括其他跑步过程中的一些细微变化,例如"满足感、自豪感和成就感,或者是悲伤、沮丧、内疚或失望"[1]。

以小梯为例,他在跑步的过程中用到的跑步软件有两个,一个是Nike+,一个是运动世界校园。他将自己每天7公里的跑步目标分为两个部分完成:前面5.5公里用Nike+(这属于小梯的自由跑步时间),后面1.5公里用运动世界校园(用来完成学校硬性规定的跑步任务)。小梯在Nike+中将自己每次的跑步目标设置为7公里。每次跑完一公里,Nike+都会通过语音提示"你已跑步×公里""还剩×公里"。实时提醒的跑步数据会让小梯及时了解他的跑步情况,并依此调整跑步活动。

> "每跑完一公里之后,它会告诉我已跑步多少公里、还剩多少公里、跑步时间是多少、配速是多少。如果我听到了我的速度很快,我会开心,会觉得原来今天自己可以跑这么快。有时候一圈下来,可能前面慢一点、后面快一点,或者后面慢、前面快。我比较累的时候,会适当放一下,根据耳机里面给的速度,适当地放慢。"

跑步软件中的跑步里程也会影响小梯跑步过程中的心情和跑步行为。虽然是匀速跑,但小梯在7公里的跑步过程中,有时候是比较累的,特别是后半程。跑到后半程,小梯会特别关注"我跑了多少,还有多少没有跑"的问题,会频繁关注手机中的跑步软件界面。

在跑步过程中Nike+会及时提示小梯7公里跑步任务的完成情况。在谈及提示的作用时,小梯说:"这种提示对我在跑步过程中还是有用的。我能够合理地了解自己……如果它不告诉你跑了多久……因为7公里的40多分钟不是那么快过去的,真的你就感觉自己是在一抹黑当中。"

提示会影响小梯跑步过程中的心情,不同的提示引起的心理变化不尽相同。

---

[1] Lupton D. Data selves: more-than-human perspective[M]. Cambridge: Polity Press, 2019: 92.

活的光标
定位媒介中的新地方感

"那个软件在跑到一半的时候会提醒你一下,然后每公里提醒你一下。我设定的里程是7公里,3.5公里的时候提醒一次,4公里的时候也会提醒一次,那两次就感觉提醒得特别快,那一段时间会比较开心一点。因为跑完一半了,跑完4公里后,自己会比较一下3公里明显比4公里要轻松,会快一点。"

小梯觉得7公里的最后阶段是最累的。这时候他会频繁关注跑步里程的变化。

"跑到最后500米的时候真的特别累,真的是凭着毅力跑完。Nike+是6公里提醒一次,到7公里再提醒一次。6公里到7公里之间,那5分钟我会疯狂地开关手机。还有最后六七百米的时候,我看着数字在跑,一直盯着它,看数字一点点变小。数字变成零的时候,我真的会马上停下来。"

完成7公里的跑步目标后,小梯一般会立马停下来,不会再继续跑。"虽然很累,但是有一种完成目标的喜悦。"小梯说。

不同的人在即将达到目标里程时候的反应不尽相同。例如邱同学:

"如果目标历程是5公里,完成4公里的时候我一般会很兴奋,跑步的心情也会很轻松。这时候我反倒没有觉得像跑到两公里的时候那么累。最后一公里我会选择全力去跑。最后的提示对我是一种'鼓劲'。"

但对于小梯而言,这是一种"泄气"。他说:

"当我听到我还有多少公里的时候,我会慢下去,会影响我的速度。可能那些跑步很厉害的会觉得,快到终点的时候要加快一点点速度。可是对于大多数人来说,快到终点了会慢一点,或者快跑不动的时候,其实语音提示不是在激励,而是放你的气。我觉得会使你跑得更慢一点点。"

五、"给自己/他们看"[①]:移动数据的记忆与分享

自我追踪的数据还是一种数字档案、记忆。这种关于自我移动的数据可以在社交媒体中分享,成为社会交往的一部分[②]。媒介技术影响了记忆表征的建构[③]。跑步过程中的自我追踪数据会存储在大多数跑步软件中,成为人们"日常生活的微观记录"[④]。日常生活中的个人数据可以在跑步软件中以线性的方式串联,组成有关跑步活动的"个人自传式记忆"。个人自传式记忆"指称个人对于己身日常生活经验及具体事实的长期记忆"[⑤]。这种数据日志是一种客观化的跑步记录。在跑的过程中,基于手机界面,物理空间的相关数据在网络空间中留下了痕迹。这些痕迹作为数字资料被存档。就像大志所说:"运动世界校园几乎记载了我的整个减肥史,我几乎所有的跑步数据都在上面。"

(一)"跑步日记"

大志给自己设定了一个目标——"大学跑够2 000公里"。他第一学期跑了将近300公里,考虑到大三考研可能会跑得少点,就把目标定为2 000公里。运动世界校园记录了他大学期间几乎全部跑步数据。

[①] 此内容源自访谈对象邱同学。
[②] Lupton D. Data selves: more-than-human perspective[M]. Cambridge: Polity Press, 2019: 95, 101.
[③] van Dijck J. Mediated memories: personal cultural memory as object of cultural analysis[J]. Continuum: Journal of Media & Cultural Studies, 2004, 18(2): 261−277.
[④] Smith S, Watson J. Reading autobiography: a guide for interpreting life narratives, 2nd edition[M]. Minneapolis: University of Minnesota Press, 2010: 236.
[⑤] 王右君.试探"他者"在社群网站自我叙事与记忆建构中扮演的角色:以脸书亲子文个案为例[J].新闻学研究,2019,141: 39−81.

活的光标
定位媒介中的新地方感

"我超过90%的路程都记录在运动世界校园里。我觉得目前来讲更多的是像日记,记录你平时的生活情况。运动世界校园记录了我的整个运动状况,我的整个减肥史可能就在里面……相当于自己对过去的一种记录,像写日记一样。"

大志有记日记的习惯,并会翻看过往的记录。他写了七八年的日记。他也会翻看过往的跑步数据。

"看这些数据的时候,会有一些成就感,就是一种自己的劳动成果吧。这都是我克服困难,努力跑出来的。有时候我也会回忆和这些数据有关的故事……我一般会跑五六公里,看这些数据的时候,如果突然发现自己某天跑了10公里,就会想那天我干了什么事情,为什么突然一下跑了10公里。突然变成两公里,就会想我那天又干了什么。会稍微仔细看一下、想一下,那天可能发生了不一样的事情,影响了当天做出不一样的举动。"

悦跑圈湛江跑团中的强哥从2018年开始跑步,最初跑步是为了戒烟,然后"跑着跑着就上瘾了"。在接下来一年的时间里,强哥跑了4 000公里。这些数字都在悦跑圈、KEEP中有记录。强哥一般都戴着智能手表跑步,跑完后会将数据同步到悦跑圈或KEEP中。强哥说:"这是一种历史吧,都是自己一步一步跑出来的,看到总的数字慢慢变大,自己还是挺自豪的。"

2019年9月24日,强哥在朋友圈发了四张图片。第一张是KEEP的页面截图,上面有这样一段文字:"2018.03.09 最长的钟情""这天是你2018年第一次在KEEP里跑步,跑步是你在2018年最爱的运动。这一年,你跑步了222次,共计11 653分钟,跑过了1 730公里。"第二张是强哥9月24日悦跑圈跑步情况的截图,上面显示这一天他跑了9.12公里,配速为每公里5分33秒,总用时50分39秒,消耗卡路里为412卡。第三张是9月8日他参加"龙脊梯田跑山赛"时的照片。第四张是悦跑圈中2019年度跑步里程的截图,上面显示截至2019年9月24日强哥跑了2 019公里,完成了2019年度挑战。强哥在这条朋友圈中写道:"终于完成了2019年度跑量,接触跑步一年多了,跑步让我享受孤独,越野令我不惧黑夜,呼吸不停,跑步不止……"

(二)"分享跑步数据"

跑步过程中的个人数据既是一种数字记忆,也可以在社交网站上分享。勒普顿称以分享为目的的自我追踪为社交式自我追踪。在田野过程中,笔者发现社交式自我追踪并不是主流。人们在自己的朋友圈中经常会看到他人分享的跑步记录。这类似于勒普顿所谓的社交式自我追踪。在田野过程中,大多数社交式自我追踪都是主动式自我追踪的附属产品。换言之,人们在主动式自我追踪的过程中,在监测、记录跑步数据之余,会"顺手"将相关跑步情况截图分享在社交媒体平台上。例如,大志和浩班长都有在朋友圈分享跑步数据的情况,但都是作为主动式自我追踪的一个附属环节。

在朋友圈分享自我追踪数据的目的因人而异。其中,有一些常见的动机,比如"告诉朋友们我今天运动了""塑造一种健康生活的形象""炫耀"等。

"我是挺宅的,这可能是大多数朋友对我的印象。我好不容易下定决心出去跑一次步,肯定要让我的朋友们知道。我舍友就在下面留言说'舍畜终于肯走出宿舍了',哈哈……"(橙子)

"我一般跑了之后都会随手截图发在朋友圈里。也不是说为了和谁互动,因为我发现我每次都发,大家见怪不怪了,现在发的话,几乎没人会评论,点赞都很少了。但是我还是会发朋友圈,因为我想把我坚持跑步的这一面展示给我的朋友们。"(盈盈)

> "我一般不怎么会将跑步的数据发在朋友圈,除非我有了新的突破。例如,有一次我跑了12公里吧,我觉得我非得在朋友圈里炫耀一下!"(大志)

第三节　被动式自我追踪:地方空间中的他者凝视①

在定位空间中,物理空间中移动的身体以数字化的形式被追踪、记录,并以数字的形式被量化。自我追踪技术成为人们认知自我身体的重要具身中介。人们借助于客观的数据,进行自我身体的反身性实践。同时,还存在一种与主动式自我追踪相对应的被动式自我追踪。这种自我追踪是在某种权力的支配下不得不进行的。人们不仅能够进行自我观看,借助个人化的自我追踪数据,"量化自我"也被他者凝视。本节以运动世界校园这一校园跑步APP为例来探讨这种类型的自我追踪。

一、新式体测:被校方监管的日常跑步

运动世界校园是一款跑步类APP,由浙江万航信息技术有限公司开发,用户群体是高校学生。据悉,该应用已经被中国诸多高校采用②。应用的目的在于"改变高校运动模式,让运动有'记'可循"。运动世界校园的独特之处在于"四记"③:

---

① 本节内容改编自许同文:《"媒介特性"与"数据实践":基于位置媒体的"校园跑"》,《国际新闻界》2019年第11期,第46—69页。
② 据运动世界官网显示,上海交通大学、中国农业大学、东北大学等全国十多所高校已经与运动世界建立了合作关系。参见万航信息科技.合作院校[EB/OL].[2020-03-25]. http://www.iydsj.com/schools.html.
③ 万航信息科技.改变高校运动模式,让运动有"记"可循[EB/OL].[2020-03-25]. http://www.iydsj.com/sport.html.

第一记——"计"入成绩，让学生重视运动

量化运动：由学校为学生设置合理的学期运动目标里程

开启跑步：多种跑步模式适应全校学生的跑步习惯，随机跑、顺序跑、约定终点跑

累计成绩：学生学期跑步里程总和达到目标，即视为完成学期训练计划

第二记——"记"录成就，让汗水不再枯燥

榜上有名：每日更新"院系""个人"排行榜，为荣誉而战

看得见的进步：一步一脚印，每次的等级上升背后都是不断的坚持

心得日记：每次的跑步都会带来不同的感受，与他人共同分享这些珍贵的记忆

第三记——"即"时数据，让运动可监管

跑步数据同步：由学校为学生设置合理的学期运动目标里程

开启跑步：随时查看学生跑步时间、里程、配速、步频等，更方便了解学生运动情况

整合全校运动数据：实时统计各时段运动人数，不同年级、性别、校区运动情况对比分析

第四记——"计"为作弊，捍卫跑步精神

防止代跑：跑步点位随机生成，防止学生多台手机一人代跑

防止刷机：后台防作弊技术，防止学生刷机跑步

防止借助交通工具：跑步配速、跑步步频实时校验，防止学生借助工具完成跑步

诚信跑步需要人人维护：鼓励举报作弊，作弊学生将公布在作弊黑榜并处罚

学校通过运动世界校园为学生制定相关的锻炼计划，并设定了取得合格成绩的指标。学生的自我量化过程通过这一技术平台被远程呈现给校方。这一平台采取了多种技术手段防止学生作弊。运动世界校园的这

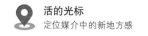

活的光标
定位媒介中的新地方感

些特色,得到了诸多高校的青睐。GMY大学就是其中之一①。

GMY大学按照高等教育培养要求,为大一、大二的学生开设了体育公共课。体育课的成绩由多项内容组成,不同年级、不同体育课程的成绩组成不尽相同。体能测试(简称体测)是所有体育课都有的考核内容,一般占期末成绩的25%左右。体测内容是长跑,男生1 000米,女生800米。从2017年至今,GMY大学开始推行基于运动世界校园APP的考核方式,以此代替体测。例如,在2017—2018学年第二学期,学校就在运动世界校园上发布了如下公告:

> 成绩纳入体育课堂考核。健身跑占学期体育课平时成绩总分25%(体育课成绩=技术考评×50%+课堂考勤及表现×25%+健身跑×25%)。健身跑分数计算办法:有效完成40次记60分(本学期40次记60分),每增加一次加2分,加到100分为止(完成本学期60次满分为100分)。②

运动世界校园显然属于被动式自我追踪。本研究将追问:运动世界校园激发了何种被动式自我追踪实践;在数据实践中,学校、学生、技术、校园等人与非人的因素如何经由运动世界校园这一定位媒介连接成为一个网络。

二、校园跑中的时空限制

不同于一般的跑步APP,运动世界校园中有三种跑步模式(自由模式、

---

① GMY大学2017年开始采用运动世界校园对大一、大二的学生进行体育考核。2018年3—9月,笔者采用滚雪球和公开招募的方式,对GMY大学在体育课中使用该APP的大一、大二20位学生(10位男生,10位女生)和5位体育老师(2位男老师,3位女老师,其中有一位是主管这个项目的领导)进行了深度访谈。此外,笔者还使用学生账户,多次亲身参与这种跑步活动,进行了参与式观察。
② 内容来自GMY大学在运动世界校园公告栏发布的公告《2017年—2018年第二学期有效成绩分值公布》。

随机终点模式、约跑模式)可供学生选择。自由模式能够让学生监管自己的运动过程,但跑步数据不计入成绩,因此,学生们使用得较少。也有学生经常使用自由模式,如大志。但因为这一软件"总是出问题""带有官方性质",大部分同学都选择咕咚、KEEP、Nike+等主流跑步软件进行"自由跑步"。例如,除了完成考核任务之外的跑步活动,吴同学使用的都是KEEP。随机终点模式和约跑模式是这一软件的特色。这两种模式状态下的跑步数据能够计入学生的体育课成绩,因而被"广泛使用"。

GMY大学的学生一般将基于运动世界校园的跑步活动称为校园跑。在访谈中,有的学生甚至不能完整说出运动世界校园APP的名称,但是提到校园跑,他们都知道是什么。在学生的语境中,校园跑专指基于运动世界校园的"跑成绩"的跑步活动。这一称谓反映了跑步的空间性和时间性:在空间方面,跑步的范围是"校园"(准确说是校园内标有"必经点"和"随机点"的路);在时间方面,是"跑"(而不是"走路、骑自行车、电动车"时的用时和速度),并且是"在规定的时间里跑"。不是所有基于运动世界校园的跑步活动都可以计入期末成绩,必须是在校方划定的空间和时间范围内的跑步活动才能够计入成绩。这种时空限制在一些体育老师看来很有必要。正如张老师所说:"在校园里跑比较安全,而时间方面的限制为的是在较短的距离内达到运动效果。"

(一)校园跑的空间性

校园跑的空间性主要表现在有效跑步的路线和里程方面。

在路线方面,运动世界校园为学生规定了"必经点"和"随机点"。这些点分布在校园的主干道上。按照规定,学生必须经过一个必经点和三个随机点。必经点由系统规定,根据学生出发的位置而定;随机点有若干个,学生可以根据自己的需求选择其中三个。学生一般都是根据顺路原则选择路线,例如吴同学说:"我从宿舍出发去教学楼,肯定会选教学楼那边的随机点。"

在里程方面,校园跑规定,每次男生需要跑1.5公里,女生需要跑1公里。每学期男生需要跑够60公里才能及格,女生则是40公里。如果要拿到满分,男生需要跑够120公里,女生需要跑够90公里。在每次校园跑中,能够计入成绩的有效里程只有1.5公里或1公里。少于这个标准,成绩无效;高于这个标准,也只能计1.5公里或1公里。

"不是随心所欲跑的,它有限制,你需要经过它规定的那些点,不然就是白费功夫。"(王同学)

"这个软件其实挺烦人的,有点变态吧。我经常跑步,一般每次都是5公里左右。我很想早点把这个事情搞掂①,然后就能卸载这个软件了,但是它不能叠加啊……每次我就算跑了5公里,它也只能给我算1公里……你说郁闷不! 这样很烦!"(邱同学)

张老师对于这种规定做了如下解释:

"跑步要坚持才有效果嘛,所以不能一次计入五六公里,要让学生坚持跑下去……虽然有的学生比较自觉、比较注意锻炼身体,但是不是全部。所以每次一公里的设置对于大多数学生来说是比较合理的。"

(二)校园跑的时间性

校园跑的时间性表现在运动世界校园对于有效成绩的时间和速度的限制("你必须在规定的时间内完成,不能太快,也不能太慢"②),以及对于跑步时间段的限制("在什么时候能跑步的问题"③)。

运动世界校园规定,学生必须在5—10分钟之内完成1/1.5公里的跑

---

① 意为能办事,办好事。
② 此内容源自访谈对象吴同学。
③ 此内容源自访谈对象邱同学。

步任务，否则就不能计入有效成绩。用麦子的话来说，"否则软件就会显示你跑步异常，就不能计入有效成绩"。

校园跑限制速度的原因表现在防作弊、提高锻炼效果两个方面。校园跑规定了移动的形式是跑步而非走路、骑自行车/电动车。如果是漫步，可能10分钟之内跑不完1/1.5公里；如果是骑自行车/电动车，可能5分钟之内就跑完了1/1.5公里。正如张老师所说："本来让学生跑的距离就短，如果学生用走或者骑车的形式，就达不到很好的锻炼效果，毕竟相同距离内跑步消耗的卡路里要多一点。"

校园跑对于可跑步的时间段也有限制。随机终点跑的时间是早上6点到晚上10点，约跑只能在晚上进行，时间是晚上8点到11点。学生如果想要在晚上10点之后跑步，只能约跑。学生宿舍大院的门晚上11点关闭，早上6点打开。李老师介绍，这主要是出于学生的安全考虑，因为晚上11点之后跑步不安全因素太多。

学生们一般都在晚上跑步，原因有两个：第一，GMY大学位于热带，白天跑步太热，晚上跑步不会太晒；第二，一般学生白天都有课，上下课期间路上行人、车辆比较多。杨同学一般都会选择晚上下课后从教学楼跑回宿舍，欧阳同学则会在晚上7点左右跑步。

"我这学期晚上课比较多。因此，我都是晚上下课之后和我宿舍那几个人约跑，路线是从教学楼到宿舍。跑回去一身汗，然后洗个澡开始夜生活。不方便的地方在于，晚上下课路上人特别多，我们还拿着书，跑不太快。"（杨同学）

"我一般都是晚上6点左右吃饭，吃完饭休息一会儿，等到大家去上课了，路上人少了就开始跑。"（欧阳同学）

（三）被"他者"凝视的量化自我

自我量化是自我移动的自我观看。但在校园跑中，这种自我观看同时也被他人观看。这里的他人主要指校方和软件运营商①。这就形成了自我量化过程中多层观看的场景。这是一种典型的被动式自我追踪。这类自我追踪带有明显的"制度性特征"②。这可以被视为一种学校对学生体育锻炼的凝视。在文化研究的脉络中，凝视被视为一种视觉权力形式，存在着一种看与被看的不平等权力关系，其目的在于控制③。

被动式自我追踪在教育领域较为常见，成为学校规训学生的重要技术形式。国外也有被动式自我追踪被用于校园健康教育的案例。每次校园跑结束之后，学生都要通过手机平台"交作业"。如果"提交失败"，"这次就白跑了"。如果因为跑步异常而提交失败，学生可以向后台提交申诉。申诉成功后，依然可以算进有效成绩。

校园跑带有官方性质和功利性质。这使大多数学生都很反感，很排斥运动世界校园APP。有的学生甚至在跑完一学期的任务之后就立刻卸载了这个APP，下学期开学的时候再重新安装上。

"学校强制我们使用这个APP！开学的时候把文件发在我们群里，然后就开始实行，也没有征求过我们的意见。你要是不跑就没成绩，就得挂科……挂科就凉了。"（俊霖）

"学校用这个软件强制我们跑步。可能大多数同学没有锻炼的习惯。大家也能理解学校的良苦用心，但还是很不情愿，多少都有点抱怨的意思。因为跑步完全是自己的事情，你为什么要强迫我。就像学习，我知道多读书好啊，但我就是看不进去。"（李同学）

---

① 学生成绩的审核工作（学生是否按照跑步规则完成跑步活动）由软件后台完成。学生对于成绩的申诉、审核也是由软件运营商完成。这种审核工作类似于批改学生作业，是教师（学校）的任务。
② Lupton D. The diverse domains of quantified selves: self-tracking modes and dataveillance[J]. Economy and Society, 2016, 45(1): 101-122.
③ ［英］丹尼·卡瓦拉罗.文化理论关键词[M].张卫东，张生，赵顺宏，译.南京：江苏人民出版社，2013：125.

"我就是很反感学校总是想控制我们……就很功利主义!"(王同学)

校园跑的功利主义表现为"跑步就是拿成绩",而非强身健体。这就导致很多同学千方百计地作弊,以获取期末成绩。

校园跑的"强制"对于像麦子这样的"宅女"还是起到一定效果的。正如麦子所说:"虽然我很不情愿去跑步,但是跑了之后还是有一定效果的,我觉得我的身体素质有提高。你出去跑的话每次不可能就跑一公里。"

总之,在校园跑中,校方通过运动世界校园这一技术平台,限定了学生的跑步空间与时间,并要求学生呈交自我量化的数据,从而达到凝视的目的。在这一数据实践中,自我与身体以技术化、数据化的形式得以规训,在大学校园内部形成了一种"数字监督文化"(a culture of dataveillance)[①]。

三、校园跑中移动的身体与数字化数据

运动世界校园是一种定位媒介,既关乎物理空间,也关乎移动的身体。在校园跑的过程中,学生随身携带智能手机,形成了一种人机混杂体。学生借助智能手机中的运动世界校园观看自身的移动情况。经由这一人机混杂体的中介,校园空间与运动世界校园移动地图中的虚拟空间相互交织,形成了一种定位空间。这种定位空间又影响了移动中身体的感知铭刻。因此,可以说校园跑是定位空间中的一种跑步活动。这种混杂意味着运动世界校园与校园空间互相定义。这大致体现在两个方面:第一,运动世界校园中的移动地图表征了物理空间,校园空间信息"倒映"在移动地图中;第二,移动地图定义了校园空间,例如必经点和随机

---

① Lupton D. The diverse domains of quantified selves: self-tracking modes and dataveillance[J]. Economy and Society, 2016, 45(1): 101-122.

活的光标
定位媒介中的新地方感

点的命名就使相应的物理空间"别具意义"。

总之,在校园跑这一数据实践中,身体、技术、空间三重因素互嵌在一起,成为行动网络的重要组成部分。运动世界校园是一种自我量化式的自我追踪技术,因而也具备量化目标、自我监督等特征。作为校园内部的被动式自我追踪,它还具备自身的地方特性,具体体现在校园跑中的另类身体活动,比如"边跑边看手机""重跑""'受伤'的身体"等。

(一)"边跑边看手机"

本章在讨论主动式自我追踪时,提到了"边跑边看手机"是混杂空间移动的一个重要特征。相较于主动式自我追踪,在校园跑里,学生们边跑边看的内容却不尽相同。在校园跑里,只要是正常的跑步速度,而不是走路或者骑车的速度,都不会被判定为"数据异常"。学生们首要关注的是软件定位是否准确,必经点和随机点在哪儿,在必经点和随机点是否打卡成功。学生们要看的内容更多。这给学生们带来了诸多不便。

> "我习惯于边跑边听歌……感觉跑的时候挺忙的。我得看必经点和随机点在哪儿、是否打卡成功,还得跑步,还得切歌……我们学校的路况比较复杂,上下坡比较多。上下课期间,路上人也多,还有很多机动车辆,挺危险的。边跑边看手机就会分心。我摔碎过手机屏幕,也撞到过人,就是因为看手机,没留意路况。"(程同学)

(二)"重跑"

在2018年田野过程中,学生们普遍反映运动世界校园定位不准确,让他们颇为头疼。定位不准确极大地影响了物理空间与赛博空间的混杂,使数字技术对身体感知铭刻失败。定位不准确导致了很多问题,例如无法在必经点或随机点成功打卡、跑步里程显示错误("跑了两公里,运动世界校园中只显示0.5公里")等。这让学生无法提交有效成绩,就只能"重跑"。

第三章 追踪地方：定位空间中的身体量化与规训

大一的曲同学是一个典型案例。她说自己大一期间跑了大概有一百多次，但是没有一次是顺利的，都是因为手机"不能准确定位""不能准确记录"。其中的原因比较复杂，总之可以归结为技术的因素。曲同学猜测可能是她自己的红米2A手机太差了。此外，软件开发不成熟也是一个重要原因。她在回忆自己的经历时说：

> 我没有一次能够顺顺利利完成，不是软件不能定位，就是不能在那些点打卡，或者是提交不了……每次我都得重跑几次，真心是锻炼身体啊！我一般都是跟我室友一起跑，人家都跑完了，我还得再试几次。有时候我把这个软件卸载后再重装，它就能定位了。有时候重装也没用，完全看运气。有时候我室友在旁边等我，我就用她的手机跑。我跟老师反映了这些问题，老师说他也没办法，让我买个新手机，但是我很穷好不好……"

曲同学遇到的问题不是个案，而是普遍现象。"定位不准"是访谈中大家吐槽最多的问题。

> "这个软件真的不好用啊！它对手机的功能要求挺高的，手机要是很差的话就凉了。"（俊霖）

> "这真是一个垃圾软件！我很无语。我总结，只要在某个时间段同时使用的人多的话，它就会定位不准确。发现这个规律后，我就大中午顶着大太阳去操场跑，因为这个时候几乎没有人，就很顺利，一般不会出现定位不准确的问题。"（程同学）

> "我也不知道为什么，就是大家……我宿舍的人也会这样子。辛辛苦苦跑回来，然后在宿舍门口大骂一句，说又出故障了，又成绩无效。有时候还会出去再跑一次。"（吴同学）

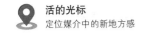

(三)"受伤"的身体

空间不是"透明的"、背景化的,其自身的属性能够影响人们在空间中的活动。扬·盖尔(Jan Gehl)将人们在公共空间中的活动分为必要性活动、自发性活动、社会性活动三种。这三种活动均与空间的质量相关,当空间质量好的时候会促发人们的自发性活动,继而增加社会性活动①。在校园跑中,学生们不能随心所欲地选择跑步路线,只能按照运动世界校园中规定的路线跑步。有些校园空间的状况并不适合跑步,比如路面崎岖不平、晚上光照较暗、网络信号较差、人少不安全等,但数字界面中的必经点和随机点并没有考虑这些因素。校园空间与运动世界校园中的数字空间的混杂,重新界定了"跑步空间"。这种混杂使麦子、吴同学、安同学等学生的身体遭受了折磨。

麦子是一位女同学,看起来比较柔弱,平时不怎么爱运动。她说自己的体质比较特殊,平时也有点"大条"②,特别容易受伤。因为麦子跑步就是为了拿成绩,她自己又很宅,所以她平时就跑一些距离宿舍比较近的路线。但她们宿舍距离工地比较近,路面不平整,有些道路旁边还堆放有建筑材料,一路上有好几个路灯坏了。这种物理环境并不适合夜间跑步,而麦子白天又没有时间。这条道路上却有必经点和随机点。这些因素都导致麦子不得不在晚上在这条路上跑步。访谈的时候,麦子说她近两个月内在这条路线上摔了四次。

GMY大学面积较大,植被茂密,气候湿热,有些地方晚上很少有人去。有的同学怕这些地方有危险因素(如"有坏人""有蛇"等),也不太愿意在这些地方跑步。但是这些地方有必经点和随机点,又让这些学生不得不选择在这里跑步。

吴同学和安同学都是体育爱好者,平时运动量很大,校园跑对于他们

---

① [丹麦]扬·盖尔.交往与空间(第四版)[M].何人可,译.北京:中国建筑工业出版社,2002:10,15.
② 粗心大意的意思。

来说简直是累赘。体育爱好者会格外关注运动可能导致的伤病。他们非常关注路面的材质、坡度等。邱同学说他平时都是在塑胶跑道上跑的,因为能够缓震,对膝盖伤害较小。校园跑的路线大多是水泥地。这让他很排斥校园跑,因而经常会骑自行车作弊。安同学大一运动的时候腰受过伤,因此,校园跑中上坡、下坡的路线让他颇为反感。尤其是在跑下坡路的时候,安同学说他有时候甚至会听到膝盖嘎嘎响的声音。

非运动爱好者倒是不太关注路面是否会造成膝伤或腰伤,他们会"因势利导"。例如,上坡的时候,一些同学可能会选择用走的方式代替跑。安同学认为下坡路对膝盖伤害比较大,他宁愿跑上坡路。有些同学则非常喜欢跑下坡路,因为能够节省力气。例如,温同学就专挑下坡路跑。温同学也是一位"宅女",偶尔会在宿舍跟着KEEP做一些运动。她们宿舍旁边就有一条下坡路,并且上面有必经点和随机点,就成了温同学常跑的线路。温同学说,这条线路一半以上都是下坡路,跑起来非常省力。跑够一公里后,她会选择立刻停下来,然后慢悠悠地从这条路返回宿舍。

四、"作弊":不在场的身体与数据生产战术

出于"不想运动""不想被学校逼着运动""害怕受伤""没时间跑"等原因,很多同学在校园跑中选择作弊。这种作弊行为看似是反技术的,细究之下却是建立在技术的可供性基础上的,是对技术的一种挪用。校园跑是一种被动式自我追踪,是在权力的凝视下完成的。福柯所谓的"凝视",即德·赛托所谓的"战略",目的在于"规训"。这中间存在一种"权力力学"。凝视者通过凝视技术控制被凝视者的肉体,使被凝视者按照凝视者规定的线路行事[①]。"科技给了人们使用框架,却无法决定人们的使用方式,透过各种不同的机遇,使用者可以通过战术翻转科技使用

---

① [法]米歇尔·福柯.规训与惩罚:监狱的诞生(第3版)[M].刘北成,杨远婴,译.北京:生活·读书·新知三联书店,2007:156.

之规则。"① 人们在日常生活中通过"实践的方式""形成了组织社会政治秩序的无声过程的对立面","重新占据了社会文化生产技术所组织的空间",构成了一种"反规训的体系"②。在校园跑中,学生也采取种种"实践的方式"(战术)反规训,具体表现为种种作弊手段。这种技术的非常规使用也被称为"创造性误用"(creative misuse)③。作弊行为主要通过一系列"藏匿"身体、使身体不在场的战术完成。

(一)利用"任我行"等虚拟定位软件跑

在定位媒介中,位置成为信息的前提条件。因此,在种种反规训战术中,较为突出的是使用各种虚拟定位软件。有学生说,这是"通过虚拟位置来跑步"。在此过程中,身体完全脱离了定位媒介所在的空间。通过更改必经点和随机点,跑步在移动界面上得以完成。在虚拟跑步的过程中,无论是空间还是身体都是虚拟的。于是,定位媒介的媒介特性被打破,身体、空间都缺场,只剩下被篡改的技术本身。李涛偶然听说这种作弊手段后,就乐此不疲地使用着,并用这种方式获得了25分的满分成绩。李涛说:

> "我这学期课比较多,还得忙学生会的事情、社团的事情,还得腾出和女朋友出去浪的时间。'任我行'这种虚拟定位软件能够模拟你的位置信息,在你假装跑步的时候,把你的位置定位到那个地方,然后打开运动世界校园,再换一个定位,就能跑了。"

李涛说,有些学计算机的学生甚至写了一个作弊的程序。利用虚拟定位这种作弊方式相对比较"高级",需要掌握一定的技术,如"越狱"等。像曲同学这样的"技术小白"只能望而却步。因此,这种相对"高

---

① 吴筱玫.网上行走:Facebook使用者之打卡战术与地标实践[J].新闻学研究,2016(126):93-131.
② [法]米歇尔·德·塞托.日常生活实践[M].方琳琳,黄春柳,译.南京:南京大学出版社,2015:34-35.
③ Farman J. Site-specificity, pervasive computing, and the reading interface[M]//Farman J, ed. The mobile story: narrative practices with locative technologies. New York: Routledge, 2014: 3-16.

级"的作弊手段只被少数人掌握,大多数人采用的还是身体在场的跑步形式。此外,在淘宝上也能够买到这种服务。

(二)骑电动车、自行车跑

为了防止作弊行为,软件设计者限制了有效成绩的跑步速度,但并没有起到应有的效果。学生依然可以更改骑自行车、骑电动车、走路的行为,来适应软件所规定的有效成绩的速度。例如,以较慢的速度骑自行车、电动车,走路时加快甩胳膊的频率,也能够"达标"。在这一战术中,定位媒介中用户的身体、空间、技术都是在场的,只是其中的身体已经不是跑步中的身体,而是电动车、自行车上的身体,是行走的身体。

GMY大学G校区面积比较大,上下坡比较多,有一部分同学就买了电动车。曾同学是校羽毛球协会的成员,平时运动量很大,又有自己的电动车。他平时不怎么在校园里走路,去上课、拿快递、去羽毛球协会练球基本上都是骑电动车。他的校园跑基本上也都是通过骑电动车完成的,只不过需要控制下速度。

"它要求你限速多少,但是就算你开着车,速度不要太快,它都会给你计入成绩。无论是骑自行车还是跑步,我觉得只要是在人体的极限内,就OK。如果正常开电动车,就比一般人跑步速度要快。它的漏洞就在这里,没办法很精确。"

少数同学有山地车,如上文提到的喜欢跑步的女生邱同学,她就是骑山地车跑的。她说:"这像兜风一样,有时候看着夕阳,骑在下坡的路上,很舒服。"

有同学既没有电动车,也没有自行车,也不会虚拟定位技术,就只能蹭其他同学的电动车。例如,王同学在分享自己骑电动车作弊时说:

"我经常会蹭我室友的电动车。他骑电动车跑的时候,我就让他带着我，先跑他的，再跑我的，十多分钟就搞定了。晚上能约跑，我们就开启约跑模式。约跑终点是一样的，随机点虽然不一样，但离得很近。骑着电动车，慢慢悠悠地把这些点都经过了，两个人也就跑完了。"

（三）走路时甩胳膊跑、接力跑

不懂虚拟定位技术、没有电动车和自行车的同学，发明了步行时加快甩手的频率、接力跑等作弊手段。接力跑主要集中在H校区，跑步路线只有足球场外围跑道一条。H校区某女生宿舍就经常使用这两种作弊手段：

"运动世界校园那个我是用甩手机，甩着走可能会比较轻松，不用跑得一身汗，也能够完成。我们宿舍的人发现这个'妙招'之后，都经常会用。正常跑的话，两圈半能够跑完1.5公里；甩手机的话，一圈半左右就能够甩满……因为甩的时候会有甩的幅度，也是算距离的……可能想要偷懒吧，大家就甩着走。你会经常看见有些人在操场上大幅度甩着走，那样很奇怪。还有一些是接力跑，就是每个人跑半圈，一个宿舍的人一起，拿着五部手机，我们宿舍也这样跑过。"（小娜）

（四）让他人代跑

在代跑战术中，学生并没有假借虚拟定位软件、电动车、自行车等技术形式，而是完全遵守软件的跑步规则，却采取"偷梁换柱"的策略，让他人拿着自己的手机跑。这就创造了特定空间中不在场的身体。情侣和好朋友间的代跑比较常见。G校区的李同学正处在热恋期，虽然没有电动车、自行车，也不会虚拟定位，但经常拿着两部手机跑，其中一部手机就是他女朋友的。他认为这是"男友力"的一种表现。

让他人代跑还成了一种"生意"。在运动世界校园的"消息中心"，就有人发代跑广告,比如"代跑我是认真的,请加微信×××""代跑1.2块一公里,微信×××""若不想跑步,请找我。微信号×××"……据程同学介绍,校园内部还有同学专门开了代跑的副业,两块钱帮别人跑一次。这些依靠代跑盈利的同学每次都会骑着电动车,车上放着一个袋子,里面装了很多手机,"慢悠悠地骑一趟就把这些任务完成了"。

(五)尴尬的作弊榜

软件开发商会采取多种措施防止学生作弊。在田野期间,运动世界管理员就在运动世界校园公告栏中发布了《处理作弊数据通知》:

> 为广大学生提供的良好运动氛围、消除负面影响,系统最近在持续清理作弊数据。其中,一台设备登录三个以上账号、一个账号登录三个以上设备将判为作弊数据、账号异常及操作轨迹异常。将被判定为疑似作弊行为,在此设备登录过的账号有重大作弊嫌疑,平台将重点跟进此部分账号的跑步数据。一旦查实,将联合校方严厉惩处!

防止作弊的手段除了限制跑步速度、防止一个账号多次登录之外,比较典型的是"作弊榜"。作弊如果被系统察觉,就会登上作弊榜。作弊被抓的次数越多,在作弊榜中的排名越靠前,会被全校使用这一软件的同学看到。虽然访谈对象基本上都不愿意登上作弊榜,但他们依然会"小心翼翼地作弊"。吊诡的是,大部分学生并不觉得登上作弊榜的同学是"可耻的",反而觉得"好玩儿""刺激"。其中很大的一个原因是大家都在作弊,只不过有人作弊手段低劣、比较倒霉而已。

> "作弊榜没什么用啊,很多人都不想跑。我也不想用这个软件跑,所以作弊很正常,登上作弊榜只能说明他比较倒霉吧,作弊手段太差。反正作弊榜上只有一个名字,也没有具体的照片、学院。学校人那么多,只有本班的同学或朋友能认得出来吧。"(郑同学)

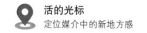

"我也作弊,骑电动车跑。我不想登上作弊榜,但并没有觉得登上这个榜很耻辱,不存在的……偶尔登一下也挺刺激的吧,哈哈……"(董同学)

根据勒普顿的定义,数据实践包括数据的生产、收集、应用等形式。在数据实践的过程中,数据生产者受到自我追踪技术的规训,在限制范围内进行数据生产活动。在校园跑中,体育老师通过自我追踪技术间接凝视学生的体育锻炼活动。凝视的内容是在特定时间、空间中的身体活动。这种凝视是有局限的,因为权力者凝视的是数据,而这些数据究竟是如何生产的,凝视者不可得知。学生利用这一漏洞,创造了多种数据生产策略,进行反规训。这些策略巧妙地利用了定位媒介的特性,集中表现为"藏匿"身体,使身体以各种方式不在场。

本 章 小 结

在数字环境中,人们日常生活的诸多方面都在被追踪、被数据化。这些"平凡的数据"(mundane data)[①]为"个人化的分析"[②]提供了一种重要途径。对于定位媒介来说,这种追踪主要针对的是地方空间中的移动。这是人地关系的一种表现形式。经由物理空间与赛博空间的定位化混杂,移动的活的光标以里程、速度、卡路里等数据化的形式呈现出来。从空间与身体规训的视角来看,作为定位空间的地方也成为一种规训空间。在人(身体)、技术、空间、数据所组成的数据装置中,作为活的光标的身

---

① Pink S, Sumartojo S, Lupton D, Heyes LaBond C. Mundane data: the routines, contingencies and accomplishments of digital living[J]. Big Data & Society, 2017, 4(1): 1–12.
② Hand M, Gorea M. Digital traces and personal analytics: iTime, self-tracking, and the temporalities of practice[J]. International Journal of Communication, 2018, 12(1): 666–682.

第三章 追踪地方：定位空间中的身体量化与规训

体被计算、凝视和生产。

本章将定位空间中的主动式自我追踪视为一种自我规训。个体对于健康身体、标准体形、理想数据等现代身体话语的追求，经由混杂的地方空间落实在日常的肉身移动之中。这种量化自我也可以在权力话语中被他人观看。被动式自我追踪不仅体现在跑步运动中，"通过儿童手表追踪孩子的位置""公司/老婆/老公通过手机定位'查岗'"等也属于被动式自我追踪。

智能手表、健身手环、智能手机等数字化的自我追踪、自我量化方式"引发了旧传统的新问题"①。在定位空间的自我追踪中，自我量化的移动数据成为物理空间个体在赛博空间中的一种"数据分身"。人们借此"发现""评价""改善"自我。这也是地方之于个体/肉身意义的一种当下体现。

本章以定位媒介在量化自我过程中的作用为例，探讨了定位空间中地方实践的自我追踪面向。这种自我追踪的可能性源自混杂化移动中自我的可见性。在定位空间中，除了自我可见外，他者也可以可见。这种可见性在自我追踪之余，促发了相关的地缘社交。

---

① [美]吉娜·聂夫,唐恩·娜芙斯.量化自我：如何利用数据成就更幸福的自己[M].方也可,译.北京：机械工业出版社,2018：2.

第四章
交往地方：活的光标与新地缘社交

一天，小娜和姐姐、哥哥一起去逛街，逛了两个多小时之后来到了KFC，准备在这里歇脚，顺便吃个汉堡和甜筒。

小娜说她姐姐是个"花痴"，在排队买甜筒的时候被一位帅哥吸引。姐姐跟小娜和她的哥哥说，她很想加这个帅哥的微信，但又不好意思当面去要。这时候，哥哥给姐姐支招，让她用微信中"附近的人"①，看能不能搜到这个帅哥。

于是，姐姐打开"附近的人"开始找，发现附近二三十米之内大概有几十个人。姐姐凭着微信的头像，把觉得像是这个帅哥的都加了好友，然后一个个给人家打招呼。然而，没有一个是姐姐要找的人。

小娜说，这是"姐姐的乌龙事件"。这个故事不禁让人想起Lovegety②。1998年日本街头，陌生男女借此数字移动设备"遇见"。Lovegety可谓是基于地理位置的社交应用的先驱③。

---

① 微信"附近的人"于2011年8月3日上线。这天，微信发布2.5版本，通过手机的GPS功能，用户可以查看附近的人。在"附近的人"页面上，用户可以查看附近的微信用户，并向对方打招呼、加好友、聊天。相关报道称，查看附近的人功能出来之后，微信新增好友数和用户数第一次迎来爆发式增长。微信"附近的人"红火了一段时间后，趋向沉寂。此后出现了大量都市陌生人交往的应用，如陌陌、探探等。
② Lovegety是较早的一款定位媒介，1998年产生于日本，是日本一家名叫Erfolg的小公司生产的一种电子装置，亦称love beeper。它类似于陌陌，为街头有交往需求的陌生男女提供发现彼此的机会。Lovegety中有三种功能供使用者选择，即"聊天""约卡拉OK""求爱"。用户可以根据不同的需求选择希望遇见的人。当有相同需求的用户距离在15英尺范围内时，设备便会有所反应。
③ Warren C. StreetSpark: Foursquare for Dating[EB/OL].(2010-11-05)[2020-02-14]. https://mashable.com/2010/05/11/streetspark/.

第四章　交往地方：活的光标与新地缘社交

时至今日，越来越多社交媒体将地理位置信息纳入其内。这种位置元素和社交媒体的融合催生出一种新的媒介样式，学界称之为"基于地理位置的社交网络"（location-based social network，简称LBSN）[1]，有时候也称之为LMSNs（locative media social networks）。LBSN是定位媒介的一种特殊类型[2]，通过移动设备中的位置传感器感知用户的地理位置，然后将社交活动与地理位置相关联。用户用来打卡、玩位置游戏、分享地理位置信息[3]。

定位空间中自我与他人的可见性是LBSN的技术逻辑。在LBSN中，"人们不仅传播关于位置的相关信息，还通过位置进行传播"[4]。尽管有些人声称LBSN将成为"新一代Twitter"[5]，但时至今日，这一预言并未成形。位置功能随后被囊括进多数社交应用[6]，如Facebook、Twitter、微信、微博等。LBSN种类繁多，不同学者按照不同的标准对其进行了分类。苏（Sui）和顾德契（Goodchild）将LBSN分为三大类：社交签到类（如Foursquare）、社交点评类（如Yelp）、社交日程/活动类（如Loopt）[7]。罗伊克（Roick）和豪泽（Heuser）将LBSN分为地理标记（geotaging）类（如Flickr）和位置信息分享类（如定位打卡）[8]。唐（Tang）等按照受众群体的

---

[1] LBSN开始时是以Lovegety这样的电子设备的形式出现的。在智能手机出现之后，以独立的APP形式出现，如Foursquare。后来，孤立的LBSN应用逐渐衰落，其位置化的社交融入了主流的社交媒体（如Facebook、微信等）中。少数独立的LBSN应用依然存在，并且拥有相当的用户，如陌陌、blued等。

[2] de Souza e Silva A, Frith J. Locative mobile social networks: mapping communication and location in urban spaces[J]. Mobilities, 2010, 5(4): 485−506.

[3] Ciolfi L, Avram G. Digital social interactions in the city: reflecting on location-based social networks[M]//Kitchin R, Perng S, eds. Code and the city. London: Routledge, 2016: 91−104.

[4] Frith J. Communicating through location: the understood meaning of the Foursquare check-in[J]. Journal of Computer-Mediated Communication, 2014, 19(4): 890−905.

[5] Cashmore P. Next year's Twitter? It's Foursquare[EB/OL]. (2009−11−19)[2020−2−14]. http://edition.cnn.com/2009/TECH/11/19/cashmore.foursquare/.

[6] Evans L, Saker M. Location-based social media: space, time and identity[M]. London: Palgrave Macmillan, 2017: 95.

[7] Sui D, Goodchild M, The convergence of GIS and social media: challenges for GIScience[J]. International Journal of Geographical Information Science, 2011, 25(11): 1737−1748.

[8] Roick O, Heuser S. Location based social networks — definition, current state of the art and research agenda[J]. Transactions in GIS, 2013, 17(5): 763−784.

规模和位置信息披露的意图,将LBSN分为"一对一"(one-to-one)、"一对几"(one-to-few)、"一对多"(one-to-many)、"一对所有"(one-to-all)四类。一般情况下,前两类属于目的驱动的位置共享,后两类属于社交驱动的位置共享①。

在某种程度上,Foursquare促进了整个LBSN行业的发展,在中国也是如此②。目前,中国的LBSN应用大概可以分为两类。一类是独立的LBSN应用,如陌陌、探探、blued等社交应用。这些应用整体上是为了满足陌生人之间的交往需求,被一些网民冠以"约炮"软件的污名。一类是社交网站中附带的基于地理位置的相关功能,如朋友圈、微博、QQ空间中的定位打卡(check-in),微信聊天过程中的"位置共享"和"发送实时位置"等。如果按照唐等人的分类,中国的位置共享可以进行如下划分:"一对一""一对几"类主要是微信中的位置共享和发送实时位置;"一对多""一对所有"类主要是朋友圈、微博中的定位打卡,以及陌陌、blued、微信附近的人等基于地理位置的陌生人交友APP。

本章主要关注LBSN促生了何种地方实践。总的来说,在LBSN所促生的定位空间中,人们通过活的光标的可见性与可追踪性,进行位置披露和自我呈现,这引发了地方中人与人的新的交往方式,形成了一种新的"地缘社交"。

---

① 一对一的位置信息披露,大多数是从请求者开始的。唐(Tang)等人举例说,鲍勃想知道爱丽丝在哪里,就向爱丽丝发送了一个请求,询问她的位置。这是一个请求-响应的模型。这种类型的位置共享属于目标驱动的位置共享(如协调会议、安排交通等目的)。一对多的位置信息共享大多是出于社交目的,用户"使用位置信息来吸引注意力和促进自我呈现"。在一对一的目的驱动的位置共享中,位置共享有特定的对象。这种共享行为是为了实现特定的目的,是一个请求应答的过程。而一对多的社交驱动的位置共享,在位置信息传播过程中信息的接收对象并不明确,其目的在于吸引别人的注意、自我呈现,从而扩大、增强自己的社会网络。在一对多的位置共享中,存在一个复杂的决策过程,因为信息接收人群大,不同的人对用户的位置信息有着不同的预期。参见Tang K P, Lin J, Hong J I, Siewiorek D P, Sadeh N M. Rethinking location sharing: exploring the implications of social-driven vs. purpose-driven location sharing[C]. Proceedings of the 12th ACM international conference on Ubiqutious computing, 2010: 85-94。

② 中国大多数LBSN网站,如街旁网、玩转四方等,最初都选择模仿国外成熟的LBSN产品(如Foursquare、Latitude、Mytown、Gowalla、Getyowza、Yelp等)。

第一节 社交网络中的定位化身体：
作为自我披露的位置

早在2001年，苏（Sui）和顾德契（Goodchild）就断言地理信息系统（GIS）正迅速成为大众媒体的一部分①。十年之后，面对GIS与社交网络的融合，两位学者更新了这一观点，认为这一判断"只抓住了故事的一半"。面对GIS与社交媒体的融合，GIS还应被视为社交媒体的一部分②。LBSN的一个最大特点是将物理空间（地理信息）与社交媒体紧密结合。这里有两个关键问题：物理空间在LBSN中发挥何种作用，以及如何发挥作用？与面对面的交往、其他中介化的交往相比，LBSN中空间所发挥的作用有何不同？本研究认为，在基于LBSN的定位空间中，物理空间通过定位媒介被"投射"到网络空间中，活的光标作为一种网络空间中的自我披露，成为地方社会交往的一种促发性因素。

一、空间与交往

电子媒介的兴起曾让人们断言地理就此终结。近年来，有一批传播学和地理学学者驳斥了这种"地理终结论"，在媒介研究中出现了一种空间转向，在地理学研究中出现了一种媒介转向③。从社会交往的层面来看，地理终结论的一个预设是地理空间对人们的交往是一种障碍。为了实现人与人之间的连接，这种障碍需要被克服。克服障碍的手段多种多

---

① Sui D Z, Goodchild M F. GIS as media?[J]. International Journal of Geographical Information Science, 2001, 15(5): 387-390.
② Sui D, Goodchild M. The convergence of GIS and social media: challenges for GIScience[J]. International Journal of Geographical Information Science, 2011, 25(11): 1737-1748.
③ Wilken R. Locative media: from specialized preoccupation to mainstream fascination[J]. Convergence, 2012, 18(3): 243-247.

样,其中,最主要的是具有"空间偏向"①的媒介。"从莎草纸到互联网"②,两千多年以来,作为交往障碍的地理空间一次次被突破,并且一次比一次彻底。但地理空间本身作为一种媒介,也孕育了空间内部人们的社会交往。例如,乡土社会中农业人口聚村而居,形成了一种"熟悉的社会,没有陌生人的社会"③。再如,在古希腊城邦内的交流中,公共广场、圣殿、剧院、运动场等物理空间扮演着重要角色④。在当代社会,随着交通、通信技术的日益发达,远距离的空间交往并非难事,跨空间的个人网络通过交通技术和信息传播技术得以建立、维持和发展。但这并不等于说在社会交往层面空间终结了。相反,空间亦能促进社会交往,可以被视为一种中介了人们社会交往的媒介。

在定位媒介中,智能手机使用者的身体所处的物理空间,成为信息传播过程中的重要元素。身体与物理空间通过手机GPS被"投射"到网络空间,从而开启了定位空间中的社会交往活动。这成为当下移动数字场景中一种独特的"地缘社交"。

二、面对面交往中作为舞台的空间

空间本身作为一种媒介,"构筑了人与人、人与社会的新型关系"⑤。物理空间在人与人的交往中发挥了重要作用,尤其是面对面交往。在面对面交往中,实体空间及其在特殊时间、特殊地点、有特定人物参与的具体场景,为身体在场的个体提供了一个交流、活动的前提。根据戈夫曼(Goffman)的场景理论,实体空间中的个体根据具体的"情景定义"进行相关"表演"。这种情景定义为人们即将进行的行为提供了程序表,并且具

---

① [加]哈罗德·伊尼斯.传播的偏向[M].何道宽,译.北京:中国人民大学出版社,2003.
② [美]汤姆·斯丹迪奇.从莎草纸到互联网:社交媒体2 000年[M].林华,译.北京:中信出版社,2015.
③ 费孝通.乡土中国[M].北京:人民出版社,2008:1-8.
④ [法]克琳娜·库蕾.古希腊的交流[M].邓丽丹,译.桂林:广西师范大学出版社,2005:37-41.
⑤ 孙玮.作为媒介的外滩:上海现代性的发生与成长[J].新闻大学,2011(4):67-77.孙玮.作为媒介的城市:传播意义再阐释[J].新闻大学,2012(2):41-47.

第四章 交往地方：活的光标与新地缘社交

有"道德特征"。这种"道德特征"指向一种社会的"角色期待"，并"迫使他们以他这种类型的人有权期待的方式来评价他和对待他"。"情景定义"是一个从个体出发的、主观的概念。这一主观判断既基于社会的约定俗成，也基于具体场景中交往对象"给出的表达"和"流露出来的表达"。除此之外，定义情景的因素还包括物理空间的相关环境。换言之，情景定义是有边界的物理空间的环境信息及其内部成员之间给出的表达的一种统一体。在情景定义的过程中，物理空间及其边界成为一个基础性因素。在相应的物理空间内部，个体通过定义情景，根据既有的社会经验获知角色信息，进而开展相关的表演。表演行为所发生的物理空间成为表演舞台。具体的空间环境作为一种舞台设置，"为人们在舞台空间各处进行表演活动提供了布景和道具"。实体空间的边界在个体的场景定义中也起到了一定的观众隔离作用，因为实体空间的边界将某些人排除在空间之外[①]。

总之，在面对面交往的过程中，空间在人们的情景定义过程中发挥了重要作用，它作为一种舞台，影响了人们的表演活动：一方面，空间环境作为舞台布景，影响了人们对于空间的定义；另一方面，有边界的物理空间起到了观众隔离的作用，将一部分人排除在外，从而确定了交往活动发生的对象。

媒介的发展在面对面交往之外促生了许多新的交往实践。从文字的出现到印刷媒体、电子媒体，媒介的每次进化都在时间和空间方面突破了既有的限制，从而促生了不同的交往实践。在这一过程中，空间在大多数时候都被视为人类交流的障碍。直到网络社交媒体出现，空间似乎对于人类交往的局限终于被打破。在戈夫曼的情景主义中发挥重要作用的有边界的实体空间，成为人们仅在面对面交往过程中才会考虑的因素。在基于互联网的社会交往中，空间的意义似乎已经荡然无存，在线上交流中隐去了踪迹。

---

① [美]欧文·戈夫曼.日常生活中的自我呈现[M].冯钢，译.北京：北京大学出版社，2008：10，3，19，116，117.

但LBSN中,空间在社会交往中依然发挥着重要作用。只不过此时空间已经不仅仅是在情景定义的层面发挥作用。面对面交往时的情景在网络交往中已经垮塌。在网络社交媒体中,空间是作为社交过程中的一种信息的自我披露存在的,指向了与信息相关的空间环境。

三、LBSN中的自我披露和人地关系叙事

自我披露是一种"个体向他人传达关于自我的任何信息"[①]的行为。这些信息"包括个人经历、想法和态度、感受和价值观,甚至梦想、期待、抱负和目标"[②]。自我披露在减少社交过程中的不确定性、编织网络人际关系的过程中发挥着重要作用,同时对于自我价值和个人身份的形塑意义重大。格林(Greene)等人将自我披露定义为"至少是两者之间的一种互动,一方有意识地向另一方传达关于个人的某种信息"。在格林等人看来,自我披露是一个授权别人接近私人化信息或秘密的过程。这些信息包括语言信息和非语言信息两种。是否进行信息披露,依赖于信息披露者对于相关收益和代价的评估。自我披露的模式可以分为三种:面对面自我披露、非面对面自我披露、第三方自我披露[③]。LBSN显然属于非面对面自我披露。

自我披露是以具体的目标为导向的。人们希望通过自我信息的披露获得一定的社会回报,比如社会认可、自我表达、关系发展、身份澄清和社会控制等[④]。戈夫曼在拟剧论里也提到了相似的观点。在他看来,舞台中

---

① Wheeless L R. A follow-up study of the relationships among trust, disclosure, and interpersonal solidarity[J]. Human Communication Research, 1978, 4: 143–157.
② [美]帕维卡·谢尔顿.社交媒体:原理与应用[M].张振维,译.上海:复旦大学出版社,2018: 5.
③ Greene K, Derlega V J, Mathews A. Self-disclosure in personal relationships[M]//Vangelisti A L, Perlman D, eds. The Cambridge handbook of personal relationships. New York: Cambridge University Press, 2006: 409–427.
④ Derlega V J, Grzelak J. Appropriateness of self-disclosure[M]//Chelune G J, eds. Self-disclosure: origins, patterns, and implications of openness in interpersonal relationships. San Francisco: Jossey-Bass, 1979: 151–176.

的人所进行的表演是一种自我呈现,重要目的是印象管理。通过自我呈现,人们"试图控制他人对当下情景的印象"①。戈夫曼的自我呈现可以理解为一种"目标导向的、工具性的行动",在此过程中,"我们的行为、外表等都暴露了我们的意图和目的"②。在戈夫曼看来,印象管理是"前台"的一项主要职能。"前台"指"个体表演中以一般的固定的方式有规律地为观察者定义情景的那一部分"③。通过操纵"个人前台"(如"官职或者官阶的标记,衣着服饰,性别、年龄、种族特征,身材和外貌,仪表,言谈方式,面部表情,举止等"),能够"给观众造成某种理想化印象"④。

  从媒介理论的视角来看,面对面自我披露和非面对面自我披露必然是不同的。其所披露的信息的类别和样式,以及其所激发的印象管理实践亦不尽相同。在面对面自我披露中,互动双方的身体是共同在场的,交往活动受到此时此地的时空限制。此时的互动行为和自我呈现基于互动双方的情景定义。情景定义的一个重要方面是有边界的实体空间及其"布景"。在这一过程中,因为空间距离的接近性,所以信息传播与反馈是即时的、全息的。这些信息既包括自我披露中的语言信息,也包括非语言信息。在自我呈现的过程中,前台与后台之间的界限是相对分明的。而在非面对面交往过程中,从文字传播到电子传播,戈夫曼在面对面交往中提及的情景定义、前台、后台、个人前台、隔离等,都因为面对面交往场景的垮塌而发生了变化。例如,梅罗维茨认为,"戈夫曼侧重研究了面对面的交往,而忽视了媒介对于他所描述变量的影响和作用"⑤。再如,在社交网站中,在互动双方肉体不在场的前提下,人们依然试图在交往过程中进行自我呈现和印象管理。"他们通过控制和管理社交媒体上的信息来做

---

① [美]欧文·戈夫曼.日常生活中的自我呈现[M].冯钢,译.北京:北京大学出版社,2016:11.
② Picone I. Impression management in social media[M]//Mansell R, Ang P H, eds. The international encyclopedia of digital communication and society, Vol.11. Oxford: Wiley-Blackwell, 2015: 469–476.
③ [美]欧文·戈夫曼.日常生活中的自我呈现[M].冯钢,译.北京:北京大学出版社,2016:19.
④ [美]欧文·戈夫曼.日常生活中的自我呈现[M].冯钢,译.北京:北京大学出版社,2016:19-29.
⑤ [美]约书亚·梅罗维茨.消失的地域:电子媒介对社会行为的影响[M].肖志军,译.北京:清华大学出版社,2002:4.

到这一点。"① 在信息自我披露的过程中,"社交网站的用户比面对面交往更能控制他们的自我表现行为"②。因为相较于面对面交往,互联网中介的交往具有"信息更为可控"和"异步通信"的特征。这使用户能够进行所谓的"选择性自我呈现"③。

在网络中介的社会交往中,空间在自我呈现中的意义似乎逐渐地被人忽略,因为情景定义本身在此过程中已经越来越不依赖于有边界的实体空间④。而在LBSN中,空间成为网络中介的社会交往中一个重要组成部分。从面对面交往到LBSN,空间从一种表演的舞台,转变为一种社交媒体中自我披露的信息。当然,这并不是说在以往的社会交往中自我披露的信息内容不包括空间信息。这里想探究的是社交媒体将位置信息纳入其中之后,通过相应的功能设置,鼓动人们进行空间位置信息的自我披露。这种自我披露是一种自我呈现,同时也是一种人地关系叙事,激发了新的社会交往和人与人之间的时空关系。

LBSN中空间的自我披露对人们的社会交往产生了诸多影响。弗里特认为,LBSN会在三个方面对人们产生影响:协调社会活动、建构个体身份、对公共空间产生影响⑤。弗里特的概括基本上勾勒出LBSN的媒介特性所促成的可供性的一个外部轮廓,大多数西方学者关于LBSN的研究基本上都是从这三个层面展开的。

当下中国的LBSN可以分为两大类:一类是独立的LBSN应用,如交友APP陌陌、blued,更多地被用在陌生人的社会交往中;另一类是非独立的LBSN应用,如微信、微博等包括位置功能的社交应用,又可以分

---

① Paliszkiewicz J, Magdalena M. Impression management in social media: the example of LinkedIn[J]. Management, 2016, 11 (3): 203-212.
② Krämer N C, Winter S. Impression management 2.0: the relationship of self-esteem, extraversion, self-efficacy, and self-presentation within social networking sites[J]. Journal of Media Psychology, 2008, 20(3): 106-116.
③ Gibbs J L, Ellison N B, Heino R D. Self-presentation in online personals: the role of anticipated future interaction, self-disclosure, and perceived success in internet dating[J]. Communication Research, 2006, 33(2): 152-177.
④ 这并不是说实体空间在计算机中介的交往中不发挥作用,只是这种作用很少被人提及。
⑤ Frith J. Smartphones as locative media[M]. Cambridge: Polity Press, 2015: 62-79.

为打卡和位置共享(比如微信中发送实时位置、位置共享等)两类。结合LBSN的中国经验,本章将LBSN中的位置披露视为一种人地关系的叙事。通过对由此触发的新地缘社交的讨论,本章试图从地方实践的维度推进既有LBSN的研究。

第二节 地方化自我:定位打卡中的位置披露与人地关系

一、自我的定位化与地方化

当下越来越多用户通过社交媒体来"呈现高度策展的自我"[1]。这种高度策展的自我使"在网络上进行更有控制、更富想象力的身份表演成为可能"。在这里,个人身份是一个策展的过程,是一个选择性呈现的过程。在社交媒体中,相关信息披露的一个重要目的是塑造自我形象。从用户名、头像、签名,到发布的文字、图片、音视频信息等,都起着形塑信息发布者身份、形象的作用。用户披露什么信息、隐匿什么信息基本上都是具有选择性的。在社交网络中,人们对待自己的身份就像维护某种品牌,"个体选择自己想要立即与他人分享的特征,就像他们有时间以符合自己'品牌'的方式回应信息一样,这使得他们能够保持'一种特定的叙事方式'"[2]。

身份不是一种被动活动,而是选择的结果,通过多种方式表现出来[3]。地方是个人身份的重要内容,也是理解新媒体的重要切入点[4]。随着

---

[1] Schwartz R, Halegoua G R. The spatial self: location-based identity performance on social media[J]. New Media & Society, 2015, 17(10): 1643-1660.
[2] Evans L, Saker M. Location-based social media: space, time and identity[M]. London: Palgrave Macmillan, 2017: 65, 68.
[3] Evans L, Saker M. Location-based social media: space, time and identity[M]. London: Palgrave Macmillan, 2017: 67.
[4] Goggin G. Placing media with mobile[M]//Hartley J, Burgess J E, Bruns A, eds. A companion to new media dynamic. Oxford: Wiley-Blackwell, 2013: 202-208.

位置功能融入社交媒体，位置也成为社交媒体中人们打造自我身份的重要组成部分[1]。施瓦兹（Schwarts）和赫尔格拉（Halegoua）用"空间化自我"（spatial self）这一概念来解释人们使用位置信息作为基于线下活动的线上自我呈现。空间化自我是一种个体通过向他人分享自己的空间经验，从而展示自己某一身份的行为[2]。在LBSN中，定位打卡（check-in）是典型代表。从人地关系视角来看，这种位置披露是一种与"我"相关的地方叙事，向信息接收者披露了"我"与地方的关系和故事。例如很多朋友圈中打卡就是在向他人讲述自己的地方经验。因此，通过位置的披露，LBSN用户也塑造了地方化自我。

打卡传统意义上指职工上下班时通过磁卡考勤的行为。这一词汇被延伸到网络平台，主要指用户在朋友圈发相关内容，告诉社交网络中的其他人自己干了什么、去了哪儿……如英语单词打卡、阅读打卡、口语打卡等学习类打卡，网红景点打卡、展览馆打卡、健身房打卡等地点类打卡，以群内签到为主的签到类打卡。这里所指的打卡主要指LBSN中的地点类打卡，即在朋友圈、微博、Foursquare、Twitter等社交媒体平台上"发定位"。定位打卡成为这些社交媒体功能设置的一部分，用户通过打卡在社交媒体平台披露自己的位置信息（一般伴随有相关的文字、图片，打卡的位置信息对于这些文字或图片文本是一种补充）。

在社交媒体平台中展示自己的位置信息，并不是打卡这一功能出现之后才有的一件事情。没有打卡这项功能，人们也可以通过文字或图片有意或无意地强调或透露相关位置信息。打卡作为社交媒体中的一种"语言修辞"，在某种程度上是打卡者对于地方空间之于个体意义的强调。换言之，在相关LBSN中，身处定位空间的个体希望将物理空间的位置披露给社交媒体中的其他用户。这是一种有意为之的行为。对于大多数人来说，并不是所有在社交媒体上发布的内容都附带打卡。打卡是一种

---

[1] Frith J. Smartphones as locative media[M]. Cambridge: Polity Press, 2015: 73.
[2] Schwartz R, Halegoua G R. The spatial self: location-based identity performance on social media[J]. New Media & Society, 2015, 17(10): 1643-1660.

选择性的行为，与特定场景中用户的特定目的密切相关，比如"认识新朋友""告诉朋友我在哪儿""希望附近的人找我玩儿""炫耀"等。同时，也会产生意想不到的效果，如隐私的泄露等，这可以被视为一种印象管理的失败。

打卡行为体现出以定位媒介为界面的定位空间中物理空间与赛博空间的交互。打卡用户在物理空间中的位置，通过定位媒介界面显示在网络空间之中。这一状况与移动地图没有太大的区别（以微信中的打卡为例，点击打卡位置信息，页面会跳转到标识了此位置的腾讯地图页面）。最大的区别可能在于，最终在打卡的时候，网络空间中活的光标通过文字的形式呈现在社交媒体平台上，并作为一种社交过程中的自我呈现参与进社交过程之中。这种地方化自我，既关乎身份策展，也关乎社会互动。

二、身份策展：定位打卡中的印象管理

以是否打卡为例，朋友圈中的说说可以被分为两种类型：一种是有定位打卡的朋友圈，一种是没有定位打卡的朋友圈。没有定位打卡的朋友圈可能附带相关地理位置信息，但这些信息一般都是非直接表达出来的，甚至有时候是信息发布者无意间透露出来的。有定位打卡的朋友圈一般都是信息发布者有发布位置信息的某种需求，可以看作打卡者对于位置信息的强调。换言之，作为一种表达方式，用户在朋友圈定位打卡是一种主动的自我披露，是对人地关系的一种强调。

> "毕竟大家都不太经常发定位，所以当他们发带定位的朋友圈的时候，我还是会有意去看。……定位放在图片下面，好像有种提示作用，引导你去注意这个位置的信息。"（小娜）

> "如果他发的朋友圈是带着位置信息的，我应该会更关注这条朋友圈。因为一般的朋友圈都不会带位置信息。而他的带了，我会注

意到他是不是在传达某种特别的讯息。如果一条朋友圈带了位置信息，会更加引人注目。"（杨逸）

定位打卡是社交媒体中自我策展的一部分，具有印象管理功能。"打卡传达的不仅仅是他们所在的位置，也传达了一些关于他们是谁及他们理解自己是谁的信息。"[1] 人们对于特定的空间会大致达成某种意义的共识，比如图书馆是用来学习的、体育馆是锻炼身体的地方……这些共享的空间意义作为空间的所指，让空间和身份相关联。人们便会据此选择"在哪儿打卡"和"不在哪儿打卡"。

（一）避"害"："我不会在麦当劳打卡"[2]

林德奎斯特（Lindquist）等认为，印象管理的问题也表现在打卡的决定中，例如"不去快餐店签到"，因为这会给朋友和家人留下不好的印象[3]。这在访谈对象中也比较常见。例如，多位访谈者都提到了麦当劳和肯德基这类快餐店，认为这是他们不会去打卡的位置。大多数人认为，这类快餐存在一种"污名"——垃圾食品，因而他们不会在朋友圈向别人分享自己吃垃圾食品这一行为，更不会打卡。这些人大都希望在朋友圈展示一种健康的生活习惯。再如，学生群体几乎默认网吧是一个打游戏的空间。正如访谈对象涛子所说：

"我肯定不会在网吧打卡。我在那儿打卡，人家肯定认为我是在打游戏。他们可能会想，在宿舍打游戏不行吗，还要跑到网吧去打游戏，你对电脑装备的要求就那么高吗……我不想让我的朋友给我挂

---

[1] Evans L, Saker M. Location-based social media: space, time and identity[M]. London: Palgrave Macmillan, 2017: 70-71.
[2] 此内容源自访谈对象涛子。
[3] Lindqvist J, Cranshaw J, Wiese J, Hong J, Zimmerman J. I'm the mayor of my house: examining why people use Foursquare — a social-driven location sharing application[C]. Proceedings of the SIGCHI conference on human factor in computing systems, 2011: 2409-2418.

上一个沉迷游戏的标签,虽然我觉得我是有点沉迷。"

(二)趋"利":"我想塑造某种形象"①

"公共空间中的打卡具有表演性的一面。"②古哈(Guha)和伯恩霍兹(Birnholtz)在探究人们为什么会打卡时,也认为印象管理是主要动机之一。两位学者认为,用户在做出打卡决定时,不仅关心谁能看到他们的地点,还关心人们对签到的可见性和地点的公开性的看法③。

定位打卡是一种身份的策展,具有趋利化的倾向。换言之,人们会选择对自己身份有利的位置进行打卡。例如,一个最为常见的打卡目的就是炫耀。正如访谈对象俊霖所说:"有时候人们发定位是为了炫耀,比如出国,或者去香港,或者去看演唱会等。"再如,去很多地方、看很多风景一直是朱同学的一个心愿。她说:"有时候感觉女人总是这样,喜欢去外面玩,又喜欢让人家知道,虚荣都有的。比如说你去了北京,你不发个定位,真的心里不舒服的……"

除了炫耀外,人们还试图通过社交网络中对地方共享的意义,来凸显自己的某种个人特征:

"之前和舍友去钦州参加马拉松比赛,我就发了一个定位,除了向他人报告自己的行踪之外,还想展示自己热爱生活、热爱运动、比较能跑的一面。"(李磊)

朋友圈中的一些代购也会在代购的过程中打卡,目的在于向"客户"确证自己代购的真实身份,因为"有定位有真相":

---

① 此内容源自访谈对象朱同学。
② Cramer H S M, Rost M, Holmquist, L E. Performing a check-in: emerging practices, norms and "conflicts" in location-sharing using Foursquare[C]. Proceedings of the 13th conference on human-computer interaction with mobile devices and services, 2011: 57-66.
③ Guha S, Birnholtz J. Can you see me now?: location, visibility and the management of impressions on foursquare[C]. Proceedings of the 15th international conference on Human-computer interaction with mobile devices and services, 2013: 183-192.

"文字图片不一定是真的,但是这个位置一般比较不容易造假,而且没有必要。一般也没有理由故意欺骗大家。"(杨逸)

但也存在虚假代购的现象,利用虚拟定位欺骗他人:

"比如说赴港代购,模拟在香港的位置……只要在家里面拍一点商业的图片,就跟别人说在香港代购……就是通过一个虚假的定位,让别人知道你去了香港。"(李韬)

(三)受众对于定位打卡信息的解读

上述对定位打卡行为的分析都是站在打卡者的角度进行的。定位打卡信息的受众对于打卡行为的反应也是打卡过程的重要组成部分。克拉默(Cramer)等认为,人们会将朋友的签到视为一种获得关于要做的事情和要参观的地方的建议。同时,人们也会被过于频繁的签到困扰[1]。从印象管理的视角来看,人们在定位打卡过程中的印象管理有时候能够收到预期的效果,有时候则适得其反:

"我有一些北京、上海的朋友经常去看展、听音乐会、看歌舞剧之类的,他们一般去这些地方都会发朋友圈,会打卡,就觉得他们生活得挺文艺的。"(麦子)

定位打卡可以看作对于自身所处空间的一种有意识的强调,这种强调在某些人看来就是一种"装"的行为:

"有些朋友,他们一般不打卡,但是去一些高档的地方,比如五星

---

[1] Cramer H S M, Rost M, Holmquist L E. Performing a check-in: emerging practices, norms and "conflicts" in location-sharing using Foursquare[C]. Proceedings of the 13th conference on human-computer interaction with mobile devices and services, 2011: 57-66.

级酒店,就会打个卡,给我的感觉就是挺'装'的。"(麦子)

三、作为媒介的地方:定位打卡实践中的地缘社交[①]

林德奎斯特(Lindquist)等学者以Foursquare为个案,通过相关的经验研究认为,人们的打卡动机大致可以分为个人动机和社交动机两个方面。个人动机主要表现为,人们试图通过打卡记录自己的活动,如去过什么地方、频率是多少。相较于个人动机,Foursquare中的打卡行为更多的是出于社交动机,例如通过打卡与朋友和家人保持沟通,进而协调相关的会面或其他活动[②]。唐(Tang)等将人们的打卡动机分为目的驱动和社交驱动两类:目的驱动式打卡中的"目的"包括获得折扣、发现新地方、游戏(如获得"市长"职位)、作为个人书签、消遣无聊时光等;社交驱动式打卡的目的是与朋友建立联系、发展彼此的关系[③]。在社交驱动式打卡中,社会交往成为人们披露位置信息的重要动机。这种社会交往行为是围绕空间展开的。在LBSN中,用户身体所处的物理空间通过手机GPS被"投射"于网络空间中。作为一种自我披露,网络空间中闪烁的能指表征着个体在物理空间中的所居之处。基于社交网络中人们对于定位打卡者的所居之地的理解与经验,作为媒介的地方既能引发陌生人间的社会交往,也能引发熟人间的社会交往。

(一)陌生人间的地缘社交

在定位打卡实践中,线上的地缘社交大致可以分为两种类型:陌生人间的地缘社交与熟人间的地缘社交。前者一般发生于微博、贴吧等陌

[①] 地缘社交指因为"地"而引发的交往行为,并不仅仅限于老乡式的地缘。
[②] Lindqvist J, Cranshaw J, Wiese J, Hong J, Zimmerman J. I'm the mayor of my house: examining why people use Foursquare — a social-driven location sharing application[C]. Proceedings of the SIGCHI conference on human factor in computing systems, 2011: 2409−2418.
[③] Tang K P, Lin J, Hong J I, Siewiorek D P, Sadeh N M. Rethinking location sharing: exploring the implications of social-driven vs. purpose-driven location sharing[C]. Proceedings of the 12th ACM international conference on Ubiquitous computing, 2010: 85−94.

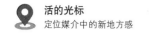
活的光标
定位媒介中的新地方感

生人社交应用中,后者则存在于微信等熟人社交应用中。

微博也具备定位打卡的功能。对于微博来说,特殊的是定位打卡的内容有一个超链接。用户点击位置信息,页面就会跳转到所有关于这个位置打卡的微博。人们可以根据地址来检索关于这个位置有什么人发布了什么信息。同时,与这个位置相关的、具有某些共同兴趣或经验的用户便有可能发生一些线上(甚至线下)的互动。线上的互动一般遵循这样一个过程:首先,如果打卡受众对于打卡者(或打卡内容)感兴趣,双方可能会通过评论、私信的形式进行初步的交往;其次,如果双方"情投意合",则可能会将交往活动转移至其他社交平台,如互加微信;再次,如果彼此有需要,还有可能开启线下的交往活动,如约会等。

朱同学是 GMY 大学体育与休闲学院的一名大一女生,性格开朗,交友广泛,甚为健谈。她非常喜欢摄影,加入了学校的摄影协会,时常外出采风,平时也会拍一些照片,并在朋友圈、微博、QQ空间里和好友共享,还会顺带发定位。朱同学很喜欢结交新的朋友。定位打卡成功地融入了她的社会交往实践中。她说:"我想让他们知道我今天在这里、明天在那里。平时出去旅游更喜欢定位,因为想要他们知道我在外面玩得很开心。"

朱同学在刷微博的时候,"会点击 GMY 那个地址"。她说:

"我点击那个地址去看,全部都是我们 GMY 人,能同时看到他们带定位的微博的内容……可以找到自己同城的人,找到同校的人。我在微博里找到了很多同校的人。昨天就有个师姐通过那个地址看到了我发的微博,然后认出了我,她说居然能在这里找到我。然后,我们就互相关注了。"

因为微博中的这个定位,朱同学还结交到了同城的广东医科大学的好友。朱同学在谈起这段经历的时候说:

"我之前去了医科大,因为第一次去嘛,就发了一条微博,就定位那里。后来认识了几个医科大的学生……我们刚开始在微博里面私聊,之后就加微信,现在都算好朋友。"

与朱同学的动机类似,盈盈有时候也会在微博上发定位,以引起附近的人的关注:

"比如说我自拍,我当时觉得超级好看,就要让附近的人看到,然后来关注我,我就会发定位,是为了博关注……就觉得很有成就感,得到认可、有追随者的感觉。"

朱同学在微博中经常发定位,还有另外一个原因——让更多人看到她的微博,从而增加她的粉丝量。她说:"有定位的(微博)浏览量会高很多。比如说我发了一条不定位的微博,它的浏览量是200多而已,很少。我发个定位上去,有时候甚至到一万多。"

百度贴吧的用户在发帖子的时候,也可以带上定位。这种定位也可以开启相应的地缘社交行为。贴吧是一个以兴趣为主导的社区,吧友来自全国各地。他们如果通过定位发现某吧友和自己是同一个地方的或者都在某地生活过,则会有"老乡见老乡"的感觉。

"我那个时候在一个手机技术交流的贴吧,当时回帖的时候没有注意,就直接把我们学校的定位发出去了。后来就有个学长回复我,说他也是GMY大学的。我就认识他了,我们就加微信了。他当时已经毕业,在深圳。虽然我们没见过面,但是我平时有时候会看到他发的朋友圈。"(杨逸)

(二)熟人间的地缘社交

陌生人间的地缘社交主要存在于微博、贴吧等诸如此类的陌生人社交媒体中。而微信等熟人社交媒体上的打卡更能够引发熟人间的地缘社交。

活的光标
定位媒介中的新地方感

朱同学习惯于在朋友圈发定位有一个重要原因，就是她想通过定位让她的朋友知道她在哪儿。朱同学走出校门、在外面玩的时候就会有意识地发一个带定位的朋友圈。她说如果有在附近的朋友看到这条朋友圈，知道她在这个地方，就会找她玩。她举例说："我有一次去金沙湾定位了，我有个朋友说'你怎么来这边不找我'。我有时候发定位就是为了想约更多人一起玩。"

当人们在朋友圈看到别人的定位，了解朋友所处的位置后，会引发相应的行为。

"如果我看到他定位在香港，我可能会让他给我代购；如果我看到他不在学校，我可能就不会再找他玩；如果我看到好久不见的朋友定位距我比较近，我可能会联系他见个面。"（俊霖）

"前段时间我突然看到我一个大学同学发了一个朋友圈，定位是复旦大学，就很惊喜……我们大学毕业后有七八年没见了。我立刻跟他联系，说我也在复旦，然后跟他约了顿饭。"（汪庚）

朋友圈的定位可以手动输入，这就给用户留下了自由发挥的余地。创建一个虚假定位是一些用户惯用的手段，目的多在于开玩笑。

"有些人明明人在宿舍，但是想装着自己在图书馆学习，然后去逗别人，就会发送一个地点，就说'我在图书馆'。他明明是海滨区的。一看就戳破了。我就吐槽他说：'你怎么可以这么做骗人！'他说没有。我说：'明明还在食堂碰到你了，你怎么去主校了。'就这样逗他，有这样玩过！"（朱同学）

"发虚假定位就是想逗一下在那个地方的人，让他们以为我去了，跟我联系。或者是逗一下我身边的人，让他们误以为我出去了。

就是一种恶作剧吧。"(大天)

第三节　位置共享：定位空间中的身体共时性

LBSN能够协调人们在物理空间中的社会交往[1]。微信中的"发送实时位置"和"位置共享"是人们在社会交往活动过程中经常使用到的，已经成为一种特殊的媒介语言，用来代替文字、声音等，告诉交往对象"我现在在哪儿""如何找到我（你）"。按照上文关于LBSN中位置共享的分类，这两种属于目的驱动的、一对一或一对几的位置共享。用户针对特定的对象，进行主动的或者被动的位置信息披露。在位置信息披露的过程中，互动双方或者多方有特定的目的。这些应用一般依附于移动地图。

从田野材料看，微信用户在社交过程中"发送实时位置"和"位置共享"，大概有如下原因或动机。

第一，"告诉朋友我现在的位置"[2]。微信这一功能的运用场景一般是"有朋友问'你现在在哪儿'或者与此相关的问题"[3]，或者"我朋友想约我见面，而我在外地不能赴约，为了让朋友相信我确实在外地，这时候发一个实时位置来证明我确实在外地"[4]。有很多访谈者认为，"这样就不用太费口舌，有定位有真相，要不然朋友可能不相信你"[5]。

第二，"在中途碰面"[6]。在某个区域内，朋友或家人之间不能找到彼此的时候，通过位置共享来"碰面""相遇"。一般是双方共同移动，在中途碰面。也存在一方不移动，让另外一方过来找的情况。在这种场景下，

---

[1] Humphreys L. Mobile social networks and urban public space[J]. New Media & Society, 2010, 12(5): 763-778.
[2][3]　此内容源自访谈对象朱同学。
[4]　此内容源自访谈对象杨逸。
[5][6]　此内容源自访谈对象麦子。

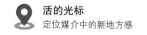

有人还会使用"发送实时位置"的功能,用户接收到对方的实时位置之后,可以跳到相关导航页面,开启导航来找人。

第三,"朋友之间或者恋人之间有时候单纯想知道对方现在在哪儿"①。共享实时位置可以让双方或者多方看到他们各自的实时位置。这往往会产生一种时空间隔的感觉。有时候恋人之间还会发朋友圈来感叹时空的间隔。

无论是"发送实时位置"还是"位置共享",都是社交过程中的一种信息披露行为。经由定位媒介界面,身体及其所在的物理空间被"投射"在网络空间中。物理环境成为数字地图,身体则成为数字地图中活的光标。在这一过程中,"我"与"我的朋友"虽然在物理空间中彼此间隔,不能看到对方,但在网络空间中能够彼此"观看"、互相"守望",形成一种时空的共在感。在此过程中,本地场景被激活,并与其他空间场景建立连接。不同场景经由LBSN界面被连缀、拼贴。在这种时空关系重组之下,自我与他人之间也建立了新的连接。

一、陌生空间中的相遇

面对面交往需要身体的"相遇"。但这种"相遇"并不是先在的、必然发生的。这一过程需要借助上文提及的移动系统,需要某种移动力的支持。微信中的"位置共享"和"发送实时位置"就是这种移动力。这两者都是在线上进行的,是网络交往的一部分。但这种网络交往具有特殊的实体空间指向(指向实体空间中某物或者某人所处的物理位置)。在这个过程中,物理空间中手持定位媒介的个体成为网络空间中活的光标。借助定位媒介这一交互界面,混杂空间中线上与线下形成了一种联动。

对于"位置共享"和"发送实时位置"来说,一种典型的使用场景是

---

① 此内容源自访谈对象曾同学。

两个人或多个人在某一特定的区域相遇。这种相遇分为两种情况。

第一,"给朋友发送我的实时位置,让他来找我"[1]。在这一过程中,"我"的位置是锚定的,对方通过移动来找到"我",抵达"我"所发送的位置。"我"发送的实时位置可以是发送给个人的,也可以是发送在微信群里的。

> "之前我一个同学在一家店复习,我跟另外两个同学吃完东西,想去找她的时候,就是叫她发一个位置过来,然后我们再找这个位置。"(小娜)

> "比如说考虑到安全问题,需要时时给家长或者给其他人报一下位置的时候,就用这个。"(小娜)

第二,"多人间的位置共享"[2]。可以是两个人间的位置共享,也可以是微信群中多个人间的位置共享。在这种场景下,大家是一起移动的,在中途某个地点相遇(也存在某人不动,其他人移动来找不移动的人的情况)。总之,从社会交往的视角来看,这是人们开启面对面交往过程的一个重要环节。

> "最常用的就是跟朋友约出去的时候,说好了要在某地集合,有些人到了,有些人还没到,发位置共享就特别好。"(俊霖)

> "共享位置找人挺方便的,特别是近距离的。我上次在蝴蝶湖等我同学,她从西区过来,找不着路。我就开了共享,她就沿着那条路线走过来找到我。如果没有共享的话,有点恐怖……"(朱同学)

---

[1] 此内容来自访谈对象小娜。
[2] 此内容来自访谈对象俊霖。

二、"告诉别人我的位置"

在日常生活中,我们经常会被问到"你在哪儿",或者出于种种原因需要告诉别人"我在这儿"。在没有发送实时位置的情况下,我们可能会用语音、文字等来告诉他人"我的位置"。但这种讲述方式有时候很难将问题讲清楚,就像下述访谈对象所说的:

"我给别人发个实时位置,就不用那么费劲地解释了,一目了然。况且像我这种'路痴',有时候我也不知道我在哪儿啊!"(朱同学)

"我在家的时候经常会点外卖,外卖地址写得很清楚。经常来我们小区送外卖的外卖小哥会很顺利地找到我家楼下,然后给我打电话,我下楼去取。有些对我们小区不太熟悉的外卖小哥,经常会在找不到目的地的时候给我打电话。这时候,外卖小哥一般会说:'我通过这个手机号加你微信吧?你发定位给我。'我发定位给他后,快递小哥往往会顺利找到目的地。"(吕老师)

"特别是在人生地不熟的地方,再加上有时候路标也不是太清楚。这个时候有人问我在哪儿,我还真的不知道我在哪儿!有时候,我告诉对方之后,对方也未必就知道我在哪儿!在这种场景之下,人们一般会发送实时位置。"(杨逸)

有时候,人们发送实时位置的目的并不是找人,而是单纯地想了解某人现在所处的位置,从而开启相关的社会交往活动。这种社会交往活动,可以是线上的或者线下的,也可以是即时的或者延时的。

小娜的高三是在石岩公学某班级度过的,她说这是一个很有爱的班级,大家的感情都还不错。高中毕业的时候,大家都依依不舍。后来,大

第四章 交往地方：活的光标与新地缘社交

家都考上了大学，去到五湖四海。大学刚开学那段时间，可能是因为不太习惯大学生活，小娜说大家都挺怀念高三那段一起奋斗的日子。因为大家并不是很知道彼此都考上了哪所大学、身在何方，所以有人在班级微信群里提议，让大家都发一下现在的位置。

"一个群里面50多个定位，然后专门找一个技术比较厉害的人把它截出来，做成一个定位地图，发现很大一部分是广东省内的，湖南湖北也有同学。然后就说到时候去旅游，要请吃饭，要做东道主之类。"

发送当前实时位置，在某些时候也是拒绝社交的一种方式。例如，朱同学的朋友到她的学校想找她玩，朱同学不太想见面，就发了一个定位，告诉朋友她现在不在学校。

"我岭南的朋友有时候会问我，想来霞山约我。她问我在哪儿。我不想约她的时候，就赶紧伪造一个定位发给她，然后说不好意思，我在主校。"

有时候，发送实时位置也是一种"邀请"见面的方式，"尤其是外地的朋友突然给我发了一个我所在地的定位的时候"[①]。朱同学说，她如果去到某个地方，想约那个地方的朋友玩，也会给她的朋友发定位。"有时候我也会去岭南，我就会给岭南的朋友发定位，说我在岭南，你快点出来一起high。"

因为"实时位置"是可以篡改的，所以有时候人们给朋友发了定位，朋友也不一定相信。朱同学说："现在定位可以改嘛，可以搜索某个位置然后直接发了。有时候我发了定位给朋友，他们还不信，非要我在这个位置拍个视频给他们看。"

---

① 此内容源自访谈对象麦子。

活的光标
定位媒介中的新地方感

发定位也可以是一种证明自己在某个地方的方式。

"可能也是作为一个证明,证明我在某个地方。比如你叫舍友出去吃饭,他让你帮他打包回来。你跟他说不在学校。怕他不相信,就发个位置。"(杨逸)

三、"跨越时空的爱恋"

共享实时位置是微信中人们常用的另一种位置应用。位置可以是两人间的,也可以是多人间的。多人之间的位置共享一般是在微信群里进行的。共享实时位置的一个重要的目的是找到对方,即上文所说的"陌生空间的相遇"。还有另外一种情况:位置共享者相隔较远,不是为了"相遇",而仅仅是为了看一下对方在哪里。

(一)"一种我没走远的感觉"[1]

小凯是广州某大学大三的男生。2018年8月9日,小凯发了一个朋友圈,文字内容是"我在深圳吹空调 你在北京爬长城 哈哈哈哈哈哈哈",配图是一个微信中位置共享页面的截图。从截图中可以看到小凯的微信头像出现在深圳上方,而他女朋友的头像出现在北京上方,分据整个地图上下两端。

小凯在大一下半学期交了一个女朋友HD,两人同一个学院,学的都是传媒类专业。小凯和HD都在深圳。2018年暑假,两人都想着要去找一家新闻媒体实习。经过一番努力,两人都在深圳日报报业集团找到了实习岗位,小凯在《深圳晚报》,HD在《深圳特区报》。

暑假过了一半,HD的父母带着HD和她弟弟去北京玩,其中一天去了长城。那天,小凯早上有一个采访任务。采访完,小凯就回报社休息

---

[1] 此内容源自访谈对象小凯。

第四章　交往地方：活的光标与新地缘社交

了。北京和深圳都是高温天气。一大早，HD就跟小凯抱怨晒和热，以及长城人多。小凯回忆当时位置共享的场景时说：

> "我在报社里吹空调，躺着。她在北京晒太阳，爬长城。鲜明的对比就出来了。位置共享是我提出来的，目的是想看看在地图上两个人的距离有多远。在提出来共享位置信息的时候，我就已经想好发朋友圈的配字。"

小凯说，当他们两个人不在一个城市的时候，都会开位置共享看看对方在哪儿。例如过年的时候，两人会各自回老家，一个在江西上饶，一个在江西抚州，也会偶尔开一下位置共享：

> "一般开位置共享的时候，都会习惯性点一下截图，有种虽然时空上有距离，但是在地图上还是很近的感觉。那句话怎么说来着，天涯若比邻的感觉吧"。

至于发朋友圈的目的，小凯说：

> "这可以理解是秀恩爱的一种，但是又不怎么有'秀'的气息，就是很普通，也不会引起朋友圈大部分好友的反感。因为我平时很少发朋友圈，发的话大都是一些照片，文案就是一些情话。一次两次还好，多了很容易引起反感。像这种朋友圈带着调侃的意味在里面，可能会有不错的效果。"

小凯经常会使用位置共享，觉得很好用。使用的大多时候都是小凯在一个陌生地方，和朋友见面需要用这个功能尽快找到对方。他说："那个都是比例尺极大极大的情况之下，也就是说在一个比较小的区域中，地图上的信息会具体到街道、商店。"

活的光标
定位媒介中的新地方感

比例尺小到如中国地图的这种位置共享，小凯一般只会和女朋友开。偶尔和一些关系很好的朋友开一下，不过不是两个人，都是在一个群聊里，大家同时打开。

接受访谈时，小凯和女朋友分手了。回忆起这段故事，小凯说："营造一种'天涯若比邻'的感觉，一种我没走远的感觉，里面有关心、思念的情感在吧。"

（二）"不论多远都要联系呀"[①]

小丽是一名即将毕业的大四女生。小丽所在的宿舍共有四人，三人来自广东，一人来自安徽。2019年寒假，小丽发了一条朋友圈，是"文字+图片"的。文字的内容是"不论多远都要联系呀（认真脸的表情）"。文字下方有两张配图：一张是群视频的截图，四个人都做比心的手势，上面显示通话时长为38分32秒；另一张图片是位置共享，在小比例尺的中国地图中，有四人在位置共享，其中，两人在广州市，一人在距离广州市不远的潮州市，另一人在距离较远的安徽省，靠近宣城市的位置。在小丽的这条朋友圈里，无论是小丽发的朋友圈的内容，还是室友的点赞和评论，都洋溢着暖暖的室友情。小丽谈起放假后室友间位置共享的习惯时说：

"这是我们宿舍在放暑假和寒假时的一个经常性行为。一般回家过年或者放假之后，大家都离得远，很少能见面。特别是过年的时候，我们会选择一个时间视频一下，四个人全部开视频画面，看看对方，看看环境，然后就在那儿各种聊。我们在宿舍里讨论过，毕业后，很可能大家去的地方都不一样，很容易失联。还是要有一个约定，彼此之间的感情不会因为距离而改变。"

视频通话成为小丽及其室友之间在放假期间保持联系、交流感情的

[①] 此内容源自访谈对象小丽。

一种重要途径。小丽说:"每次我们视频通话后都会开个位置共享,看一下在地图上我们的距离有多远,主要是因为有个室友是安徽省的,其他三个都是大广东的。"

小丽说,在视频通话的过程中,距离感并没有表现得特别明显。唯一能够表现距离感的大概是气候,因为广东这边的人还穿着短袖,树木郁郁葱葱的,安徽那边的人穿着羽绒服,树木光秃秃的。开启位置共享之后,小丽说:"那种感觉很神奇,就觉得在安徽的室友一个人孤零零的,在距离我们很远的地方,有一点心疼她。"这种神奇的感觉,"在视频通话的过程中是没有的,没有觉得谁距离谁比较远,没有距离的概念"。

对于小丽而言,开启位置共享还有另外一个目的,即截图发朋友圈。小丽说:"每通话一次,截一次图,留个纪念。有时我们身处的位置不一样,每次都有不同的体验。"

第四节 他者凝视与隐私战术:LBSN 用户的位置隐私

一、位置隐私:概念、成因与悖论

LBSN在激发人们别样的社会交往的同时,也为人们带来了隐私方面的问题,尤其是位置隐私的问题[1]。位置信息是个体隐私的重要组成部分。隐私保护问题是当前国外学者研究社交网络位置分享的主要话题之一[2]。雷恩斯-高狄(Raynes-Goldie)在研究Facebook中的隐私问题时,将隐私分为两种类别:一种是机构化的隐私(institutional privacy),一种是

---

[1] de Souza e Silva A, Frith J. Locational privacy in public spaces: media discourses on location-aware mobile technologies[J]. Communication, Culture & Critique, 2010, 3(4): 503-525.
[2] 邓胜利,林艳青,付少雄.国外社交网络位置信息分享研究述评[J].情报资料工作,2018,2: 5-12.

社交化的隐私(social privacy)①。弗里特借用这种分类,将位置隐私分为两大类：机构化位置隐私和社交化位置隐私。前者主要指政府、公司机构对于用户位置信息的收集,后者主要指其他社会个体在位置分享过程中产生的隐私问题。弗里特认为,相较于机构化位置隐私,人们更加关注社交化位置隐私。以Foursquare为例,人们更关注什么人能够看到关于签到的什么内容,以及如何控制能够获知这些位置信息的朋友列表,而不是Foursquare如何利用用户的位置信息②。本研究在田野过程中也发现了同样的现象。

"人际互动的隐私问题与对印象管理的渴望(也称自我表露)有关,即试着给别人留下一个恰当的印象。"③在面对面交往中,按照戈夫曼的理论,隐私属于后台的东西,当后台的东西被动地呈现在前台时,就出现了印象管理的问题。这可以说是面对面交往过程中隐私问题产生的重要原因。"表演者往往会隐瞒那些与他的理想自我及理想化表演不一致的活动、事实和动机。"④保护隐私是印象管理的一个重要面向。保护隐私的一个重要措施是"观众隔离"。通过隔离,合适的观众被置于"舞台"下,不合适的观众被排除在"舞台"之外。因此,在面对面交往的过程中,"隔离观众是前台控制的一种措施……如果隔离观众失败,局外人无意间看到了不是针对他的表演,印象管理就会出现问题"⑤。换言之,面对面交往中印象管理的失控是隐私问题产生的重要原因,保护隐私的重要措施是对观众进行隔离。

前文将位置共享行为分一对一的目的驱动的和一对多的社交驱动的两种类型。在一对一的位置共享中,目标受众是明确的,位置信息的披露

---

① Raynes-Goldie K. Aliases, creeping, and wall cleaning: understanding privacy in the age of Facebook[J]. First Monday, 2010, 15(1).
② Frith J. Smartphones as locative media[M]. Cambridge: Polity Press, 2015: 123.
③ Patil S, Norcie G, Kapadia A, et al. Reasons, rewards, regrets: Privacy considerations in location sharing as an interactive practices[C]//Proceedings of the eighth symposium on usable privacy and security, 2012: 1–15.
④ [美]欧文·戈夫曼.日常生活中的自我呈现[M].冯钢,译.北京：北京大学出版社,2016: 39.
⑤ [美]欧文·戈夫曼.日常生活中的自我呈现[M].冯钢,译.北京：北京大学出版社,2016: 116-117.

基本上是一种主动的行为（或者说至少不是泄露出去的），因此，这类位置共享行为中一般不存在位置隐私的问题。既然一对多的社交驱动的位置共享是一种主动的位置信息披露行为，那么为什么会产生位置隐私的问题呢？原因还是在于"观众隔离"。需要注意的是，在面对面交往中，隔离是通过有边界的物理空间实现的。在LBSN中，这种隔离其实是信息流的控制问题，或者说是"分组可见"的问题。尼森鲍姆（Nissenbaum）假设有两种规范支配着潜在的私人信息：适当性规范和信息流规范。这两种规范共同构成了语境完整性的概念。当信息共享超出预期的规范时，语境就会被破坏，从而导致隐私受到损害[1]。因此，帕蒂尔（Patil）等认为，"在印象管理方面的失败尝试可以被视为对语境完整性的侵犯"[2]。旺特（Want）等发现，Facebook上出现隐私泄露，大都因为针对某一社交圈子的消息被泄露给其他群体，造成预期受众与实际受众之间的不匹配[3]。在这里，社交媒体中隐私泄露的一个重要原因就是针对某一群体的信息暴露在其他群体面前。"暴露个人位置信息的可能性会导致对隐私的严重担忧，尤其是当被定位者对访问位置信息的人没有明显的控制权时。"[4]LBSN中位置隐私问题的出现大概也是这个原因。

"传播隐私管理是一个辩证的理论，这意味着人们既需要（自治权的）保护，又需要分享（社会互动）。"[5]LBSN中也存在这种"隐私悖论"，即用户既关注隐私问题，又热衷于分享私密的个人信息。中国关注社交媒体中位置隐私的学者主要集中在信息科学领域，大部分学者已经充分认识到保护用户位置隐私的重要性，希望推进位置隐私保护技术的发展[6]。

---

[1] Nissenbaum H. Privacy as contextual integrity[J]. Washington Law Review, 2004, 79(1): 119-157.
[2] Patil S, Norcie G, Kapadia A, et al. Reasons, rewardsregrets: privacy considerations in location sharing as an interactive practice[C]. Proceedings of the 8th symposium on usable privacy and security, 2012: 1-15.
[3] Want R, Hopper A, Falc~ao V, Gibbons J. The active badge location system[C/OL]. ACM transactions on information systems (TOIS), 1992, 10(1): 91-102. 2020-03-15. https://dl.acm.org/doi/10.1145/128756.128759.
[4][5] de Souza e Silva, Frith J. Locational privacy in public spaces: media discourses on location-aware mobile technologies[J]. Communication, Culture & Critique, 2010, 3(4): 503-525.
[6] 王宇航,张宏莉.基于利益最大化的位置隐私保护技术研究[J].智能计算机与应用,2020,10(1):240-244.王光辉.物联网定位中的隐私保护与精确性研究[D].南京:南京邮电大学,2019.

社会科学领域的学者对于这一问题鲜有关注。从国外现有的关于定位媒介与位置隐私的研究来看，有学者认为用户出于隐私顾虑而不愿意在社交网络中分享位置信息①；有学者认为社交网络"隐私悖论"的存在使得信息披露并非总与隐私关注度呈负相关关系②；有研究探讨了隐私顾虑对社交网络的潜在影响，发现隐私顾虑对自我披露行为几乎没有影响，并且当需要用户提供某些敏感信息时，用户信息披露的意愿是最重要的决定因素③；还有学者认为用户对隐私的担忧程度取决于信息分享的敏感度④，例如在社交网络上有更多分享经历、能够在社交网络使用中获取更多社会利益的用户，对隐私表现出更强的敏感度⑤。

上述研究为探讨位置隐私提供了重要的借鉴。但位置隐私的问题远比上述结论更为复杂。正如弗里特所言，与人们之间分享的其他信息一样，位置信息并不能简单地被划分为私人的或者公共的⑥。因为隐私是与社交的情景相关联的。这些信息既不是绝对的私人，也不是绝对的公共。社交位置信息可以被看作一种不同社交环境协商的概念。在一定的时间、一定的环境中，人们想与社交网络中的成员分享位置信息。但这并不意味着他们想让每位成员知道他们的位置，也不意味着他们不关心自己的位置隐私。本节重点关注社交化的位置隐私，包括两个问题：LBSN带来了什么位置隐私问题；在面对这些问题的时候，人们采取何种战术来

---

① Noulas A, Scellato S, Mascolo C. An empirical study of geographic user activity patterns in Foursquare[C]. Proceedings of the fifth international AAAI conference on weblogs and social media, 2011, 5(1): 570-573.

② Christofides E, Muise A, Desmarais S. Information disclosure and control on Facebook: are they two sides of the same coin or two different processes?[J]. Cyberpsychology & Behavior, 2009, 12(3): 341-345.

③ Taddicken M. The "privacy paradox" in the social web: the impact of privacy concerns, individual characteristics, and the perceived social relevance on different forms of self-disclosure[J]. Journal of Computer-Mediated Communication, 2014, 19(2): 248-273.

④ Kim H S. What drives you to check in on Facebook? Motivations, privacy concerns, and mobile phone involvement for location-based information sharing[J]. Computers in Human Behavior, 2016, 54(7): 397-406.

⑤ Chang C W, Heo J. Visiting theories that predict college students' self-disclosure on Facebook[J]. Computers in Human Behavior, 2014, 30(1): 79-86.

⑥ Frith J. Smartphones as locative media[M]. Cambridge: Polity Press, 2015: 123.

保护自己的位置隐私。

二、他者凝视：定位空间中社交化的位置隐私

精神诊疗学的凝视、医学的凝视和全景敞视主义的监视始终是福柯凝视理论关注的重要概念。在福柯的著述中，视觉、空间、权力始终是他关注的目标[①]。福柯的凝视可以被视为一种观看方式，是视觉的主体施加于客体的一种行为。凝视是对可见物的凝视，也是对不可见物的凝视。不可见物也具有可见性[②]。在现代社会，凝视的技术愈加丰富多样，每个人都在凝视，同时被凝视。在福柯的"全景监狱"中，监视是基于有形的建筑的。"互联网的出现让这种依托物理结构的监视工具'流动'起来。"鲍曼和里昂称之为一种液态监视。"此时'老大哥'走下瞭望塔，走出全景监狱，闪身隐没进了无人能够把握的信息洪流中，监视行为便也随着信息的流动暗自涌向了人们所及的各个场合、各个角落，并因此出现了所谓的'液态监视'。"在此液态监视中，"监视主体不再仅仅是传统的权力机关，而是呈现出一种弥散的状态"[③]。在社交媒体中，这种弥散的状态更为明显，LBSN中也是如此，只不过这种状态下的隐私问题更加复杂化了。

在自我披露的过程中，根据披露者的主观意愿，自我披露的行为大致可以分为自愿披露、非自愿披露和无意中披露三种。自愿披露是一种主动的信息披露行为，披露者大致知道信息披露的对象范围，以及对信息披露的后果有过相关考量。非自愿披露指在第三方的压力之下不得不进行的信息披露。在这类自我披露中，信息披露的对象较为明确，披露者对于披露的信息及其后果也有着事先的考量。在无意中披露里，披露者或者

---

① [法]米歇尔·福柯.规训与惩罚[M].刘北成，杨远婴，译.北京：生活·读书·新知三联书店，2003.
② 朱晓兰."凝视"理论研究[D].南京：南京大学，2011.
③ 董晨宇，丁依然.社交媒介中的"液态监视"与隐私让渡[J].新闻与写作，2019（4）：51-56.

对于披露的信息事先不知情（如无意中附带的信息），或者对于信息的披露对象不清楚，让不该看到该信息的人看到了信息。

社交媒体中的信息披露一般是一种主动的信息披露行为，信息披露或是为了塑造某种自我形象，或是为了其他社交。如上文所说，社交媒体中群体成员之间的边界因为物理空间的消失而垮塌，成为一种液态的弥漫状态。但信息一般具有群体指向性，对某一群体公开的信息可能对于另一群体来说就属于隐私的范畴。LBSN中的位置信息也是如此。位置信息的隐私属性在社交媒体中具有群体的区分。群体的区隔是一个重要话题，也是位置隐私产生的重要原因。

在LBSN中，有时候不但朋友能够看到用户发的定位，而且其他陌生人也能看到（尤其是在微博这样的陌生人的社交软件中）。这可能给用户带来不必要的麻烦。朱同学就遇到过一件与此相关的令她后怕的事情。

2018年4月28日，周末，没课，朱同学在宿舍宅了一天。晚上，朱同学决定出去走走，并打算顺便去距离学校不远的一家电影院看一场电影。在等待进放映厅的空隙，朱同学发了一条微博，定位影院所在的商场，还拍了一张电影票。这条微博的定位及电影票的相关信息，完全暴露了朱同学的具体位置。电影开始没多久，有个男生坐到朱同学旁边的空位上，看电影的过程中还给哭得稀里哗啦的朱同学递纸巾。朱同学觉得很奇怪，心想他是不是认识自己。但因为注意力在电影的情节上，朱同学没有多想。看完电影回到宿舍，朱同学打开微博，发现她微博里的一个好友也发了一张电影票，竟然是朱同学隔壁的位置。这个男生还私信给朱同学说，电影院有点冷，下次记得带外套。朱同学说："后来才知道，他家就在附近，还是本地人。他是看到我发的定位和电影票的具体位置后才买的票，故意坐我身边。我那时候真的有点不是很开心，有点害怕。"

朋友圈中的打卡也是社交媒体中位置隐私的重要组成部分。朋友圈中的内容（包括打卡的位置信息）在用户进行自我呈现的过程中具有群体的指向性。多数用户在朋友圈中打卡时都会关注到"分组可见"的问题。但有时候用户发朋友圈可能"稍不留神""手滑点错",就会产生位置隐私的问题。小娜、朱同学、赵老师都遇到过类似情况:

"高三的时候,我的压力特别大。有一次,刚考完数学,考得不是很好,我心里很崩溃,实在受不了了,就翘课去了学校附近的阳台山的山顶。我坐在那里看周围的风景的时候发了一条动态:'这里的人好热闹!但是我心里好崩溃!'还定位那个地点。后来,我发现发定位地点的时候忘记屏蔽父母了。我立马删了那条朋友圈,重新屏蔽了一下,又发了一次……就觉得有些事情不太想让别人知道,就会屏蔽他们。"(小娜)

"记得大一下半学期,有一次我们管理学结课了,这周的课都上完了。我家就是本地的,我好久没回家了,就想着回家吧。在回遂溪的大巴车上,我发了一个自拍,还定位在遂溪。没过多久,辅导员就在下面评论,问我是不是回家,请假了吗?吓得我……我为了挽回局面,回复他说自己以为没课就可以自由安排了。他说时刻都要遵守学校的规章制度,下次回家要跟他报备,还要我明天准时回来上课。我那次就忘了辅导员能看见我朋友圈这件事了!"(朱同学)

"我们学院那段时间换了新的领导,管理挺严的,出差或者外出的话要跟系领导和院领导报备。我觉得挺麻烦的。那时候我的一个同学结婚,我要去参加她的婚礼,就到了贵阳几天,还发了一个相关的朋友圈,发了定位,就是想告诉我的同学们,我来参加婚礼了。但后来系主任私信我,问我在哪儿,还说下不为例,要是让学院领导知道就不好了。我记得之前是屏蔽了领导的,但是貌似系主任没屏蔽成功。这太可怕了。我立马重新屏蔽了一遍!"(赵老师)

三、隐私战术：定位空间中位置隐私的协商

在强制性被凝视中，位置信息成为权力机构凝视的对象，反映出权力机构的一种"霸权"①。在自愿性被凝视中，分享者在分享位置信息时经历过"隐私悖论"的拷问，即或多或少考虑过位置信息的披露会给自身带来的隐私威胁。在这一情境中，对位置隐私最具威胁性的是"谁能够凝视"。不该看到位置信息的人看到位置信息后就会产生位置隐私的问题。因此，在自愿性被凝视中，隐私问题的核心是位置信息接收者范围的控制问题。

在位置信息分享的日常实践中，用户会采取多种多样的战术来避免位置隐私的问题，从而解决LBSN中的"隐私悖论"。例如，"在某些情况下，出于安全考虑，人们会在离开一个地点之前进行登记——留下一条'错误的线索'，并避免潜在的跟踪者"②。弗里特发现，Foursquare用户会采取如下措施来规避隐私问题：控制信息的访问权限；在网络中使用别名，不使用真实姓名；选择在离开某地的时候签到；在附近的地点签到，而不是在真实的地点签到③。本研究的田野对象也会采取多样化的战术来解决位置隐私问题。

针对强制性被凝视，人们会使用一些APP（如伪装地理位置、天下游等）进行虚拟定位，从而达到更改地理位置的目的；人机分离，让其他前往定位位置的人携带自己的手机，自己不用亲身前往；手动篡改地理位置信息，如在微信中发送实时位置"挪动"定位点。

在自愿性被凝视中，人们经常采取的战术包括：控制接收位置信息的群体，例如在微信朋友圈中，人们经常会对朋友进行分组，在分享位置

---

① 如上文在讨论自我追踪时提及的校园跑。
② Lindqvist J, Cranshaw J, Wiese J, Hong J, Zimmerman J. I'm the mayor of my house: examining why people use Foursquare — a social-driven location sharing application[C]. Proceedings of the SIGCHI conference on human factors in computing systems, 2011: 2409–2418.
③ Frith J. Smartphones as locative media[M]. Cambridge: Polity Press, 2015: 126.

信息时选择"对谁可见"或者"对谁不可见";通过更改位置类APP进行虚拟定位;延迟分享位置信息,即离开某地时或者离开某地一段时间后再进行位置分享;在所在地点的附近打卡,不透露真实的位置信息。

(一)"不发定位"

保罗·莱文森(Paul Levinson)认为,在Foursquare中"播报你所处的位置可能会损害你的隐私"。但与此同时,"你可以用一些策略,限制你在Foursquare签到时不想要的偶遇。……首先,如果你不想世界上的任何人知道你的所在,那就不要签到"[①]。为了保护位置隐私,不在社交媒体上发定位,是一种较为极端的保护位置隐私的手段。上文提到的小娜也很注意自己的位置信息,她说这主要是出于安全的考虑。上大学之前,父母、家里的兄长和姐姐都提醒过她,不要随意发自己的位置。小娜说:

> "我毕竟是女生,虽然学过一些防身的招数,但还是怕危险。为了从根源上杜绝这样的威胁,干脆不要发位置信息。我觉得位置也属于隐私,就尽量不要往外传,无论是对于男生还是对于女生,都是件挺危险的事情。"

(二)"延时定位"

保罗·莱文森在谈及自己的打卡经验时说:"无论如何,若要签到,我都是在已经买单、即将离开时,比如在餐馆吃饭时就等到临走时才签到。……离开时才签到可以限制你暴露的可能性。"[②]

在即将离开某个位置时打卡,也是一种保护位置隐私的措施。打卡完毕,打卡者的身体即将离开打卡地,身体、空间、网络的混杂已经成为过去式。这会减少很多麻烦。

[①][②] [美]保罗·莱文森.新新媒介(第二版)[M].何道宽,译.上海:复旦大学出版社,2014:150,151.

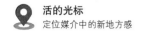
活的光标
定位媒介中的新地方感

小娜说,有时候很想发定位,就会发模糊的、不是非常具体的定位,除此之外一般会采取延时定位的措施。

"我在海滨校区上课,平时很少有机会去主校区(湖光校区)。第一次去主校区的时候我很兴奋,想给父母发个定位,说我在主校区这边。我就发了一个'主校·钟海楼'的定位。其实我并不是在钟海楼里面,只是经过钟海楼,在楼下发完朋友圈就走了。有朋友看到这条朋友圈,评论说他们看到我在钟海楼的定位就很疑惑,问我在哪一层,说要出来喝茶。但我人走了,定位是在那里站着的时候发的。"

小娜出去旅游也习惯打卡,都是在即将离开旅游地的时候。小娜说:"定位表示我经过这里,我现在走了,算是一个纪念性的东西,纪念我来过这里。"

(三)"分组可见"

为了保护位置隐私,大多数人在打卡时会采取"分组可见"的举措。分组可见是朋友圈自我呈现的主要手段之一。通过分组可见,信息发布者制造了一种信息区隔,从而达到印象管理的目的。

"我觉得涉及隐私时,一般会设仅谁可见或者设分组之类。为了防止没见过面的人里面出现一些会对我做不好事情的情况,我一般会选择屏蔽他们,或者设置分组,仅几个人可见。我觉得还是出于安全的考虑吧,再加上自己有些黑历史不想让人家看见,就会屏蔽一些人。"(小娜)

(四)"屏蔽不想给看的人"

社交媒体中管理隐私的一种常用办法是"添加好友、删除好友和屏蔽好友"[1]。与分组可见相关的另一种位置隐私保护策略是"屏蔽不想给看的人"。朱同学说,在微信里发朋友圈,有时候会屏蔽家人。

> "有一次,我定位了赤坎,然后感觉好像不对,我家人以为我有课,又觉得我逃课出来玩,我要赶紧屏蔽他们。"

除了家人之外,朱同学还会屏蔽老师、辅导员,因为辅导员知道她没请假就回家的事情让她心有余悸。朱同学说:

> "我们辅导员、管理老师、运动生理学老师、我以前高中英语老师、班主任……我会打一个标签——'老师们'。我出去玩的那些内容,一般都不会给他们看。那些比赛赢了什么的,还是让他们看一下,说明我还是很努力的。"

(五)"虚假定位"

虚假定位也是保护位置隐私的一种措施。例如,在微信发送实时位置时,用户可以随意挪动定位的地址,然后发送给好友。飞仔为了逃避社交就曾这样做:

> "有一次,几个朋友约我去喝酒。那段时间应酬太多了,我不太想去。我就给他们发实时位置,发的是我单位的位置。我说我在加班,去不了……这个发送实时位置可以改嘛,他们可能也知道,但是也算是一种拒绝人的方式吧。"

现在有很多通过地理位置打卡来考勤的软件,如钉钉等。针对这种考勤方式,人们会通过虚拟定位软件等来应对。在百度输入"如何修改

---

[1] [美]帕维卡·谢尔顿.社交媒体:原理与应用[M].张振维,译.上海:复旦大学出版社,2018:108.

活的光标
定位媒介中的新地方感

手机定位考勤",检索后会出现很多诸如"手机改定位神器!躺着在家打卡,还能刷步数!""3秒修改定位打卡软件位置 考勤定位破解原来如此简单"等网页。

本 章 小 结

人际关系是地方和地方感的重要组成部分。作为一种地理媒介,LBSN凸显了地方空间在数字时代的重要性。赛博空间中的交往并不是独立于物理空间的,而是与物理空间相互交织的。其中,地方物理空间作为开启线上交往的一个重要前提,在数字时代的交往中依然有其存在的价值。由LBSN激发的社会交往行为,既包括熟人间的社会交往,也包括陌生人间的交往;既能够促进亲密关系的进一步发展,也为城市的公共交往提供了可能性。在定位打卡的过程中,用户有诸多社交动机,比如"告诉朋友我的位置""让朋友找我玩儿""开玩笑""炫耀"等。同时,打卡用户也会顾虑到社交媒体中的印象管理问题,选择性地呈现相关位置信息,进而塑造一种地方化自我。在位置共享和发送实时位置中,人们可以借助定位空间来协调日常生活,如在"'陌生'空间相遇"。远距离的人也可以借此彼此"守望",可以是好友间、恋人间天涯咫尺的相思,也可以是"老婆查岗"的"监视"。在blued、陌陌等陌生人的社交软件中,城市中的陌生人基于LBSN展开了公共交往活动,为一些群体的相识、相知提供了新的可能性。

第五章
记忆地方：活的光标的移动轨迹与地方叙事

"手机中的定位功能除了用来导航、跑步、社交之外，还有什么功能是你觉得比较好用的？"（笔者）

"我觉得足迹记录也是一个比较有意思的点。我经常会在年终或者隔一段时间，看一下我在百度地图中的足迹，用来回顾我这一年去过哪些地方，哪些地方去得比较频繁，还会回忆我当时去这些地方干什么。"（李涛）

李涛说的足迹记录功能，是百度地图等数字地图平台中的一个功能。在百度地图个人中心界面点击"我的足迹"后，用户能够看到自己借助定位功能到过的地方（前提是要注册登录并允许百度地图记录足迹）。缩小地图，用户可以看到自己去过哪些省份。放大地图，用户可以查看更加具体的范围。

在数字时代，移动技术不仅全方位嵌入人们对地方物理空间的理解中，还成为地方记忆的有机组成部分。在"我的足迹"中，数字地图成为一种记忆技术。地图中的数字轨迹记录了身体的驻足与移动。活的光标缀点成线，讲述着身体空间移动的故事，构成了移动数字时代一种独特的数字记忆。

麦子的方向感极差。大二时，麦子从海滨校区搬到占地面积4 000多亩的湖光校区。初来乍到，麦子对这里的一切都不是很熟悉，上课的地方、取快递的地方、交电费的地方……都要慢慢摸索。这个过程麦子用了三个月。这期间,她自己一个人出去时几乎都得用百度地图。麦子说:"都快期末了我才没有用百度地图。一开始从西区我们宿舍去主楼上课都得用百度导航,要走半个小时。"搬到湖光校区的前三个月,麦子借助百度地图,慢慢地对这个物理空间从陌生到熟悉。这也是地方记忆不断丰满的过程。

地方记忆是基于定位媒介的地方实践的又一个重要面向,也是本章试图探讨的问题。借助斯蒂格勒(Stiegler)关于三重记忆的论述,本章具体讨论了以数字地图为代表的定位媒介(作为私人或公共的第三记忆)如何嵌入个体关于地方的第一记忆和第二记忆,以及以"世界迷雾""相册地图"为代表的定位应用如何构成了用户关于地方的第三记忆。

第一节 地方与记忆

一、媒介化记忆

按照记忆与身体之间的关系,个体的记忆大致可以分为两种类型:一种是体内化的记忆,存在于人脑中,是人的主观记忆;另一种是体外化的记忆,是将个体经验体外化,以某种形式储存在一定的载体之中。结绳记事就是后者。前者被斯蒂格勒称为天然记忆,后者被称为人工记忆。在斯蒂格勒看来,记忆"一开始就具有技术的特点",与记忆科技("指的是用大规模技术系统或技术网络手段来组织记忆")相关。"从电视机、电话,到电脑、GPS导航系统,我们从未中断过与各种记忆科技设施的关系。我们越来越多地把自己的记忆委托给这些认知技术。"[1]体外化的记忆是一个中介化的、与媒介技术密切相关的过程。"媒介技术并不是内容或表

---

[1] [法]贝尔纳·斯蒂格勒.记忆[M]//[美]W. J. T.米歇尔,[美]马克·B. N.汉森.媒介研究批评术语集.肖腊梅,胡晓华,译.南京:南京大学出版社,2019:59-62.

征的被动传递者,而是积极地介入了对档案甚至其使用者的建构之中。"①在记忆符号化的过程中,从结绳记事到岩画、石刻,从手写文字到印刷文字,再到数字化的图片、音频、视频,体外化的记忆随着媒介技术的演化不断丰富起来。

正如霍斯金斯(Hoskins)所言,记忆生态与媒介生态相互依存②。媒介技术的不断更新促进了记忆生态的变化。随着书写文字和书写载体的发展,记忆通过文字、纸张等形式被外化。在人类步入电子时代之后,先是录像带、唱片机等模拟存储丰富了记忆的保存类型,后是数字网络技术通过"数字记忆扩展语义记忆和情景记忆"③。网络数字技术改变了人类记忆的生产、存储、检索、加工,促使个体记忆和集体记忆发生"数字转向"④。当下,"随着智能设备不断便携化,记忆数字化成为人向赛博格乃至后人类发展的关键一步"⑤。"记忆的工业化正是通过模拟和数字技术得以彻底实现。这些技术随着程序工业中所有最新生物技术的发展而日趋完善。"⑥斯蒂格勒描述了这种"补余"的过程:"记忆在摆脱遗传记录的基础上继续自己的解放进程,同时也留下了裂变的烙印,这些烙印留在石块、墙壁、书本、机器、玉石等一切形式的载体之上。远可推至文身,近则有已器具化的遗传记忆,记忆先是被无机化——或者说非能动化,然后又被重新有机化、被操作、储存、理性化,它经过电脑工业的全息记忆阶段,最终被我们称作'生物技术'的生命工程所开发利用。"⑦

---

① [英]尼古拉斯·盖恩,[英]戴维·比尔.新媒介:关键概念[M].刘君,周竞男,译.上海:复旦大学出版社,2015:71.
② Hoskins A. Memory ecologies[J]. Memory Studies, 2016, 9(3): 348-357.
③ [美]戈登·贝尔,吉姆·戈梅尔.全面回忆:改变未来的个人大数据[M].漆犇,译.杭州:浙江人民出版社,2014.
④ van Dijck J. Memory matters in the digital age[J]. Configurations, 2004, 12(3): 349-373.
⑤ 赵培.数字记忆的困境——基于斯蒂格勒技术观对数字记忆的反思[J].自然辩证法通讯,2022,44(8):43-50.
⑥ [法]贝尔纳·斯蒂格勒.技术与时间2.迷失方向[M].赵和平,印螺,译.南京:译林出版社,2010:3.
⑦ [法]贝尔纳·斯蒂格勒.技术与时间1.爱比米修斯的过失[M].裴程,译.南京:译林出版社,2019:183-184.

在当下移动数字场景中，个体的记忆以数字化的形式存在于数字设备中，数量是空前的。正如布劳沃（Brouwer）和穆尔德（Mulder）所说，"我们不是生活在一个使用数字档案的社会，而是生活在一个作为数字档案的信息社会"①。盖恩和比尔认为，在网络中，"当人们记录和分享他们的日常生活时，平凡和例行公事就会进入数字化的档案"。当下，手机视频、数字照片等数字化的档案形式几乎覆盖了我们的日常生活②。数字媒体所激发的记忆实践被加尔德-汉森（Garde-Hansen）、霍斯金斯（Hoskins）和雷丁（Reading）称为"新的记忆生态"③。霍斯金斯（Hoskins）认为，记忆正在经历一个中介化的过程，数字媒体技术已经嵌入记忆的生产及其伴随的社会技术实践中④。

在谈到中介化记忆（mediated memories）时，范·迪克（van Dijck）说："像许多出生于20世纪50年代和60年代的人一样，我拥有一个鞋盒，里面有各种标志着我个人过去的物品：照片、信件、日记等等。在几十年的时间里，它所珍视的内容有了很大的扩展。再加上我收集的录音内容（录有音乐的录音带和录有电影和电视节目的录像带），我可以轻易地把我的'媒介记忆'装满一个大箱子。许多人利用媒体技术——从书写工具到数码相机的一切，来铭刻、记录、存储和回忆个人经历。我们通常珍惜我们的媒介记忆，作为我们自传和文化身份的形成部分；积累的项目通常反映了个人在一个历史时间框架中的塑造。除了具有个人价值，媒介记忆的收藏也是有趣的文化分析对象。"⑤

范·迪克主张将媒体技术理解为一种记忆技术，认为中介化记忆在

---

① Brouwer J, Mulder A. Information is alive[M]//Brouwer J, Mulder A, et al, eds. Information is alive: art and theory on archiving and retrieving data. Rotterdam: NAi Publishers, 2003: 4-7.
② ［英］尼古拉斯·盖恩，［英］戴维·比尔.新媒介：关键概念［M］.刘君，周竞男，译.上海：复旦大学出版社，2015：72-73.
③ Garde-Hansen J, Hoskins A, Reading A, eds. Save as ... digital memories[M]. New York: Palgrave Macmillan, 2009: 49.
④ Hoskins A. The mediatisation of memory[M]//Garde-Hansen J, Hoskins A, Reading A, eds. Save as ... digital memories. New York: Palgrave Macmillan, 2009: 27-43.
⑤ van Dijck J. Mediated memories: personal cultural memory as object of cultural analysis[J]. Continuum, 2004, 18(2): 261-277.

个人和集体身份的建构中发挥着重要作用。通过中介化记忆，人们理解自己的生活及其与他人生活的联系①。相较于集体记忆的宏大叙事，这种"记忆的微光"对于个体身份的建构和抵抗建构论的集体记忆意义重大②。以自传式记忆为例，库恩（Kuhn）认为，个体记忆对于个人身份建构发挥了重要作用③。铭刻、分享和后来回忆一个事件的活动，都是试图在时间上冻结和储存一个特定的经验。记忆工作涉及一系列复杂的递归活动。这些活动塑造了我们的内心世界，使我们能够理解我们周围的世界，并在自我与他人之间构建一个连续性的概念。

二、定位媒介与地方记忆

地方是一个空间问题，也是一个时间问题。社会过程不仅与当下的地方实践相关，也与过去的地方经验相关。"地方与记忆似乎无可避免地会纠结在一起。"克雷斯韦尔（Cresswell）认为，"记忆具有社会性"，"地方有能耐使过往于今日复生，从而促进社会记忆的生产与再生产"。例如，人们将对于历史的选择，通过纪念碑、博物馆等方式强加于空间之上，进而塑造某种关于地方的公共记忆或公共经验。被凸显的历史经验塑造了地方，同时，地方也铭记了某种历史经验。地方与记忆在这个层面是相互纠缠在一起的。关于地方的"哪些记忆得到宣扬，哪些却根本不再是记忆的问题，是个政治的问题"④。但从个体的经验层面来看，地方也是一个日常生活的问题。在此，地方记忆成为通达社会记忆的一种方式，促进了社会记忆的生产与再生产，社会记忆通过地方记忆的形式得以呈现。

---

① van Dijck J. Mediated memories: personal cultural memory as object of cultural analysis[J]. Continuum, 2004, 18(2): 261-277.
② 刘亚秋.记忆的微光的社会学分析——兼评阿莱达·阿斯曼的文化记忆理论［J］.社会发展研究，2017,4（4）：1-27,237.
③ Kuhn A. A journey through memory[M]//Radstone S, eds. Memory and methodology. New York: Routledge, 2020: 179-196.
④ ［美］Tim Cresswell.地方：记忆、想象与认同［M］.王志弘，徐苔玲，译.台北：群学出版有限公司，2006：138,140,144.

人类记忆的内容纷繁复杂，人、事、物等诸般景象皆可作为记忆。地点也是记忆的重要组成部分。地方与记忆的关系既可以在宏观的社会层面来考察（比如地方与社会记忆），也可以在微观的个体层面进行分析（比如"我记忆中的地方"）。移动数字技术让人们能够在移动的过程中记录一些日常细节。在数字时代，地方经验越来越与数字媒介相关，人们越来越多地通过数字媒介经验地方。空间、身体、经验、地方等因素经由数字技术的中介而相互交织在一起。正如斯平尼（Spinney）所说，地方经验仰赖于人们在其中的方式，尤其是感知环境的方式。这种方式不仅包括身体的直接感知，还包括被媒介技术（尤其是移动技术）中介的感知[①]。在电子媒介时代，人们的地方感并没有因为"信息可以跨越围墙"而消失[②]。相反，"通过电子媒体的使用实践，地方瞬间多元化"[③]。随着媒体城市与赛博格的出现，地方经验在数字时代有了一种新的发展。

定位媒介也是一种"记忆科技"。更具体地说，是关于物理空间的一种"记忆科技"。弗里特（Frith）和卡林（Kalin）认为，定位媒介影响了记忆与地方之间的关系，比如 Foursquare 和 MyTracks 等位置应用，便"代表了数字记忆的新实践"[④]。奥斯库（Özkul）和汉弗莱斯（Humphreys）也认为，地理标签、打卡等位置应用给人们提供了一种记录位置信息的新方法。"这能够使我们在未来回忆起我们来自哪儿、过去如何。这可能是有意为之，也可能是技术的自动保存。这些位置信息展示了地方不同面向的内容，因此是一种关于地方和自我的叙事。"这种自我的位置叙事营造了一种"怀旧的地方感"[⑤]。

段义孚在谈论空间与地方的关系时说："如果我们认为空间是允许运

[①] Spinney J. Cycling the city: non-place and the sensory construction of meaning in a mobile practice[M]//Horton D, Rosen P, Cox P. Cycling and society. Aldershot: Ashgate, 2007: 25-46.
[②] ［美］约书亚·梅罗维茨.消失的地域：电子媒介对社会行为的影响［M］.肖志军，译.北京：清华大学出版社，2002：Ⅵ.
[③] Cornelio G S, Ardévol E. Practices of place-making through locative media artworks[J]. Communications, 2011, 36(3): 313-333.
[④] Frith J, Kalin J. Here, I used to be: mobile media and practices of place-based digital memory[J]. Space and Culture, 2015, 19(1): 43-55.
[⑤] Özkul D, Humphreys L. Record and remember: memory and meaning-making practices through mobile media[J]. Mobile Media & Communication, 2015, 3(3): 351-365.

动的,那么地方就是暂停的。在运动中的每一个暂停都使区位可能被转换为地方。"① 从这个意义上讲,地方经验的生产与暂停相关联,是暂停过程中的一种经验。定位媒介与移动相关联。但这并不意味着定位媒介与暂停相悖。相反,定位媒介的信息呈现正是基于暂停的,正是因为暂停,定位媒介才呈现出与某位置相关的信息。停顿可以被理解为一种特殊的运动类型。例如,打卡是一种暂停,是一种移动中的地方记忆,在此过程中,"过去引出现在,现在借鉴过去"②。再如,自我追踪使定位媒介中的每个停顿都具有意义。作为数字记忆的自我追踪,成为人们"'居住'在这个世界上的新方式"③,也成为一种地方生产的新方式。

  国外一些学者在研究定位媒介时,对这一话题也有所涉及。例如,汉弗莱斯在研究Dodgeball时认为,在区域化(parochialization)的过程中,移动社交网络让用户感觉他们居住在熟悉的环境中,产生一种"类似于当地(local)的感觉",然后影响他们的空间体验④。基于对Canal Accessible、Bio Mapping、Disappearing Places、Coffee Deposits四种定位媒介艺术品的分析,科内利奥(Cornelio)等学者认为,定位媒介提供了一种理解当下媒介化的地方生产实践的不同的方法⑤。萨克尔和埃文斯认为,"如果空间被理解为是通过使用而被建构的,那么通过允许人们以数字媒介和游戏的方式参与公共空间,Foursquare有潜力使用户产生对地方的不同理解"⑥。席尔瓦和弗里特认为,基于定位媒介的空间"阅读"和"书写"是一种新的空间的数字叙事,影响了"空间的表征",赋予了空间一种新身份⑦。弗里特以Foursquare为例,认为定位媒介用户的空间

---

① [美]段义孚.空间与地方:经验的视角[M].王志标,译.北京:中国人民大学出版社,2017: 4.
②③ Frith J, Kalin J. Here, I used to be: mobile media and practices of place-based digital memory[J]. Space and Culture, 2015, 19(1): 43–55.
④ Humphreys L, Mobile social networks and social practice: a case study of Dodgeball[J]. Journal of Computer-Mediated Communication, 2007, 13(1): 341–360.
⑤ Cornelio G S, Ardévol E. Practices of place-making through locative media artworks[J]. Communications, 2011, 36(3): 313–333.
⑥ Saker M, Evans L. Everyday life and locative play: an exploration of Foursquare and playful engagements with space and place[J]. Media, Culture & Society, 2016, 38(8): 1169–1183.
⑦ de Souza e Silva A, Frith J. Re-narrating the city through the presentation of location[M]//Farman J, ed. The mobile story: narrative practices with locative technologies. New York: Routledge, 2014: 34–49.

书写，能够被到这个位置的人看到，从而影响空间经验[1]。汉弗莱斯和廖（Liao）认为，移动地理标签服务为人们提供了一种与城市空间交互的方式。以Socialight的"sticky notes"为例，两位学者认为，关于地方的传播能够帮助人们在城市中建立一种社会的熟悉感，通过地方的传播能够帮人们建立一种基于空间的叙事和身份管理[2]。古扎多（Gazzard）认为，内置GPS的智能手机让人们在行走的过程中以新的方式审视空间，在数字时代，人们通过移动技术"重绘地方"（remapping places），人地关系也随之改变[3]。但上述研究均未从身体感知再造的角度来谈论人与光标、物理空间与数字空间混杂过程中的记忆混杂问题，即斯蒂格勒所谓的天然记忆和人工记忆混杂。这在某种程度上遮蔽了定位空间中地方记忆的多重性、动态性与交互性。

三、定位空间中的三重记忆

从记忆的时间性维度，斯蒂格勒区分了三种持留（retention）和三重记忆：第一种持留是当下感知的时间，对应于第一记忆；第二种持留是通过回忆再激活的时间，"是对已经消失的但我能够回想起来的时间物体的重新记忆"，对应于第二记忆；第三持留是能够保存和记录人的感知和回忆的技术，如乐谱、录像带等，是"已经在此"，对应于第三记忆[4]。"第三记忆是通过技术代具得以构成的后种系生成记忆，是对人的记忆有限性的补余，是对记忆的持留的物质性记录。不同于第一记忆和第二记忆，物质化的第三记忆可交流与存储。显然，数字技术属于第

---

[1] Frith J. Writing space: examining the potential of location-based composition[J]. Computers and Composition, 2015(37): 44-54.
[2] Humphreys L, Liao T. Mobile geotagging: reexamining our interactions with urban space[J]. Journal of Computer-Mediated Communication, 2011, 16(3): 407-423.
[3] Gazzard A. Location, location, location: collecting space and place in mobile media[J]. Convergence, 2011, 17(4): 405-417.
[4] ［法］贝尔纳·斯蒂格勒.技术与时间 2迷失方向[M].赵和平,印螺,译.南京：译林出版社，2010：227.

三持留，数字记忆属于第三记忆，数字化的第三记忆依靠数字化第三持留得以外在化和传播。"①

如果从斯蒂格勒三重记忆的角度来思考地方记忆，那么第一记忆是对某一地方空间的即时感知，第二记忆是事后的回忆，第三记忆是事后记录（如回忆录等）或者在第一记忆产生之际的数字记录（如照片、视频等）。第一记忆和第二记忆与身体相关联，是身体的即时感知和事后回忆，第三记忆则是体外化、代具化的，与物质技术相关联。从人机融合、身体感知再造的视角来看，技术的发展已经使第一记忆的生产被技术入侵。这在定位空间中表现得尤为突出。

定位空间中的物理空间是增强空间（augmented space）。在马诺维奇（Manovich）看来，"增强空间是覆盖动态变化信息的物理空间。这些信息很可能是多媒体形式的，并且常常针对每个用户进行本地化"。在增强空间中，以往被认为是无关紧要、"看不见"的"信息层"的重要性被凸显。其中，"空间和信息层同等重要"。马诺维奇认为，"尽管从历史上看，建筑环境几乎总是被装饰、文字（如商店招牌）和图像（壁画、图标、雕塑等）覆盖"，这也是增强空间的一种，但当下网络环境中的增强空间是一种新的类型。在举例说明网络环境与增强空间的关联时，马诺维奇提到了定位媒介。他认为，定位媒介能够将相关空间数据传递给物理空间中的人。GPS等增强空间技术"将数据空间定义为一个连续的领域，完全扩展并填充了所有的物理空间"。空间中的每个点都对应一个GPS坐标，并通过GPS接收器与信息层相关联②。基于GPS技术，物理空间和信息层形成了紧密的关联，信息层基于地理空间被组织起来，并且被输入地理空间之中。在这个过程中，地理空间既是网络空间的组织逻辑，又被网络空间组织③。这种

---

① 赵培.数字记忆的困境——基于斯蒂格勒的技术观对数字记忆的反思[J].自然辩证法通讯，2022,44(8): 43-50.
② Manovich L. The poetics of augmented space[J]. Visual Communication, 2006, 5(2): 219-240.
③ Gordon E, de Souza e Silva A. Net locality: why location matters in a networked world[M]. Malden: Wiley-Blackwell, 2011: 3, 7.

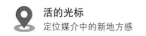

活的光标
定位媒介中的新地方感

增强空间形成了一种"地方的独特性"①,使每个位置因附加在其上的信息而变得与众不同。

增强空间意味着人经由活的光标和活的界面对地方空间的即时感知,是物理空间和数字空间的混杂。原本属于第三记忆范畴的数字空间中的信息,在这里也通过定位化的方式成为第一记忆的促因。这在基于移动地图的导航过程中表现得较为突出。此外,对于打卡签到、地理标签等空间书写行为来说,用户将第一记忆和第二记忆(有时也包括照片、视频等即时的第三记忆)以定位化的方式上传于网络空间。这些个体化的地方叙事作为第三记忆,也为第一记忆提供了对象,如受众对于地理标签的阅读。在自我追踪的过程中,定位媒介对身体移动与位置的感知,补余了第一记忆和第二记忆(因为身体在位置和轨迹感知方面有局限),生成了人的第三记忆。因此,定位空间中的地方记忆,是一种伴随着身体与技术、物理空间与数字空间边界垮塌的混杂记忆。活的光标既为身体的地方记忆提供了对象,同时也超越和补余了身体的地方记忆。

第二节　城市新住民的地方移动记忆

地图作为一种空间再现技术,也是一种重要的空间认知方式。从纸质地图到当下移动数字场景中的移动地图,随着媒介技术的进化,地图的面貌持续地发生变化。移动地图不仅仅是"再现",还是"嵌入"。如第二章所述,基于移动地图的移动具有混杂化、可见化、私人化等特征。这些特征促生了什么样的地方记忆和地方生产实践,是这部分试图回答的问题。从记忆的三重性来看,地图属于地方的第三记忆。在

---

① Farman J. Site-specificity, pervasive computing, and the reading interface[M]//Farman J, ed. The mobile story: narrative practices with locative technologies. New York: Routledge, 2014: 3-16.

定位空间中，光标与身体的交互所带来的物理空间与数字空间的交互，也是身体对于物理空间的第一记忆和地图界面中信息的第一记忆的共时性混杂过程。这生成了个体在基于移动地图的导航过程中的地方记忆和地方感。

一、移动地图、认知地图与地方记忆

基于段义孚和克雷斯韦尔的地方观，对于个体来说，地方显然是一种与个体经验密切相关的社会心理现象。但如何在研究的过程中展示这种地方的心理现象，继而将其与移动地图联系起来？这是一个重要问题。本研究通过认知地图的形式来展示个体心目中的地方，并借助日记法和深度访谈揭示认知地图背后的故事，尤其是移动地图在个体认知地图形成过程中所发挥的作用。

"由于空间行为被看作是依赖于既存信息和以往经验综合而产生决策的最终产物，因此，认知地图作为储存信息、回忆信息、使用信息的技术手段而备受注目并广为流传。"认知地图"表现了个体对某一环境知识的储存"，通常被定义为"长期储存的日常物质环境中物体与现象相关区位的信息"。不同于测绘地图，认知地图"被认为是对真实世界的一个不完整的、歪曲的、多尺度的描述"[1]。在绘制认知地图的过程中，人们对于空间的认识被外化，"知道的东西被讲述了出来"[2]。因此，认知地图可以被视为地方的第二记忆，即个体对于地方空间感知的事后回忆。在定位空间中，这种第二记忆来源于身体对于物理空间的第一记忆和身体对于导航界面中第三记忆的第一记忆的混杂。认知地图的生产过程被称为认知制图。在认知制图的过程中，"个体对其日常空间环境现象的场所信息

---

[1] ［美］雷金纳德·戈列奇，［澳］罗伯特·斯廷森.空间行为的地理学[M].柴彦威，等，译.北京：商务印书馆，2013：194,201.
[2] Ozkul O, Gauntlett D. Location media in the city: drawing maps and telling stories[M]//Farman J, ed. The mobile story: narrative practices with locative technologies. New York: Routledge, 2014: 113-127.

进行获取、存储、回忆和解码"。手绘地图是认知地图一种外在的表现方法[1]，可以被用来展示个体关于空间的自我叙事[2]。

个体对于某一空间的认知地图，"并不是客观现实本身，是真实形态以特定方式作用于受训观察者后的一种抽象表达"[3]。因此，在研究过程中，为了充分理解个体手绘的认知地图，往往需要结合深度访谈等质化研究方法，以期完整地展示认知地图所表达的内容。凯文·林奇（Kevin Lynch）在研究城市意象时所使用的方法与之类似[4]。本研究借鉴了凯文·林奇的研究方法，并根据需要进行改进。

2018年9—12月，笔者用三个多月观察了四名大一新生的地方生产实践。这四名学生在2018年9月中旬来到广东省湛江市，开始她们的大学生活。笔者关注的是，这些新到一个城市的大学生，在最初阶段如何与城市发生关联，如何经验这座城市，形成了何种地方感，这种地方感如何随着时间的迁移而改变，其背后的作用机制是什么，尤其关注定位媒介在这一过程中发挥的作用。

通过公开招募的形式，在2018级大一新生入学的第一周，笔者招募到四名大一新生[5]。随后，笔者对她们进行了简单的培训。具体安排如下：第一，以记日记的形式，记录三个月之内的出行活动，包括出行的原因、方式、有无使用移动地图、对目的地的感受；第二，每月进行一次面对面访谈，要求访谈对象按照自己的理解，画出自己心目中的湛江地图；第三，针对访谈对象所画的地图，结合访谈对象的出行日志，进行相关深度访谈，目的在于揭示访谈对象手绘地图所呈现的内容及其背后的故事（尤

---

[1] [美]雷金纳德·戈列奇，[澳]罗伯特·斯廷森.空间行为的地理学[M].柴彦威，等，译.北京：商务印书馆，2013：192，208.
[2] Ozkul O, Gauntlett D. Location media in the city: drawing maps and telling stories[M]//Farman J, ed. The mobile story: narrative practices with locative technologies. New York: Routledge, 2014: 113-127.
[3] [美]凯文·林奇.城市意象（最新校订版）[M].方益萍，何晓军，译.北京：华夏出版社，2017：110.
[4] 凯文·林奇认为，这一过程中的"基本的办公室面谈对被访者的主要要求包括：徒手绘制城市的地图，详细描述城市中的多条行程线路，列出感觉最特别或是生动的部分，并作出简要的描述"。参见[美]凯文·林奇.城市意象（最新校订版）[M].方益萍，何晓军，译.北京：华夏出版社，2017：107.
[5] 原本有11位学生同意参加此项目，但随后出于种种原因陆续退出。

其是移动地图在访谈对象地方生产实践过程中的作用)。下面,笔者选择其中较为典型的一位作为个案进行展示,详细描述她在开学三个月内借助移动地图与湛江"相遇""相识"的故事。

二、龙同学的湛江

龙同学是2018级大一新生,家在深圳,大一期间都在GMY大学海滨校区学习和生活。龙同学出行日志的节选如下:

> 中秋节下午不用军训,和舍友去了鼎盛广场,得知这个地方是舍友通过朋友圈看到的。为了安全和节约,我们选择坐公交车。由于大巴没有喇叭,高德地图发挥了很大的作用。它可以根据大巴的位置实时定位,也可以看到我的目的地在哪里。这样我就可以知道有没有上错车和及时下车,离目的地的距离有多远。在出校门前,我打开手机地图,直接搜索到达目的地的路径。上面给出几种路线:最快、步行最短……这方便了出行,也不用担心不熟悉而去不了了。……回来的时候也是通过地图查询得知911路车。看着手机的实时定位,我在湛江这个陌生的城市里逐渐胆大起来。(2018年9月24日)

> 这天军训结营了,累了这么多天当然得出去放松一下。因此,我与舍友们一起去了海滨公园和渔港公园。这两个地方都是从海浪传媒的新生攻略里得知的。我再次打开我的高德地图(发现来到一个陌生城市后,地图使用得非常频繁),搭大巴先去了渔港。……我欣喜地看到了湛江一望无垠的大海,用舍友的话来说:"湛江的海从来没让我失望过!"(2018年9月30日)

> 国庆尾声,从深圳回到湛江,坐大巴车在湛江南站下车。本来东西太多,想两个人搭一台taxi回去,看了地图发现很近,最多到校

活的光标
定位媒介中的新地方感

也就15块钱一趟,出租司机却要一个人15块,以人头计数,拉满四个人就有60块,这算盘打得真好。精明如我,怎能那么轻易掏钱勒。(2018年10月7日)

  为了找兼职,继续开启我的探索之路。首先打开地图步行,海滨校区左转直行几百米就发现有一个菜市场,心想以后有机会可以开小灶。然后,坐2k公交,两站就可以到万达广场……(2018年10月8日)

  这是今天主要经过的地方:海滨校区→霞山校区→海滨公园→渔港公园→荣基广场。由于要去领取家教工作证,我去了没有去过的另一个校区——霞山校区。我通过高德地图查找得知坐2路车南下就可以直达,坐到儿童公园站下车。霞山校区比海滨校区更接近市区一点。从霞山校区出来,有一个工人文化创意园。霞山校区的东边就是海滨公园,沿着一条路北上,直走30分钟就可以到达渔港公园。街上马路很宽阔,右手沿路都是沙滩。到达渔港公园之后,不需要导航,沿着一条大路一直走,就可以看到荣基广场了。走到荣基后,也就能回来了。这次除了去的路,回来都是步行。步行的过程中,我一路开着高德地图,从海滨公园走到了渔港公园……(2018年11月10日)

  今天是周五,是学校校运会的第一天,暂时没有任务的我与朋友打算下午2点去湛江海博会的海洋生物馆,因为在朋友圈点赞求得了一张电子票。海洋生物馆在一个名叫保利天悦湾的地方。通过高德地图,我们在422医院站上车,大约10多分钟后,在梧阔村下车。到了这个地方后,发现和上次去的中央广场一样,马路很宽,车不是很多……(2018年11月23日)

  今天是周四,我们下午没课,于是我和舍友三人一同前往怡福。通过高德地图,我查了一下公交车的路线。我们乘坐2路车,在霞山邮电局下车,马路对面就是。……圣诞节将近,门口有一棵很高大的圣诞树,但是感觉怡福的门口不够气派,里面的地板很脏,空气不是很好……(2018年12月13日)

这一天放假,舍友在美团上看到一个新地方,名为华都汇,刚开业不久,我们就去了。高德地图显示,华都汇在我们学校的西边,坐42路公交车大概26分钟。我们去422医院公交站乘坐42路车,在可口可乐公司下车。给我印象最深的是,那里有一个三岔路口,没有红绿灯。华都汇给我的感觉和万达广场不相上下,装修得很漂亮,很新。……风特别大,商场里面特别暖。这个地方我还想去第二次。(2018年12月30日)

三、作为地方的湛江

四位大一新生都不是湛江本地人,大一开学前与湛江基本没有交集。正如杨同学所说:"我虽然是广东人,但对湛江基本不熟悉,只是听说过而已,仅仅知道它是广东的一个市,大概是在粤西地区。除此之外,真的不太了解。"入学之前,对于四位大一新生而言,湛江仅仅是一种"空间",还谈不上地方。

从陌生到熟悉,随着时间的推移,湛江在新生的心目中逐渐丰富起来。移动地图时常出现在她们关于自己出行活动的叙述中。作为一种增强空间技术,移动地图根据使用者的需求将相关信息叠加进物理空间。借助于这种混杂,像海滨公园、渔港公园、万达广场、鼎盛广场、赤坎老街等地方,都慢慢出现在大一新生的认知地图中。

(1)湛江——粤西的一个偏僻城市

开学之初,四位田野对象都会用移动地图看一下湛江的位置、学校的位置,以及学校与家之间的交通路线。梁同学说,她对于湛江的早期认识基本依靠移动地图。在被录取后,她在高德地图上查了湛江的位置,以及距离中山市的距离、出行的路线。她说:"当时就觉得这个地方是真的偏,交通也不是太便利,感觉以后回家肯定是个问题。"开学的时候,梁同学的爸爸开着车,一路开着导航,从中山市驾车到海滨校区,用了5个多小时。

(2)海滨校区——大本营

四位大一新生整个大一期间都在位于市中心的海滨校区学习和生活。她们在认知绘图的过程中,几乎都是以海滨校区为原点展开后续绘图的。她们在使用移动地图探索湛江时,地图中"你所在的位置"经常都是海滨校区。

(3)主校区——社团活动中心

GMY大学的主校区位于市郊,距离海滨校区有四五十分钟的车程。四位同学在三个月中去主校区基本上都是为了参加各种社团活动,比如院级或校级学生会、同乡会,以及各种兴趣类社团。

(4)422医院——交通枢纽

四位学生去城市较远的地方,出行方式一般都是公交。移动地图是她们获取公交线路的重要方式。移动地图规划的公交线路大多以422医院公交站作为起点。422医院公交站是距离海滨校区最近的一个公交站,在学生心目中是一个重要的交通枢纽。这个公交站距离校门口200米左右,除了龙同学是由同学带着过去的之外,其他三位同学都是通过移动地图获知公交站的位置和路线的。

(5)荣基(昌大昌)——校园超市

海滨校区面积较小,校园内没有大型超市。校门口两边虽然有一些卖日常生活用品的店铺,但规模较小。在距离海滨校区正门大约1千米的荣基国际广场,有一个规模较大的昌大昌超市。这正好满足了海滨校区学生的日常生活用品购买需求。有的同学是从其他同学处得知这一超市的,有的同学是通过移动地图搜索到的。龙同学说,她那时候并不十分熟悉移动地图,不知道怎么去搜,后来是听室友说的,并和室友一起去荣基。在回忆开学找超市的场景时,龙同学说:"当时就在门口那条路上走来走去,但怎么也找不到。我妈本来想去远一点的地方,但两边的路太宽、太长,怎么都看不到尽头。然后,我爸又发火了。因而就直接在校门口旁边的小卖部买了。"

(6) 渔港公园——海滨校区的"后花园"

渔港公园是一个滨海公园,景色优美,距离海滨校区步行15分钟左右。作为一个滨海城市,海景是湛江的一大特色,多数大一新生在开学之初都希望能够感受一下湛江的海景。渔港公园颇受四位大一新生的青睐。渔港公园不远处还有一个海滨公园,两者相距约3千米。有时候学生周末或节假日在海滨公园游玩之后,会选择步行,沿海岸线,从海滨公园走到渔港公园,再从渔港公园走到荣基广场,然后回到海滨校区。龙同学就和她的同学走过这条线。这期间,她们一直开着导航,目的是提示路线,以及看什么时候能走到目的地。"就是一直走,看走到哪里了,看什么时候才能走到头。"龙同学说。

(7) 万达广场、鼎盛广场——shopping mall

万达广场和鼎盛广场距离海滨校区并不是很远,两者都是大型购物中心,里面汇集了各种潮流品牌。荣基广场虽然也是一个购物中心,但除了超市、影院之外,其他店铺在学生心目中并不是非常潮流。学生认为,荣基是校园超市,万达广场、鼎盛广场是shopping mall。四位同学第一次去这些地方的时候一般都是依靠移动地图。

(8) 赤坎老街——老城

赤坎老街是湛江的老城。老城总是带有怀旧的意味。赤坎老街在学生的朋友圈中总是以怀旧的形象出现。很多人去赤坎老街都会拍照,并发朋友圈。赤坎老街还有牛杂、水井油条等一些网红店。大一新生在间接的地方经验的影响下,总是试图去亲自体验一番。大多数学生都会依靠移动地图经验赤坎(如上文提及的陈同学):先是靠导航到寸金公园,然后通过导航找到自己备案的网红店。也有些同学在到寸金公园之后会选择闲逛,不用移动地图。例如,梁同学在赤坎老街基本不用导航,而是"随便逛"。但当梁同学想知道附近有没有景点的时候,她还是打开了移动地图,并获知附近有一个博物馆。

四、移动地图与地方的混杂记忆

数字技术改变了地图的样式,随之改变的还有人们对于空间和地方的理解。作为增强现实技术的移动地图,"为用户提供了一种查看周围现有空间的新方式","改变了人们对周围空间的理解"[1]。在此过程中,物理空间与移动地图相互重叠,为人们"提供了一个深刻的、引人注目的体验和高水平的沉浸感",加速了人们"从空白的物理空间中形成一个语义丰富的地方概念的过程"[2]。移动地图并非空间的再现,其自身的空间叙事也定义了物理空间。即使是相对熟悉的空间,人们依然可以借助移动地图发现"别样的风景",从而更新地方经验。

移动地图的混杂性、可见性、私人性等特征,使现代社会的城市空间变得更加"易读"。蒙哥马利(Montgomery)在关于易读性和城市设计的著作中,将易读性定义为"城市的不同元素被组织成一致的、可识别的模式的程度"[3]。可识别的模式对所有空间都很重要,而位置感知移动技术的一个用途是使这些模式更可见,更易于导航。换言之,"易读性的相关性主要在于数字技术通过'让看不见的东西变得可见',以一种新的方式呈现日常世界"[4]。布鲁尔(Brewer)和多里斯(Dourish)认为,移动技术可以提高空间的易读性,因为这些技术可以揭示关于空间的新信息、模式和知识类型[5]。移动地图显然成为当下赛博城市易读性的代表性技术。

---

[1] Gazzard A. Location, location, location: collecting space and place in mobile media[J]. Convergence, 2011, 17(4): 405–417.

[2] Nisi V, Oakley I, Haahr M. Location-aware multimedia stories turning spaces into places[J]. Universidade Católica Portuguesa, 2008: 72–93.

[3] Montgomery J. Making a city: urbanity, vitality and urban design[J]. Journal of Urban Design, 1998, 3(1): 93–116.

[4] Dourish P, Bell G. Divining a digital future: mess and mythology in ubiquitous computing[M]. Cambridge: MIT Press, 2011: 193, 195.

[5] Brewer J, Dourish P. Storied spaces: cultural accounts of mobility, technology, and environmental knowing[J]. International Journal of Human-Computer Studies, 2008, 66(12): 963–976.

在用户移动的过程中,移动地图界面中的信息随地而变,让空间中不可见的东西可见,从而影响了人们的空间经验。

空间的知识有两个来源:一个是直接经验(如人们在城市的行走中对空间的记忆和感知),一个是间接经验(一种被中介化的空间经验,如地图)[①]。移动地图在地方生产实践中所发挥的作用,可以归结为三点。

第一,作为移动力,使用户能够在实体空间中直接经验物理空间。如第二章所述,移动地图作为一种移动力,促进了空间的移动。借助移动地图所具备的移动力,个体能够更便捷、准确地与空间发生关联。在移动的过程中,个体身处目标环境中,通过视觉、听觉、嗅觉、触觉等感官形式经验空间,从而获得直接的空间经验,即地方的第一记忆。

第二,作为一种间接经验、第三记忆,影响用户关于地方的第一记忆。无论是纸质地图还是当下数字化的移动地图,都以某种形式向用户展现了空间的某些面向,比如空间的轮廓、区位、形状、海拔等。不同种类的地图展示的空间面向不尽相同。但这些都是作为地方生产中的间接经验存在的。在移动地图中,用户也参与了地图内容的生产。这在某种程度上也提供了一种间接经验,例如移动地图中网友们关于某个地点的评价。这种移动地图作为一种第三记忆,参与了个体第一记忆和第二记忆的形成过程。

第三,作为一种混杂经验,影响用户的地方经验。移动地图作为一种定位媒介,经由手机界面的中介,个体既处于虚拟空间中,又处于实体空间中。在移动地图用户导航的过程中,直接经验和间接经验不能完全区分开来。换言之,在导航过程中,个体的地方记忆是第一记忆、第二记忆、第三记忆的混杂,直接经验和间接经验处于一种互文状态。这种经验是混杂空间中的一种混杂记忆。

---

① Ozkul O, Gauntlett D. Location media in the city: drawing maps and telling stories[M]//Farman J, ed. The mobile story: narrative practices with locative technologies. New York: Routledge, 2014: 113–127.

活的光标
定位媒介中的新地方感

第三节 移动地理标签中的地方叙事

第四章在谈论定位化社会交往时,将地理位置看作个人身份建构的重要组成部分。同时,地理位置同样具有"身份",而这种身份的建构是由人来完成的。正如席尔瓦和弗里特所说,"地点是人们身份的重要组成部分,但地点的身份来源于其中的人"[1]。地方的身份建构也是一种地方生产。本节以用户生产的地理标签为例,将其看作关于地方的第三记忆,试图关注用户在地方身份建构过程中的作用。除此之外,地理标签作为关于地方的第三记忆,又影响了受众对于此地的瞬时感知和事后回忆(关于地方的第一记忆和第二记忆)。不同个体关于地方第三记忆的汇聚,构成了一种地方的集体书写和集体记忆。这种第三记忆通过定位的形式上传于网络空间,并参与进下一步的第一记忆和第二记忆的生成过程。

一、移动地理标签与地方记忆

传统地图是被权力控制的技术,制图者是专业的制图师,普通用户只是信息的被动接收者。在移动地图中,这一局面则大为改观。用户也成为制图师,通过上传相关信息,参与到制图实践中。这是"一种值得关注的新的地理信息的样式",顾德契称这一现象为"用户生成的地理信息"。这代表着一种"地理信息在如何创建和共享、由谁创建和共享,以及其内容和特征方面的范式转变"[2]。当下人们可以以一种前所未有的方

---

[1] de Souza e Silva A, Frith J. Re-narrating the city through the presentation of location[M]//Farman J, ed. The mobile story: narrative practices with locative technologies. New York: Routledge, 2014: 34-49.
[2] Elwood S, Goodchild M F, Sui D Z. Researching volunteered geographic information: spatial data, geographic research, and new social practice[J]. Annals of the Association of American Geographers, 2012, 102(3): 571-590.

第五章　记忆地方：活的光标的移动轨迹与地方叙事

式参与到地图信息的生产中，改变他们使用中的地图①。例如，用户可以在移动地图中上报交通事故和道路堵车的情况。高德地图相关数据显示，"整个2017年，全国共有343万热心用户通过高德地图上报事故、拥堵等路况事件，帮助6亿人次避开事故"②。麦夸尔认为，这种地图是一种"操作的档案"，可以"在使用过程中同时被开发建设"，"向用户开放"，"由用户改写"③。这种地图的用户生产内容（user generated content，UGC）影响了人们与周围环境的互动方式，协调了人们在空间中的移动实践④。

在移动地图等定位媒介中，物理空间因为移动界面中的"位置的呈现"⑤获得了动态的意义。席尔瓦和弗里特认为，在Foursquare、Textopia等应用中，"人们不仅可以'读'空间，还可以'写'空间"⑥。这体现了一种参与文化的逻辑⑦。这种参与文化"是一种能够在艺术表达和公众参与上做到低门槛地为个人创作和分享提供更强有力支持的，具有在某种形式上能够将知识从最具经验的群体传递给新手们的非正式指导关系的文化"⑧。在定位媒介中，人们把关于某一地点的体验留在网络空间中，从而形成了一种关于这个空间的叙事。

---

① Frith J. Smartphones as locative media[M]. Cambridge: Polity Press, 2015: 50.
② 光明网.高德地图"团圆计划"帮助用户顺利回家过年[EB/OL].(2018-02-05)[2020-02-22]. https://baijiahao.baidu.com/s?id=1591553365921540870&wfr=spider&for=pc.
③ ［澳］斯科特·麦夸尔.地理媒介：网络化城市与公共空间的未来[M].潘霁，译.上海：复旦大学出版社,2019：71-72.
④ Frith J. Smartphones as locative media[M]. Cambridge: Polity Press, 2015: 51.
⑤ 席尔瓦和弗里特将"位置的呈现"定义为："由于位置嵌入了基于位置的信息，这些位置通过位置感知的移动界面附加的关于特定位置的信息获得动态意义。"参见 de Souza e Silva A, Frith J. Re-narrating the city through the presentation of location[M]//Farman J, ed. The mobile story: narrative practices with locative technologies. New York: Routledge, 2014: 34-49。
⑥ de Souza e Silva A, Frith J. Re-narrating the city through the presentation of location[M]//Farman J, ed. The mobile story: narrative practices with locative technologies. New York: Routledge, 2014: 39-49.
⑦ Cornelio G S, Ardévol E. Practices of place-making through locative media artworks[J]. Communications, 2011, 36(3): 313-333.
⑧ ［美］亨利·詹金斯，［日］伊藤瑞子，［美］丹娜·博伊德.参与的胜利：网络时代的参与文化[M].高芳芳，译.杭州：浙江大学出版社,2017：3-4.

定位媒介中绝大多数由普通个体参与的内容生产都可以看作一种"移动地理标签"或者"城市标记"[①]，例如打卡或者网友留下的关于某地的评论。通过位置感知的移动界面，人们可以获知这些评论，并将其纳入自己对于城市空间的理解中[②]。

汉弗莱斯和廖（Liao）根据人们创设地理标签的目的将其分为"关于地方的交流"和"通过地方的交流"两种类型：前者作为一种列斐伏尔所谓的地方的呈现，能够影响个体在都市空间中的行走实践，从而"增强了个体的地方感"；后者又可以分为基于地方的故事讲述（讲述与"此地"相关的个人或他人的故事）和通过地方的自我呈现（借助地理标签进行自我呈现）两种类型[③]。

如果按照公开程度（或者说传播范围）的不同，地理标签的类别可以做如下划分：社交媒体中的地理标签（如朋友圈中的打卡）和网络公共空间中的地理标签（例如移动地图、餐饮类、旅游类位置应用中的用户参与生产的与地理空间相关的内容）。社交媒体中的地理标签是熟人社交网络中的一种空间书写，主要是"通过地方的交流"。书写的目的大多是通过位置信息进行自我披露，塑造一种地方化自我（如第四章所述），同时也可以被视为一种社交媒体上的仪式性行为。其中的"阅读"行为是一种"虚拟旅游"，并且受熟人社会关系的影响。网络公共空间中的地理标签以一种匿名形式进行，具备公共空间的性质。从内容的书写上来看，其展示的更多是"关于地方的交流"，即以个人视角展示空间的某种特征。从阅读上来看，其摆脱了社交网络中亲密关系对于阅读行为的影响，为个人的空间决策提供了某种相对客观的参考。

[①] Farman J. Site-specificity, pervasive computing, and the reading interface[M]//Farman J, ed. The mobile story: narrative practices with locative technologies. New York: Routledge, 2014: 3−18.
[②] de Souza e Silva A, Frith J. Mobile interface in public spaces: locational privacy, control, and urban sociability[M]. New York: Routledge, 2012: 163.
[③] Humphreys L, Liao T. Mobile geotagging: reexamining our interactions with urban space[J]. Journal of Computer-Mediated Communication, 2011, 16(3): 407−423.

本研究将以打卡和大众点评为例,来探讨移动地理标签与地方记忆的参与式生产。

二、作为地方记忆书写仪式的定位打卡

"你什么时候会在朋友圈定位打卡?"

"我很少在朋友圈定位打卡,除非我到一个新的地方。"(龙同学)

"为什么到一些新的地方就要定位打卡?"

"因为想要告诉我的朋友我去了这里。"(龙同学)

"除此之外呢?"

"就是一种习惯吧,觉得到了一个地方,感觉还不错,打个卡纪念一下。"(龙同学)

这是笔者与龙同学的一段对话。其他田野对象也有类似的定位打卡习惯。到一个新的地方经常是打卡行为产生的一个重要原因。社交媒体中的打卡是一种自我策展、自我披露。从地方生产的视角来看,打卡亦是移动数字时代人地关系中的一个贯常环节。从田野材料来看,定位打卡往往意味着某一位置空间内发生了一些与打卡者相关联的、有意义的事件。这是地方经验获得的一个过程,或者说其本身就伴随着某种地方经验的生成。在这个意义上,定位打卡除了是一种自我披露的社会交往行为之外,还是一种地方生产行为,属于地方的第三记忆。

与定位打卡实践相关的地方生产行为,可以从两个方面进行讨论:一方面,对于打卡者来说,定位打卡类似于一种地方生产的仪式,表征着人地关系;另一方面,对于定位打卡受众来说,打卡信息也是一种地方呈现,能够影响受众的地方感。

(一)数字时代的"到此一游"

GMY大学新闻系每年都会有为期一周的在校外展开的新闻采写课

活的光标
定位媒介中的新地方感

程实习。2018年,课程实习的地点在徐闻①。在去徐闻的行程中,学生几乎都在此地有打卡行为。

大部分学生基本上把这次外出当作一次游玩,因此,他们的朋友圈呈现的都是一些与实习情况无关的内容。总结而言,他们有三种打卡动机:避暑度假、展示自然风光、展示雷州文化。

湛江处于热带地区,学生出去实习正是五六月份,那段时间连续高温,但学生宿舍大都没有安装空调。很多学生说自己在学校晚上睡觉的时候像是"铁板烧"。在徐闻,学生住的酒店里面有空调,对于他们来说像是在避暑度假。很多同学在发朋友圈的时候都提到了酒店和空调。例如叶同学发的朋友圈:"徐闻腌粉一级棒#空调√电视√单人床√如果下午不用出去做调查的话 简直是完美的避暑度假√。"此条朋友圈还有一个定位:"湛江·能出学校实习就已经很棒了。"

晨月也发了一条朋友圈。她在回忆为什么发定位的时候说:"当时发的动机只是我们采访顺利可以早回酒店,可以早休息,加上很久没有在空调房里睡觉,终于可以不用'铁板烧',可以睡个好觉,爱睡多久就睡多久,觉得十分值得感动和纪念啊……"

徐闻独特的自然风光也成为学生们定位打卡的原因。丽慧在打卡的时候使用了"湛江·中国大陆最南端"的字样。她说:

> "这是我第一次在朋友圈发定位。我是想说明我真的去了这个地方。我看其他朋友圈也有发定位的,我觉得还挺好的。……尤其这个'最'字特有意思,很有成就感。"

海连在去徐闻的一周时间里发了三条朋友圈,每条朋友圈都带有定位。朱同学的打卡带有旅游的性质,展示了一些新鲜的事物和美丽的风景。

---

① 徐闻位于广东省湛江市,地处中国大陆最南端,与海南岛间隔琼州海峡。徐闻有很多旅游景点,如孔庙、登云塔、石莲山寺、广府会馆、徐闻石狗、三墩鸟巢等。徐闻是"中国菠萝之乡""中国香蕉之乡"。

第五章　记忆地方：活的光标的移动轨迹与地方叙事

除了自然景观之外，徐闻的雷州文化也是同学们打卡的动机。韩同学发了一条关于雷州石狗的朋友圈。她在回忆发定位时的场景和动机时说：

"因为以前我们老师在课堂里面讲过雷州的石狗，觉得挺有意思。……当时在博物馆的石狗展区看到了很多很多石狗，其中一只石狗被封为狗王，前面还有人们供奉的钱。……我这个打卡是为了表明自己在那里见到了这只石狗，还有博物馆已经把这只石狗封为狗王……"

大部分同学都是第一次到徐闻，看到了一些新鲜的事物和风土人情。很多同学表示，以后可能不会再来这个地方了，因而觉得这是一次很有意义的经历，打卡是一种纪念。就像谢同学所说："发定位的时候也没有想太多，就是因为我是第一次来徐闻这个地方，定个位会有到此一游的感觉，也可以让朋友圈的朋友知道我现在在哪儿。""这就是我和徐闻的交集，以后可能不会再来了，是我和徐闻的一段故事、一段记忆。"

这种数字时代"到此一游"式的定位打卡，是朋友圈中的一种常规性操作，类似于人类学中的"仪式"。"有定位，有真相"[1]，这种旅途过程中的定位，就像有些人在外出旅游的时候，在城墙上、在墙壁上、在树木等物体表面刻下或者写下"×××到此一游"，都是作为一种见证，一种仪式性的动作，是"我与地方"经历的一个见证。

"这是我第一次到徐闻，以后估计再也不会有来的必要和欲望了，觉得挺有纪念意义。平时也有这种小习惯，打卡新地点，梦想集齐全国各个城市，所以就留下了一条有定位的朋友圈。"（陈同学）

"一般当我不在经常的居住地，而在外旅游和学习的时候会发定

---

[1] 此内容源自访谈对象大鹏。

活的光标
定位媒介中的新地方感

位,特别是遇到好玩、有趣或是特别的所见所闻,发朋友圈的时候都会有定位。旅游的时候,拍了照片发朋友圈也会有定位。遇到自己觉得很特别的文化,有一种想要分享的心情,都会发朋友圈。"(韩同学)

这都是一些特殊经历,是值得归档纪念的事情。例如,李韬回顾他回母校的打卡时说:"我很少在朋友圈打卡。记得上一次打卡是我高中母校邀请我们这些考上大学的回去参加一个仪式,我当时发了定位,因为我是从这里走出去的,挺怀念的。"

(二)常住地定位打卡中的日常情感

人们并不只是在陌生的地点定位打卡,在常住地一样会这样做。这种打卡往往伴随着常住地发生了与己有关的、"值得发朋友圈"的事。这是个体关于地方日常情感的一种第三记忆。

"我在学校一般不会打卡,除非有什么特殊的事情发生,比如我得到了奖励,或者好久不见的朋友过来找我玩……"(大天)

"在经常待的地方一般不会打卡吧,比如学校整天就是三点一线……除非有什么非常规事情发生,比如今天天空特别美,我可能会拍个天空的照片,发个朋友圈,定个位……"(朱同学)

微信朋友圈中的定位打卡信息是可以修改的。用户可以创造出个性化的地理标签。这些标签往往与打卡者当时的场景和心情密切相关。

素素是复旦大学的一名博士生,住在复旦大学北苑生活区。素素不太经常去图书馆,一般都是在宿舍读文献、写论文,吃饭一般在北苑餐厅。北苑生活区对素素而言是一个重要的生活、学习的空间。2019年,北苑生活区要升级改造,发生了一些变动。北苑餐厅进行施工,停止经营。学校其他餐厅距离北苑生活区较远,学生过去吃饭很不方便。北苑生活区与济光学院仅一墙之隔。于是,两个学校达成协议,北苑生活区的学生可以到济光学院的食堂就餐。学校为此还在原来两校之间的围栏中间开辟了一个通道。素素步行去济光学院食堂只要5分钟时间。但是济光学院食堂规模较小,饭菜也不太好吃。再加上北苑生活区除了食堂之外,一些宿舍楼也在施工,进行升级改造,整个北苑生活区大多数时候一片嘈杂。于是,素素发了一条朋友圈,表达了当时的心情。这条朋友圈是"文字+定位"的,文字内容是"连我这种不挑食的都受不了济光学院食堂了…",定位信息是"上海·复旦北区难民营"。

徐同学也是复旦大学博士研究生,2019年暑假因为宿舍楼要整修,所以搬到不整修的宿舍里。徐同学说:"我搬进了一个巨破的博士宿舍,墙破了……这个宿舍一言难尽,我扔了30斤垃圾。我找了阿姨来打扫,阿姨惊呆,她搞了个大概,我又继续搞了好几天。"搬完宿舍之后,徐同学精疲力尽,就想发一条朋友圈。内容是一张图片,上面是徐同学仿照徐冰"art for people"写了"合适我庸俗的画风"的"TANG ZHE ZHEN HAO",下面的定位信息是"上海·没有一点点防备"。徐同学说:"'没有一点点防备'是我的专属定位,基本上每条在上海的朋友圈都是这个……毕竟生活中猝不及防、倒霉的事情太多了啊哈哈哈……也有没防备的开心,要不然就太惨了。"

三、大众点评:定位空间中地方的集体记忆

朋友圈中的打卡是在熟人圈中进行的。还有一种地方的参与式生产是在开放的公共平台中进行的。这种"基于地理位置的写作"出现在越来越多定位媒介中(如移动地图、外卖应用等)。通过定位媒介界面,"当其他人前往这些地点时,这些文本就会出现",从而影响了人们的空间经验[①]。

---

① Frith J. Writing space: examining the potential of location-based composition[J]. Computers and Composition, 2015, 37: 44-54.

活的光标
定位媒介中的新地方感

在大众点评等定位媒介应用中,个体将自身的空间体验通过数字化的形式附加在网络空间中。经由定位媒介的中介,接近这一地理位置的其他个体,通过阅读他人的空间经验来获知相关的空间信息。个体关于地方的第三记忆,汇聚成地方的一种集体记忆。这也是增强空间的一种体现。

大众点评是一种基于地理位置的餐饮类商业应用,可以根据地理位置为用户提供相关的餐饮服务。用户可以在上面留下自己关于某款商品或者商店的消费体验。其他用户通过地理位置查看某一商家时,同时会看到其他用户留下的点评。

以笔者为例,打开大众点评,页面左上角自动定位笔者的位置。界面上有很多选项可供选择,比如"美食""电影/演出""酒店/门票""休闲娱乐""美团外卖"等。以美食为例,点击"美食",会出现相应的美食推荐页面。页面中有"美食排行"等选项。在页面中,系统也推荐有相关美食,并在后面标注距离笔者目前所在的位置有多远。例如,排在第一位的"酱妈私厨"显示的信息有:"四星评价","192条评论","人均38元","位于海滨分校区","距离我844米","霞山快餐简餐热门榜第2名"。在搜索选项中还有"附近"这一功能。点击"附近",用户可以根据需求搜索附近500～5 000米范围内的店,超出这一范围的不会在列表中显示。点击500米后,页面显示的第一家店面是综合评价最高的,从第二家开始,按距离由近及远排列。点击右上角的地图模式,用户在地图上能够看到500米范围内的店铺的具体位置,每家店铺的名字后面紧跟着星评价。例如,笔者点击"小大梁餐厅(乐华店)"后,出现了这家餐饮店的介绍页面。页面从上至下可以看到,店面名称下面紧跟着的是:"四星评价","253条评价","人均72元","口味评分7.8","环境评分7.9","服务评分7.8"。紧接着,下面有招牌菜的图片、营业时间的信息、店面的具体位置。点击具体位置,页面就跳到导航界面,可以跟着导航找到这家店。再接着是美食榜单的排名,显示"荣基国际广场美食热门榜第六名",热门榜是根据点单数量的综合排序。再下面是招牌菜的信息,然后是"网友推荐菜",上面显示:"大油条58人推荐","果木一炉一只鸡52人推荐","铜盘杂鱼40人推荐","明星小帅鸽34人推荐"。接下来是"精选点评":"口味赞68人","菜品精致23人","性价比高5人","装修精美16人","环境嘈杂7人","服务好31人","排队久9人","位置好找4人"。紧接着就是网友的具体评论,有图片、文字、视频等形式的评论。在页面最下方,有"签到""拍视频""传照片""写点评"几个选项,用户可以根据自己的需求选择相应的评价形式。点开"写点评"页面,用户可以给出星评价,写文字评论,上传相关的照片、视频,推荐菜,填写人均消费,以及选择是否匿名评价。

　　大众点评的称谓反映出一种地方的参与式书写。本书将这种公共参与式的地方书写(如导航、购物、饮食、旅游类应用)称为"大众点评模式",借以表达公共参与在地方记忆书写过程中的作用。在百度地图和高德地图等导航类APP中,同样存在着公共参与式的地方书写。在百度地图中,用户点击大多数地点的名称时,便会出现相关地点的信息,比如关于这个地方的星评价、有多少人通过移动地图访问过这个位置等。百度地图中的"发现周边"与大众点评有着相似的界面。以景点为例,用户在上面可以看到"本季最热的景点榜单""有多少人借助百度导航去过",以及"关于此景点的星评价"和"网友评论"。携程、去哪儿网、艺龙等旅行类网站也是类似的模式。

　　根据上述经验材料,移动地理标签中公共书写行为大概有以下三种。

　　第一,购买、搜索即书写。用户通过相关应用与某地点发生关联,作为一种数字信息被相关应用后台记录,然后以热度排行榜等形式表现出来,如大众点评中的"美食热门榜"、百度地图中的"有多少人去过这里""景点排行榜""区域热度"等。滴滴打车中的热力图也是一种空间的公共书写,只不过这种书写不是有意为之,而是用户使用数据的间接呈现。

　　第二,星评价。对于某地的评分几乎在所有商业类定位媒介中都有所体现。星评价是用户有意为之。有些用户不太习惯在这些平台中书写相关评论,但有时候会随手给一个评分,尤其是在大众点评等美食类应用中。

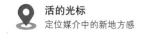

活的光标
定位媒介中的新地方感

第三，文字、图片类评论。这类评价往往更详细，能够展示关于某一地理空间更为丰富的信息。如吕老师所说：

"我一般去饭店会在美团或大众点评上搜这些店铺，看评价及有没有优惠。如果评价好又有优惠，我一般就会去。用过餐之后，我一般不会去评分或者写评价。有一次例外。那次是元宵节，我们正好开学，学院开会开到下午5点多，坐校车回来晚上7点了。我们夫妻俩就去了一家冒菜店，那家店还免费给食客们送了汤圆，真的是很温暖。回来后我专门在那家店的评论区写了一个评论，把这件事给写上去了。"

大众点评模式的空间书写行为建构了一种公众视角下的地方，是一种网络时代的参与文化。例如，"星评价"是所有评价者对这一地点评价的一种综合体现，充分代表了公众眼中的"地方"。大众点评中的"网友推荐菜"、百度地图中的"景区排行榜"等，也是如此。

四、地方记忆的阅读与虚拟旅行

定位打卡不仅是一种自我呈现，同时还呈现了被打卡的地方本身，在社交网络中塑造了一种地方印象。因此，定位打卡对于地方来说也是一种"地方的呈现"①。这种地方的呈现，在打卡者层面是个体关于地方的第三记忆的呈现与分享。在社交媒体中，这种第三记忆又被受众接收和阅读。这又涉及第三记忆的阅读问题。对于在他处阅读这些第三记忆的受众来说（如朋友圈中看到好友在他处打卡），是一种虚拟旅行，会产生一种地方的第二记忆（如地方想象）。厄里认为，在由广播和计算机媒介所中

---

① de Souza e Silva A, Frith J. Re-narrating the city through the presentation of location[M]//Farman J, ed. The mobile story: narrative practices with locative technologies. New York: Routledge, 2014: 34–49.

介的移动性中,用户可以在身体不移动的情况下体验到远方的风景,形成一种"虚拟旅行"①。换言之,地方的"书写"是一种地方呈现的编码行为。在地方被"阅读"的过程中,用户通过解码,在"虚拟旅行"中产生了一种新的地方感②。

(一)水井油条:LBSN中地方想象的建构

"关于水井头,我无数次在我的朋友圈里看到过它。在湛江生活了一年多后,我终于来到了这个地方,一下车,映入眼帘的是拥堵的交通和道路两旁停的车辆,还有一条长长的队伍,从一个卖豆浆油条的地方排到了街道的拐角处。我好生惊奇,本是周六,居然会有这么多人跑来吃早餐。惊奇之余,我还是忍住了自己的好奇心。对于这样神秘的水井和油条,我打心底希望它能够一直神秘下去!坦言之,我更怕的是失望!"③

这是一位名叫"艺人崔"的网友在简书中记录的自己和水井油条的故事。这个故事具有代表性。非湛江人来湛江后,总会听人提起赤坎老街、水井油条。

尼克·库尔德里(Nick Couldry)将这种慕名而来的旅行称为"媒介朝觐",意指到媒介叙事中的地点去旅行。在媒介朝觐的过程中,媒介中的地方印象被嵌入身体与地方相遇的过程中④。在朋友圈中,人们经常会看到关于水井油条的打卡信息。一些非湛江人在湛江生活的最初一段时间里,水井油条似乎成了一个"传说",是行程单中下一个"必去的地方"。

---

① Urry J. Sociology beyond societies: mobilities for the twenty-first century[M]. London: Routledge, 2000: 70.
② Cornelio G S, Ardévol E. Practices of place-making through locative media artworks[J]. Communications, 2011, 36(3): 313–333.
③ 艺人崔.湛江:水井油条EB/OL.(2017-03-06)[2019-07-28]. https://www.jianshu.com/p/bf064134f62e.
④ [英]尼克·库尔德里.媒介仪式:一种批判的视角[M].崔玺,译.北京:中国人民大学出版社,2016:86-87.

活的光标
定位媒介中的新地方感

水井油条是位于湛江市赤坎区大众路的一家早餐店，店面并不大，比较破旧，门前有一个水井，因此而得名，据说具有30多年的历史。店里面主营豆浆、油条、海鲜面等。像网友"艺人崔"一样，在访谈对象中，有些人虽然没有去过水井油条，但从各种渠道听说过水井油条，朋友圈打卡就是其中之一。

小娜在大一期间经常看到朋友圈中有同学在水井油条打卡。她说：

"他们一般都是慕名而去的吧，都会在朋友圈发图片、打卡。我看了那些朋友圈中的打卡之后，觉得是一个挺破的店，蛮有历史感吧，有那么多人排队，应该挺不错的吧。以前也有师兄告诉我，说是特别好吃，属于一个必去的网红景点。那时候我就挺想去的。"

终于，在大一快要结束的时候，小娜和她的三个同学相约去尝一尝，感受一下传说中的水井油条。

"去之前觉得水井油条是一个地方的名字（我以为它是个旅游景点之类的，还在想这个名字好有意思），去之后才知道水井油条就是一家店名，有些小意外。当时想着估计也就是个卖油条的街，或者是个做油条特别好吃的地方之类的。"（小娜）

在微博中，以"水井油条"为关键词，能检索到关于水井油条的很多打卡信息，以及与水井油条相关的很多故事。

"窄窄的长长的过道两边，老房子依然升起了炊烟。这里有着浓郁的生活气息，墙面随处可见的彩色图案和文字，会让人记起很多回忆。图案是彩色黏土黏上去的，还有涂了颜色的雪糕棍。巷子中的人们，像是与世隔绝生活在久远的年代。金黄的阳光，安逸的人们。

第五章　记忆地方：活的光标的移动轨迹与地方叙事

（水井油条搬走了）湛江①（"六更半"）

"毕业了真的蛮伤感和遗憾,想组织最后一次班聚,可是却以失败告终；四年想去一次的水井油条没有吃到；南极村、菠萝的海、特呈岛终究是没有去……太多遗憾了,或许有了遗憾才更显珍贵吧。真的要告别了,我的大学。湛江·本部"②（"玲琳儿lomore"）

微博中带定位的内容,也成为人们了解某地的一种方式。例如,吕老师有一个习惯,如果听别人说某个地方很好、很值得去,一般都会用定位搜一下相关微博,看一下微博中去过这些地方的人对于这个地方的评价和感受。

对于像小娜这样的非湛江人来说,在朋友圈阅读到的打卡信息,成为关于水井油条地方想象的重要组成部分。这种打卡信息交织在社会关系中,似乎更具说服力。于是,像小娜一样,"很想去体验一下"。在最后的实际体验中,感受可能并没有想象中好,但作为网红打卡点,这个地方似乎具备了一定的象征意义,是小娜关于水井油条的地方记忆的重要组成部分,并且和小娜的第一记忆共同定义了小娜的水井油条。对于像"玲琳儿lomore"这样大学四年一直没有机会去体验水井油条的人来说,他们对于水井油条的地方经验可能一直处于想象的状态。这也是一种网络时代常见的地方记忆类别。

（二）大众点评中的地方印象

从个体层面来说,大众点评中的地方记忆对于人们的决策具有参考价值,也构成了个体对某地的间接的地方经验。在访谈过程中,很多人都

---

① 微博搜索.水井油条[EB/OL].[2020-03-16]. https://s.weibo.com/weibo/%25E6%25B0%25B4%25E4%25BA%2595%25E6%25B2%25B9%25E6%259D%25A1?topnav=1&wvr=6&topsug=1.
② 玲琳儿lomore.新浪微博[EB/OL].(2019-06-04)[2020-03-16]. https://weibo.com/u/2763630021?refer_flag=1001030103_.

非常重视"星评价",觉得它是一种重要的参考信息,会对他们的空间决策产生重大影响。

"我点外卖的时候就看店铺名称旁边的月销量和点赞,销量高的话就很想尝试一下,'哪家人多去哪家'!如果是专门找我自己想吃的东西,我可能会比较几家,评分高的会优先考虑。"(龙同学)

"我选酒店一般先选评分比较高、交通比较方便的,然后看里面的图片,然后看评论。选住的地方,我自己有要求的,比如环境好、交通方便、不吵、无烟、安全。我会在这些基础上圈一个范围,附近肯定有很多选择,然后选一些评分高的作为备选。我还会看酒店服务,比如含餐不、网络、有没有免费接送服务。再看一下大家的基本感受,比如舒适不、卫生、服务态度、不满的地方。装修环境的话,我会自己看店铺的图片,也会和网友评论里的图片对照,差别大的话就不会考虑。我不用看详细的评论,只看差评数量。我首选都是整个酒店评分高的,那种评分三点多的都不看,我都看评分4.6以上的。如果没有可心的,比如价格太贵了,我可能会点4.5分的筛一下。"(丹丹)

这些大众点评模式的地方公共记忆,也会与用户的空间记忆交织在一起,产生一种关于地方的混杂记忆。用户身处某一空间时,公众的评论可能会对其感知具有引导作用,引导用户关注地方某方面的内容。如果用户的经验与公众的经验相符,可能会加深用户对于某地的认同感。如果用户的感知与一些网友的经验相反,也可能形成一种对比,强化个体地方经验的某一方面。这也是作为第三记忆的地方标签和作为第一记忆的地方感受相互作用的过程。

"我觉得那些评分还是挺靠谱的,一般不会出错……自己的体验跟大多数人一样的话,说明我们的喜好有类似之处吧。"(丹丹)

第五章　记忆地方：活的光标的移动轨迹与地方叙事

"住酒店的时候，我会特别留意差评。住进去后，我会留意到底是不是像上面评论的那样……有时候我觉得还好吧，毕竟我比较穷……也不会用五星级的标准去要求七天、如家这些酒店。"（丹丹）

"每个人的感觉都不一样。有时候大多数人说好，我体验之后可能并不觉得好，个人喜好不同吧，也不能强求……但是这是我自己的体验，虽然大多数人跟我不一样。"（丹丹）

第四节　自我追踪中的地方轨迹

在自我追踪中，个体在物理空间中的足迹被实时记录在数字界面中，成为一种数字记忆，再现了个体的地方移动。这种轨迹既可以被用来进行个体化的情感表达，也可以在时间轴上构成个体的地方记忆。在情感表达上，通过轨迹的形式，个体的情感被附加于物理空间之上，地方空间被情感化。在地方追踪上，足迹的历史叠加成为个体地方移动的存储。这种地方铭刻的过程亦是关于地方的第三记忆生产的过程。在此过程中，基于定位媒介的第三记忆（对移动轨迹、速度等信息的记忆）代替（或补余）了个体的第一记忆。

一、趣跑：踏心"迹"

"走过的线路无法消除，正如爱过的人无法抵赖，GPS没有橡皮擦。"[1] 跑步APP在量化自我移动的同时，也会记录下移动的轨迹[2]。这些

---
[1] 游谱旅行.还在用跑步轨迹刷朋友圈？他的记录方法绝对亮瞎[EB/OL].(2016-02-22)[2020-02-22]. https://sports.qq.com/a/20160222/036172.htm?_ad0.25513138614047615.
[2] 例如跑步软件咕咚，在长按结束图标之后，界面会播放用户跑步轨迹的动态路线。

轨迹通常是自我量化之余的产物,并不是有意绘制的。有的用户也会有意通过跑步轨迹来绘图,赋予轨迹某种意义。例如,在"跑吧论坛"中,网友"赤兔马"在《跑步轨迹图的"妙用"》一文中总结出"伴手礼""纪念品""到此一游"三种关于轨迹画图的动机①。从地方生产的视角来看,通过轨迹画图,用户将某种意义附加于空间之上,用足迹创造了一种有意义的空间图像。这也成为人们地方实践与地方记忆的重要组成部分。

(一) 合肥跑步者的故事②

合肥市马拉松协会的邵玉宇等人很喜欢利用跑步轨迹来画图,并分享到朋友圈里。她和她协会的朋友们跑出过很多不同形状的轨迹。邵玉宇说:"对于我们普通爱好者来说,跑步是一种简便性极高的健身活动。在这个过程中搞点有意思的花样,大家也都愿意一起过来研究商量。"

这个协会里有一位网名叫"飞舞的蚂蚱"的跑友,在合肥跑出过很多趣味十足的轨迹,最有意思的一条在淮河路步行街附近③。"途经环城西路、环城北路、南淝河大桥等位置,就可以跑出一只可爱的'小猪'。全程大约12.78公里,跑完大概需要一个半小时的样子。"这位跑友说④。

很多喜欢跑步的市民都会去大蜀山跑步,从蜀山森林公园上山,沿着环山路一路奔跑,就可以跑出一朵美丽的"玫瑰花"图案。邵玉宇就有这样的经历:

> "有一天晚上,我和另外几个跑友相约大蜀山,仅仅花了一小时便完成了玫瑰作品。这朵'玫瑰花',形状倒是并不复杂,就是花苞外加一根竖直的茎,以直线和大圆弧为主,总共里程也不是很长,大约8公里,但是栩栩如生。这幅路线图后来被转发到跑步群和朋友

---

① 跑步轨迹图的"用"[EB/OL].[2019-02-29]. http://bbs.running8.com/thread-278667-1-1.html.
② 本故事来源于相关网络报道。
③④ 唐萌.他们用脚步跑出"神轨迹"[EB/OL].(2018-08-10)[2019-10-04]. http://www.sohu.com/a/246322480_114967.

圈里时,跑友们激动万分。"①

城南跑步群的"蓝心儿"热衷于在大蜀山"画玫瑰"。大蜀山是一个天然氧吧,比较受跑步爱好者的青睐。2016年,"蓝心儿"几乎每个月都要去大蜀山跑至少一朵玫瑰。这一年,她在大蜀山上"画"出了80朵玫瑰。

"活动很好,当下雾霾严重,去山里适合大家吸氧,也有助于放松心情。这不是小儿科,每个8公里都特别有意义。因为每公里的速度不一样,所以跑完后画出的每朵玫瑰都不会相同。每次我跑完一朵玫瑰,都会发出来记录一下,一朵又一朵,心底里都是美美的。这种开心、快乐,别人或许无法了解。"(蓝心儿)②

协会里的魏女士平常主要在望湖城附近跑步。这边小区比较多,魏女士无意间发现沿着小区与小区之间的路线,可以跑出一些有趣的汉字,例如她就跑出过"虎"字③。

一些跑步协会经常会通过轨迹绘图来增加跑步的趣味性。2017年七夕节,一个名为奔色的跑步协会组织了一次"奔色大蜀山七夕荧光跑活动",鼓励跑步者"用步伐画出爱的形状"。其中的一个重要噱头就是跑步轨迹所形成的玫瑰花图案④。

(二)趣跑GMY:轨迹图中的GMY

2019年5月14日,海浪传媒微信公众号发布了一个关于趣跑GMY

---

①③ 唐萌.他们用脚步跑出"神轨迹"[EB/OL].(2018-08-10)[2019-10-04]. http://www.sohu.com/a/246322480_114967.
② 奔色.合肥跑者故事:她用双脚,在大蜀山画出了朵朵玫瑰[EB/OL].(2017-01-16)[2019-10-04]. https://www.sohu.com/a/124410195_397484.
④ 奔色.你会如何表达"我爱你"丨奔色大蜀山七夕荧光跑活动回顾[EB/OL].(2017-08-28)[2019-05-29]. http://www.sohu.com/a/167857566_397484.

活的光标
定位媒介中的新地方感

的公告。活动的主题是"运动青春 活力无限"。活动规则要求：

> "在朋友圈晒有趣的运动轨迹，附上运动后的感想✚#趣跑GMY打卡#，比如5 km的米菲兔#趣跑GMY打卡#，并集满10个赞，将朋友圈截图发给海浪小助手后，即可参与。"①

2019年5月26日，海浪传媒微信公众号公布了获奖名单，并展示了获奖者跑出的轨迹②。其中一幅轨迹图的作者是小T。小T是海浪传媒的成员，所画的轨迹是海浪传媒的吉祥物"肥水"。小T在回忆"肥水"的轨迹图的创作过程时说：

> "海浪传媒有一个微信号叫'海浪小助手'，当时我就想着要跑一个'肥水'，给海浪小助手发朋友圈。去跑那个图，其实我是预先设计的。在手机上把GMY的地图截图下来，用绘图工具大概规划了一下，然后对比着来跑。"

小T的跑步过程并不很顺利，因为学校的路要画出"肥水"外围的那两条弧线不是很容易。有时候，为了把弧形画得更完美一点，需要穿越草丛或者陡坡。

> "过程中有时候要经过一些陡坡，落差比较大，我没办法爬过去。当我想要把这两个点连起来的时候，就需要把手机伸过去，在屏幕上点击暂停跑步。然后我绕过这个陡坡，再走到刚才手机伸过去的那个位置，点击开始跑步。我选的软件是KEEP，选它的原因是它暂停是不会有痕迹的。"

---

①② 广东海洋大学海浪传媒.趣跑已开始,手环等你拿[EB/OL].(2019-05-14)[2019-07-29]. https://mp.weixin.qq.com/s/UBo1G0cOpt9lHkc1Zk91yQ.

小T的跑步路线几乎绕了大半个校区：

"我是从水生博物馆开始，穿了一下草地，到了教工食堂，又往上，然后往钟海楼海那边绕了一下，还有一段是在科技楼，那里有一个大斜坡，那个真是太难了。那个是把手机抛了过去，因为它是草地，我人上不去。然后我去了一趟东区宿舍，又绕到了校门口，差不多就结束了。"

小T跑出来的只是"肥水"外部的大致轮廓。之后，他用美图秀秀，在轮廓周围加上了眼睛、嘴巴、云朵、太阳。

"好人越""画"的两幅轨迹图也获了奖。"好人越"说，其中一幅"画"的是一个雪糕，另一幅是一个豆。"好人越"在回忆轨迹绘制的过程时说：

"你要跑一个图出来，首先你肯定要去看地图，可以选一些有趣的图出来，这个过程你要研究很久……有些路在地图上显示不出来，你要根据自己对这个地方的了解做一些补充。我觉得，你要跑出一个好看的图片的话，肯定要花很大的功夫。这个过程会过分依赖地图，你要会看地图。你跑的话就没随便跑一跑那么快。跑步中也要思考跑哪个地方，才能让最后的图比较好看。因为有时候你在一个地方磨蹭太多的话，软件上的路线可能会产生偏移。我觉得，你能够跑出一个好看有趣的图出来就会很自豪，也感觉挺有趣的。"

（三）自我追踪过程中的地方记忆：以趣跑为例

跑步是一种"行走的实践"[①]。在跑步的过程中，人与空间产生了一

---

① [法]米歇尔·德·塞托.日常生活实践：1.实践的艺术[M].方琳琳，黄春柳，译.南京：南京大学出版社，2015：167.

种关联。例如,赵老师在介绍他经常跑步的物理空间时说:"这个地方环境比较好,路面比较平整,比较适合跑步。离我家比较近,我经常在晚饭四五十分钟后出来夜跑。我在这个地方跑了三年。"这是一种人地关系的表现,其中包含某种"恋地情节"①。

有定位媒介参与的跑步实践与没有定位媒介参与的跑步实践是两种不尽相同的跑步实践,所产生的地方记忆也不尽相同。定位媒介使个体在物理空间中的每个脚步都被记录、量化、追踪。这也可以被视为一种空间的书写。这些书写是由人们的身体活动完成的。例如,用户在每次跑步结束时,点击结束按钮之后,就可以看到自己的跑步轨迹(大多数软件都会以动画的形式在一两秒之内重新播放跑步过程)。这些跑步轨迹还会作为一种数字档案存留在跑步软件中。这些第三记忆都是数字时代地方实践的一部分。在这个意义上,自我追踪应被视为一种地方生产的实践。

趣跑是自我追踪的一种特殊形式。对于大多数人来说,趣跑是一种偶尔为之的行为。就像小T所说的:"跑步是给自己跑的,是一种锻炼的形式。画图是增加它的趣味性,跑完之后拿出来跟大家分享,博人眼球,有点为别人而跑的意思。如果你专门把跑步拿来画图的话,我觉得可行性不太大。"

在小T看来,轨迹绘图是为了给别人看的。这可能代表一些人的观点,但并非全部。像"好人越"就能从绘图中收获某种自豪感。

趣跑作为一种非经常性的自我追踪行为,其特殊性在于"趣"字。就像海浪传媒在趣跑活动的宣传语中写到的:

"生活需要仪式感,跑步也是这样。一个人可以跑得很快,一群人可以跑得更远。让所跑过的运动轨迹来诠释自己此时的内心。独跑也好,群跑也罢,时间长了,都会产生一种厌倦感。特别是在烈日

---

① [美]段义孚.恋地情结[M].志丞,刘苏,译.北京:商务印书馆,2018.

炎炎的夏日里,容易让人丧失对跑步的热情。那么,怎样才能让跑步变得多姿多彩,让运动更具趣味性呢?和小浪浪一起"趣跑GMY",给你答案。在这里,跑步被赋予了别样的含义,你可以把自己内心想要表达的,通过跑步的形式来呈现。或跑出对自己喜欢的人的爱意,或跑出自己喜欢的人物的形状,或……在这里你可以尽情发挥你的想象,激发你的热情,挥洒你的汗水,在GMY的地图留下你的创意。"

对于一些人来说,跑步的过程是枯燥的,而轨迹图能够让跑步变得有趣。人们通过轨迹图可以表达内心的某种感受,"诠释自己此时的内心"。这种第三记忆是基于空间的想象和创意,是对物理空间的再认识和再创造。绘图者借助轨迹或表达某种感情,或表达某种创意。在此过程中,物理空间被感情、创意的信息层增强,形成了自我追踪中的地方记忆。

二、作为地方记忆的足迹与地方生产

基于定位媒介的数字记忆,是人们身体位置的一种存档。这些数字档案"把空间变成实践的地方和有意义的相遇","这样用户就能够记住'我在什么时候在哪里'或'我在什么时候是谁'"。在这个层面,"档案不再是一种被动的存储形式,而是一种基于位置的数字存储的积极实践"[①]。

根据地理信息在有关物理空间的数字记忆中的作用,这种第三记忆分为两种类型。一种类型是地理位置信息本身作为一种内容被记录、叠加,构成一种自我轨迹。这一轨迹本身具有一定的意义。例如,世界迷雾能够记录用户日常行走的轨迹,并在地图上日积月累地叠加,构成一幅"我走过的道路的地图"。另一种类型是数字足迹成为数字信息(如照片、视

---

① Frith J, Kalin J. Here, I used to be: mobile media and practices of place-based digital memory[J]. Space and Culture, 2015, 19(1): 43-55.

频)等的组织逻辑,如苹果、华为手机中的相册地图。用户拍摄照片的同时,关于拍摄地的地理信息被记录下来。用户打开地图相册的时候,相关的照片、视频信息会根据拍摄时所记录的地理位置信息呈现在地图中。

(一)世界迷雾:"记录我走过的每一条路"[①]

"Fog of world"的中文名称是"世界迷雾",是一款旅行类应用。通过这个应用,用户可以记录自己的足迹。在这款应用中,世界地图被置于迷雾之下,"驱散迷雾的方法就是到现实中的地点和路径真正走一下"[②]。这是一款足迹记录软件,通过手机内置的GPS设备,用户身体的空间运动被实时记录,并以档案的形式保存下来。

在世界迷雾的中文官网中,该应用的宣传文案很好地诠释了数字化空间足迹在地方生产中的重要性:

"透过世界迷雾,每趟精彩的旅程仿若昨日,在地图上把走过的每一条路都记录下来,看看你在地图上所创造的独一无二的终生印记,而你所要做的,只是需要展开新的冒险。你会知道,没有任何事物能够阻挡你!""回忆,造就了现在的你:不论天涯海角,再次为自己踏过的每一步路所感动。""每天都是一场全新的冒险,现在就起身出发,见证你一生的旅程,分享你的经历,解开人生成就,并为此感到骄傲。""告诉大家你的故事。多年过去后,当你再次看到在地图上所留下的足迹,这不仅仅只存在你心中深处,也仿佛再重新体验一遍。"[③]

在这些叙述中,足迹、记忆与地方的关系得到了很好的阐述。世界迷雾记录下用户日常生活中的移动轨迹,这种轨迹储存在数字设备中,并随

---

① 此内容源自访谈对象涛子。
② Sky.为什么说fog of world(世界迷雾)是最好的应用[EB/OL].(2016-04-18)[2020-02-22]. https://www.douban.com/review/7857756/.
③ 从今天起体验更精彩的人生[EB/OL].[2020-02-22]. https://fogofworld.com/.

第五章 记忆地方：活的光标的移动轨迹与地方叙事

着个体移动性的增加而实时更新。在更新的过程中，过往的数字足迹作为一种回忆被拉回到当下，成为当下的一部分。世界迷雾用户的地图都不尽相似。在某种程度上，这种数字足迹地图是用户通过行走赋予物理空间的一种意义。对于创造者来说，每幅世界迷雾地图都是一个地方。

一位知乎网友在评价世界迷雾时说："这是一款记录人生走过的路的神器。"①世界迷雾通过iPhone内置的GPS，帮人们记录行走过的路线，"完成探索世界的梦想"。这款应用的特色之一是具有很强的游戏色彩。手机界面中的世界处于一片迷雾的笼罩之下，人们通过行走的路径来驱散地图中相对应的迷雾。世界迷雾还提供等级排名，比如"勋章""等级"等。在"勋章"的功能里，世界迷雾会"提供几十个勋章供你去征服"，"比如当探索中国的面积达到100 km时，就可获得'功夫/Kungfu'勋章；而当探索过南美和北美，就可获得'哥伦布/Columbus'勋章；探索日本的面积达到100 km时，就可获得'忍者/Ninja'勋章……""最高荣誉为'世界之王/King of the wolrd'。""当探索过某一国家时，该国的国旗会被点亮。"世界迷雾中的"最高成就'世界之王'要求你探索地球表面积的1%！！！包括海洋和高山！"②

在豆瓣评论中，网友"Sky"说："我们的目标是星辰大海……"黄正洋说："记录自己曾经走过的山山水水～～"③网友"kangkang"在知乎上评价世界迷雾时说：

> "对于我这样喜欢到处去玩的人来说，这个应用真的是太棒啦！它能记录下你走过、路过的任何地方。当你回看以前的足迹，或许就回忆起路过那里的神秘经历。……从2018年10月到2019年3月，每逢出门去以前没去过或者没记录过的地方，必然打开软件记录，简称

---

① 如何评价世界迷雾App？[EB/OL].[2019-07-30]. https://www.zhihu.com/question/272161473.
② Sky.为什么说fog of world(世界迷雾)是最好的应用[EB/OL].(2016-04-18)[2020-02-22]. https://www.douban.com/review/7857756/.
③ fog of world[EB/OL].[2019-07-30]. https://www.douban.com/game/25955402/.

活的光标
定位媒介中的新地方感

'开荒'。在这段接近半年的时间里,基本上在学校、回家、出游,一直在记录。"①

涛子是从2019年暑假开始用世界迷雾的。他喜欢旅游,而作为学生,他只有在一些长假才有机会出去走走。他想用世界迷雾记录下自己在这个星球上的所有足迹,因此,一般去新的地方,他都会打开这一应用。他在这款APP的使用日志中说:

"世界迷雾中原本的世界都笼罩在一层薄雾之中,像是一面冬日里附满雾气的玻璃。当开始探索,以脚下为起点向世界出发,你的脚步变成了在玻璃上游移的水珠。水珠经过的地方,雾气散去,留下清晰的轨迹。世界很大,我们对于未知的地方的想象和理解是模糊的。我们可能在没去过某地之前,就已经通过互联网图片、朋友的描述、自己的猜测等方式对某地进行一个朦胧而不稳定的构想。但只有通过自己的双脚和眼睛投身到当地时,才能使它的样子清晰明朗,就像水珠经过雾面的路径。

两点之间直线最短,这是小学就悉知的基础数学知识。地点和地点间也一样,我们都倾向于选择出发点和目的地之间最便捷的路径,忽视了它存在的诸多可能。刚下载世界迷雾不久,有一次在海边散完步,我和朋友打算去一家常去的烧烤店。去往目的地的路直接明了,走过很多次了,沿着大路走5分钟就到了。但那天晚上我决定换一条路,去探索更多位置的区域,去让笼罩着薄雾的世界变得清晰。我们一反常态,在居民区的小路穿梭,路比原来的路窄,两点之间的路径也变得曲折,但是我们因此发现了原来不曾悉知的风景,在居民楼和围墙构成的小路边有几家意料之外的花店、咖啡店和清吧,安静地蛰伏在被夜色包围的居民区间。目的地的烧烤店变得不重要了。那晚,

---

① 如何评价世界迷雾App?[EB/OL].[2019-07-30]. https://www.zhihu.com/question/272161473.

第五章　记忆地方：活的光标的移动轨迹与地方叙事

我们选择踏入素昧平生的清吧，喝着酒，感觉和脚下这座城市的交流更加密切，它又向我展示了更多可能。之后，我开始抛开'两点之间直线最短'的固有观念，期待着复杂轨迹开拓的新的区域。

大多数轨迹都利落且清晰，但有些轨迹不断交叠往复。不断交叠往复而变得粗壮混乱的线条就是我们日常生活的区域。世界上很多路我可能只会走一回——武汉的长江大桥、香港的太平山顶、京都的清水寺。但家到超市、宿舍到操场、公司到宿舍，这些路径反反复复、周而复始，构成我们生活的主体。生活不断重演，在有精力和时间的时候多去探索未知的世界，就算对它感到不安也没关系，总有让你熟悉、给你安全的地方等你回去，那些地方就是地图上粗壮而拖沓的线条所构成的。"

在世界迷雾中，用户的移动轨迹成为驱散迷雾的方式。用户走过的路成为迷雾中被点亮的部分。在时间线上，这些轨迹被叠加。这些清晰的呈现是用户用脚丈量过的地方。过去的脚步与走过的路被拉回到当下，书写了"我的地方"。

（二）相册地图：人地关系的新呈现

1. 照片、记忆与人地关系

当下，人们习惯于用手机拍摄图片来记录自己日常生活中的一些瞬间。这些瞬间以图片或视频的形式存储在用户的智能设备中，成为人们数字记忆的重要组成部分。这些数字记忆是关于某人、某事的，也是关于某地的。拍照在某种程度上可以被视为"到此一游"式的仪式。"上车就睡觉，下车就拍照，回家一问，什么都不知道"，有人调侃这是"为了朋友圈才去旅游的"①。这可能是一种极端的说法，却也充分反映了在数字时

---

① 旅游观视界.导游笑游客：上车睡觉，下车拍照，你是为了朋友圈才去旅游的吗？［EB/OL］.(2019-04-26)[2019-07-30]. https://baijiahao.baidu.com/s?id=1631871057293307902&wfr=spider&for=pc.

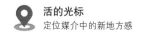
活的光标
定位媒介中的新地方感

代,人们希望将见过的风景和人、经历过的事,通过智能手机留在移动终端,以显示"我来过这个地方","有图有真相",并作为一种记忆存档。

19世纪末期,"柯达推出人性化、轻便、便宜的布朗尼相机,这是游客首次自己带相机外出拍照"。在摄影技术"柯达化"的过程中,"相机被奉为观光旅游必备的器材,因为家庭唯有靠它才能以'故事'的形式诉说他们的经历,也唯有照片才能一次又一次地将他们送回'阳光普照、自由自在'的独家时光"。风景及人们的地方经验被"转化成人可把握的东西,将来还可存续很长一段时间"。之后,相片被打印出来,"被钉在墙上,作为家中的摆设,化为记忆的架构,创造地方形象"①。摄影的"柯达化"为人们提供了一种记忆旅游的形式,把吸引自己的和有意义的景色、人、事通过镜头记录下来。随后,通过照片打印技术,将其物质化,置于墙上或者大部头的相册,以供来日重温。这也是地方生产的一种方式。

"个人相片现在多以虚拟与数字的形式,存储在相机、计算机、网络空间内,存续时间有长有短,没有任何物质实体。"②这里有一个与定位媒介相关的问题,就是用户以何种方式组织、归类照片。他们可能会将手机中的照片传输到存储器中,然后根据自己的分类标准将照片放入不同的文件夹。还有另一种形式,例如苹果或者华为手机相册中的"相册地图"。目前,大多数智能手机在用户拍摄照片时一般都会自动记录照片拍摄的地理位置,并按照不同地理位置对照片进行归类,甚至可以在地图上显示相关照片信息。这也是一种关于地方的记忆形式,展示了一种人地关系。

由于手机相册具有隐私性,田野对象都不太愿意展示。笔者采用自我民族志的方法,以自己为个案来谈一谈相册地图中的"我与地方"。

2. 相册地图中"我的地方"

笔者用的手机是华为P20,购买于2018年11月1日。手机中第一张

---

① [英]约翰·厄里,乔纳斯·拉森.游客的凝视(第三版)[M].黄宛瑜,译.上海:上海人民出版社,2016:197,198-199,209.
② [英]约翰·厄里,乔纳斯·拉森.游客的凝视(第三版)[M].黄宛瑜,译.上海:上海人民出版社,2016:214.

第五章 记忆地方：活的光标的移动轨迹与地方叙事

照片就是买手机的这一天在华为专卖店里拍摄的。截止到2019年7月28日，手机里共有943张照片和48个视频（除了笔者拍摄的照片外，还有截图、网上下载的照片）。

在点击手机中的图库之后，出现的页面底端有"照片""相册""时刻""发现"四个栏目。其中，在"照片"中，所有图片按照时间进行排序，并在拍照时间下面显示拍摄照片时所在的位置。在"发现"中，有各种手机照片的归类方式，比如"地点""事物""拍摄模式"。在"地点"的排序模式中，照片按照拍摄地点"湛江市""上海市""武汉市""南阳市"被分为四大类。点击相应的市名相册后，并没有进一步的具体的分类。在看了按照这四个地点的分类相册之后，笔者突然意识到，一年多的时间里，笔者基本上在"现住地（生活、工作的地方）"湛江市、"读博的地方"上海市、"老家"南阳市、"回老家的中转站"武汉市之间来回奔波。

在进入手机"图库"的界面之后，手机右上方有一个地理位置的图标。点击之后，所有照片都以地点归类置于地图之上。笔者能够清楚地看到自己在广东、河南、上海等省市分别拍了多少照片。这个页面可以继续放大。在放大的过程中，照片分类的地理位置越来越详细。

地图相册充分反映出与笔者拍摄照片活动相关的地理信息。基于照片拍摄行为的人地关系一目了然。照片被置于地图中，就像人们的行走轨迹一样，同样是一种地方的书写。与打卡、大众点评不同的是，这里的地方书写方式是照片拍摄。这也是记忆地方的一种形式。正如杨逸所说：

> "几年以后我再来看照片，我可能都不知道我在哪里，但是看上面保存的拍照时的地理位置信息，我就知道拍照的时候是在什么地方，我当时可能在干什么事情。它可以给我提供非常多信息。"

人们的手机相册中记载了很多关于地方、关于人的故事，但有一部分人可能不会经常翻看这些照片，有些照片可能发源于用户一时兴起、随手一拍，可能转眼间就被忘却。相册地图的呈现形式，作为一种根据地理位

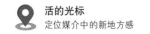

活的光标
定位媒介中的新地方感

置归档数字信息的方式,清晰地展示了人、图像、地方之间的关系。

"我比较喜欢拍照片,手机里的照片大概有2 000张吧,太多了……也不太会经常去翻看,只是有需要的时候可能会把某张照片找出来。有些照片我都忘了是在哪儿拍的。"(丹丹)

"这个(相册地图)挺好玩的,我不断放大、缩小页面,发现原来我去过这么多地方。有的如果不提醒,我都忘记是在哪儿拍的了。"(小娜)

作为地方记忆,相册地图以摄影图片的形式展示了个体的空间足迹,具有某种纪念意义。

"我第一次发现这个功能①,回忆起很多以前的事情。如果你走的地方够多,这其实是非常有意义的。例如你到过很多地方旅行,你点一个地方,就会弹出你那时候拍的照片。你放大这个地方,就能看到具体在哪儿拍的照片、去了哪儿……这看起来很有纪念意义。"(小T)

"其实就是一种记忆,一种足迹。我点开之后,可能看到我在这个地方留下了什么,或者跟哪些人合影。其实也是关于这个地方的记忆的一种形式。"(吴同学)

相册地图也能够让用户回忆起相关经历。从地方生产的视角来看,这些地方经历也属于地方记忆的一部分。例如,苗同学在访谈时现场翻看相册地图后说:

---

① 小T在访谈之前不知道手机中有相册地图。经笔者介绍,小T才第一次打开手机中的相册地图。

第五章　记忆地方：活的光标的移动轨迹与地方叙事

"看到相册地图，突然回忆起一些地方的人和事。这张是我在广州拍的。我差不多是去年这个时候去的那边，现在一年过去了。一年之前，我刚高考，还没来这边读大学。那时候还是跟以前的同学在一起。来这边读书之后，离得比较远，我就会有一点点想他们。"

本 章 小 结

"空间是贫瘠的物理环境，地方则被赋予了深刻的个人和社会意义。"[1] 这种现象学视角的地方，被视为主体而存在的客体[2]。在数字时代，人们不仅仅依靠身体与空间的直接接触来获取直接的地方记忆。"空间的社会生产"和"行走实践"更多地与数字设备相关联，地方记忆也越来越与数字设备交织在一起。本章探讨了定位空间中的个体如何进行地方记忆。借助斯蒂格勒的"三重记忆"，本章讨论了活的光标与身体、物理空间与数字空间混杂过程中的地方记忆生产问题。

移动地图作为公共或私人的第三记忆，无论是在直接经验方面还是在间接经验方面，都影响了人们关于地方的第一记忆和第二记忆。数字时代的定位打卡成为一种类似"到此一游"的地方生产仪式。在此过程中，个体将主观感受附加于空间之上，并呈现于社交网络。这是地方第三记忆的生产过程。对于打卡信息的阅读者而言，阅读过程的虚拟旅行又成为地方第二记忆的组成部分。大众点评式的位置应用为公众参与地方书写提供了平台。这种移动地理标签对于受众来说是一种地方的呈现，也是一种地方刻写，成为诸多用户地方的第三记忆，也构成了地方集体

---

[1] Nisi V, Oakley I, Haahr M. Location-aware multimedia stories turning spaces into places[J]. Universidade Católica Portuguesa, 2008: 72-93.
[2] ［美］Richard Peet. 现代地理思想［M］. 王志弘，张华荪，宋郁玲，陈毅峰，译. 台北：群学出版有限公司，2005：92.

记忆。在跑步轨迹绘图、世界迷雾、相册地图等媒介实践中，自我追踪作为一种第三记忆补余了移动中的第一记忆，参与了人们的地方生产实践。自我追踪过程中的轨迹记录及叠加，可以被视为一种空间经验的记录。作为轨迹的第三记忆成为一种私人化的地方持留。这都成为人地关系的重要组成部分。

第六章
回归的地域——以混杂之态

第一节 位置即讯息:移动传播研究的地方转向

"你手机里的位置功能会一直开着吗,会不会故意关掉?"
"会关。只有用到的时候才开,因为耗电。"(麦子)

绝大多数访谈对象都会像麦子一样有意识地关掉手机的位置功能。原因是多样化的,有的怕耗电,有的怕自己的位置隐私受到侵犯。也有一些访谈对象一般都不会关掉手机的GPS功能。

在一开一关之际,手机便变得与众不同了。因为在打开GPS之后,手机便具有位置传感功能,成为一种定位媒介。

德布雷说:"我们生活在媒介圈中,就如同鱼在水中一样自然,浑然不觉。"[1]在当下的数字场景中,每个个体都是生活在数字媒介技术之水中的鱼。这些新媒体"总是与我们的日常生活相互交织,介入早已存在的时空结构模式之中,并源源不断地创造新的节奏和空间"。诸如手机、GPS/卫星导航等移动设备,"通过日常生活和技术领域的时空联系来绘

---

[1] [法]雷吉斯·德布雷.媒介学引论[M].刘文玲,译.北京:中国传媒大学出版社,2014:50.

制人们的社会构成和传播方式"①。在日常生活中,人们迷路的时候会打开移动地图,需要打车的时候会打开滴滴,需要发现附近的美食或点外卖的时候会打开美团、大众点评;人们还会通过位置共享来与朋友相遇,会在觉得有意义的地方打卡,在朋友圈里分享,会用KEEP、咕咚等软件来记录跑步轨迹……大多数人在使用定位媒介的时候都是自然而然、理所当然的,"就如同鱼在水中一样自然"。或许只有在手机GPS定位不准确或出现故障的时候,人们才能体会到日常生活与定位媒介之间的关系,才会体会到定位媒介技术在当下生活中发挥的作用。本书将这些日常生活中的经验陌生化,达到去蔽的目的,从而通过定位媒介来彰显位置在数字移动中的重要性。

我们正在经历互联网与物理空间互动方式的转变。以定位媒介为代表的移动数字媒体"将我们和我们生存的环境之间的传统界限模糊化,身体与城市的信息和物质结构交织在一起",成为"一系列重要的社会和文化活力的交汇处","重构着日常生活实践,并改变着身体与环境之间的关系"。对于用户来说,这种"无所不在的、包含地理信息的交互界面""帮助组织社会联系,获得信息并让我们感知到信息,使我们和所处的环境建立新的关系"②。"位置感知媒介将个人用户在城市环境中的自由活动与大规模的数据分析及位置追踪功能结合起来,形成了新的城市逻辑。"③借用梅西(Massey)关于"geography matters"④的表达,在这里可以说"location matters"。

正是定位媒介对于位置的强调,拉开了它与其他媒介空间化形式的距离。人们经常将空间与位置连在一起来表达,但细究之下二者又有所

---

① [英]马丁·李斯特,等.新媒体批判导论(第二版)[M].吴炜华,付晓光,译.上海:复旦大学出版社,2016: 271-272.
② [英]尼古拉斯·盖恩,[英]戴维·比尔.新媒介:关键概念[M].刘君,周竞男,译.上海:复旦大学出版社,2015: 62.
③ [澳]斯科特·麦夸尔.地理媒介:网络化城市与公共空间的未来[M].潘霁,译.上海:复旦大学出版社,2019: 3.
④ Massey D, Allen J, eds. Geography matters!: a reader[M]. Cambridge: Cambridge University Press, 1984.

不同。在汉语词典中,位置指"空间分布,所在或所占的地方,所处的方位",比如建筑物的位置、身体的位置。位置是具有明确方位的空间,这种方位通过此地与彼地的关系得到呈现。在定位化移动中,具体空间方位和身体方位共同构成了移动的前提。身体从一个方位奔赴另一方位,与某个具体的空间(如公园、建筑等)或者某个具体的身体相遇。

"上个世纪末人文地理学的文化转向和传播学研究的空间转向相互激荡",在传播学领域出现了"媒介与传播地理学"这一跨学科交叉领域,"在很多方面颠覆了人们关于何为媒介、何为空间以及如何研究媒介和空间的陈旧观念"[1]。21世纪,随着可穿戴设备的普及,移动传播研究也开启了自身的空间转向,关注移动中的传播与空间。对于移动中数字空间和物理空间融合的讨论,大都停留在"来回穿梭"的层面。"一个红灯的停留,你发出了一个朋友圈,评论,回复,绿灯,通行。"这是典型的移动过程中网络信息与物理空间的关系。个体通过海勒斯所谓的表现的身体和虚拟的身体,穿梭于网络空间和物理空间,进而打破了网络空间和虚拟空间的屏障[2]。从历时性的角度来讲,这也是一种虚实交融。但细究之下,这种"打破"是不彻底的,因为在共时的层面,我们也可以说物理空间和数字空间互相冲突,例如绿灯的亮起阻碍了数字空间的即时通信,行人不得不暂时脱离数字空间,专心从斑马线通过。定位化移动中的时空融合显然与此不同,其中的重要原因是,数字空间中的信息是位置化的,信息通过位置传感器与脚下之地发生关联。这改变了人们通过互联网与物理空间发生关联的方式。因此,定位媒介是移动传播空间转向的一个特殊个案。其特殊之处在于对于位置和信息关系的强调。面对移动数字时代无地方感的焦虑,对于移动数字信息和地方关系的强调在某种程度上可以被视为一种移动传播研究地方转向的典型代表,一种移动传播研究空间转向的新发展。

---

[1] 袁艳.当地理学家谈论媒介与传播时,他们谈论什么?——兼评保罗·亚当斯的《媒介与传播地理学》[J].国际新闻界,2019,41(7):157-176.
[2] 孙玮.移动网络时代的城市新时空:传播学视野中的传播与建筑[J].时代建筑,2019,2:10-13.

在麦克卢汉"媒介即讯息"的隐喻中,媒介会在人的感知比率方面产生影响(所谓延伸)。随之而产生的新环境,即服务环境引起的心理和社会变化的总和,就是所谓的"讯息"[①]。借用"媒介即讯息"的表达,对于定位媒介来说,"位置即讯息"[②]。这一表述强调位置在当下移动传播过程中的意义——媒介、身体、信息、移动的位置化。具体来说具有三重含义。

第一,"位置即讯息"是"媒介即讯息"的延伸与补充。"媒介即讯息"强调媒介之于传播的重要性,但未涉及位置在媒介传播中的价值,仿佛媒介是去空间化的,能够脱离空间位置而存在。以往的移动传播研究重在关注移动中与不在场他人的社会关系,如基于移动电话的微观协调[③]、社会网络[④]等,基本上延续的就是此路径。"位置即讯息"则在认同"媒介即讯息"的前提下,强调空间位置同样是讨论媒介社会影响时需要被观照的因素,对于媒介社会影响的讨论要将空间位置的因素纳入其中。

第二,"位置即讯息"意指传播的位置化,包括身体的位置化、信息的位置化等。位置成为信息的组织与呈现条件,信息成为位置化的信息,而非去位置化的信息。位置也是被数字信息增强的,虚拟空间成为位置的有机组成部分。身体也是位置化的身体,是具体空间中具有相对位置的身体,这为身体的移动创造了前提。

第三,这种位置与信息的融合带来了微观和宏观的社会影响。在微观方面,通过移动设备,个体可以对位置进行私人化的体验(如按需检索位置信息)和公共化的书写(如百度地图、高德地图中的用户评论,其他用户在接近这一位置时可以被检索到);在宏观方面,这种融合重塑了城

---

① [加]梅蒂·莫利纳罗,[加]科琳·麦克卢汉,[加]威廉·托伊.麦克卢汉书简[M].何道宽,仲冬,译.北京:中国人民大学出版社,2005:467.黄旦.延伸:麦克卢汉的"身体"——重新理解媒介[J].新闻记者,2022,2:3-13.
② 许同文."位置即讯息":位置媒体与城市空间的融合[J].新闻记者,2018,6:12-18.
③ Ling, R. The mobile connection: the cell phone's impact on society[M]. San Francisco, CA: Morgan Kaufman,2004.
④ Keyani P, Farnham S. Swarm: text messaging designed to enhance social coordination[M]//Harper R, Palen L, Taylor A, eds. The inside text: social, cultural and design perspectives on SMS. Dordrecht: Springer, 2005: 287-304.

市公共空间,进而影响了空间总的社会移动生态,以及其中的政治、经济、文化活动。这就是"位置"所带来的"讯息"。

第二节　混杂态中的空间感:身体-定位媒介→物理空间-数字空间

"位置即讯息",但位置与人之间如何产生关联,或者说在位置重塑移动与传播的过程中,我们应该以何种视角来讨论人与空间位置的关系。这成为讨论人地关系时需要解决的重要问题。总的来说,这里牵扯两个关联的混杂过程,一个是定位媒介与作为活的光标的身体的混杂,一个是物理空间与数字空间的混杂。在混杂态之下,个体得以在移动中经验空间位置。身体与光标之间,物理空间与数字空间之间,联结共生。

空间中人的移动在现象层面表现为身体在空间中位置的转换,并且这种移动是以身体对空间的感知为前提的。但是移动技术在和移动的身体耦合之时,既改变了身体,又换了空间。身体是空间经验的媒介[①],其深度卷入硬件和软件技术系统后催生了大量新奇诡异的感知体验[②]。媒介技术不断进化的过程,也是不断对身体体验的再中介的过程。随着新媒体技术肉身化[③]的发展,"空间中身体感官和神经系统不断外化,前所未见的媒介化身体结构和感觉层次成为可能。新的空间(感知)不断涌现"[④]。这种身体新奇的空间经验,促使我们重新思考移动数字时代的空间感,以及以此为基础的地方感和地方实践。

---

① [奥地利]伯纳黛特·维根斯坦.身体[M]//[美]W. J. T. 米歇尔,[美]马克·B. N. 汉森.媒介研究批评术语集.肖腊梅,胡晓华,译.南京:南京大学出版社,2019:26.
② [英]杰弗里·温思罗普-杨.硬件/软件/湿件[M]//[美]W. J. T. 米歇尔,[美]马克·B. N. 汉森.媒介研究批评术语集.肖腊梅,胡晓华,译.南京:南京大学出版社,2019:148.
③ Hansen M B N. New philosophy for new media[M]. Cambridge, MA: MIT Press, 2004:23.
④ 潘霁.作为媒介研究方法的空间[J].南京社会科学,2022(5):91-98.

移动性"总是意味着复数的移动性","是一起移动（mobile-with）"[①]，但关键是如何理解"复数"和"一起"。在智能手机尚未普及的时代，艾蒂（Adey）和贝文（Bevan）以在线音乐网站和利物浦机场的电子公告、3D模型为个案，提出了"赛博移动性"（cybermobilities）的概念。他们认为，赛博移动性是一种模糊了物理移动和数字移动边界的移动[②]。这也是对"一起移动"的一种阐述，但关注的仅仅是位置固定的互联网设备和人群移动的关系。如今，赛博城市的媒介环境较艾蒂和贝文提出赛博移动性这一概念时发生了巨大变化，体现在相互关联的三个方面。第一，便携式数字移动设备让人在移动中随时随地传播与沟通。第二，人的身体与移动设备之间越来越紧密地结合在一起。一方面，身体是数字设备移动的载体；另一方面，数字移动技术成为身体的具身技术，同时更新了人身体的空间感知。第三，可穿戴设备不仅是一种有形的物质实体，还承载着信息。这些信息构成了人们常说的"信息空间"或"数字空间"。数字空间与物理空间以多样化的方式关联在一起（例如第一章提及的场景式关联、定位式关联）。这意味着对于赛博移动性的讨论要更广泛地将移动技术、身体、物理空间、数字空间纳入一个统一的体系中。这也是"一起移动"的重要内涵。

携带数字设备的移动个体，立身于物理空间，目之所及既包括物理空间中的景象，又包括移动数字设备中的信息。路途中的赛博人，这一秒目光在物理空间，下一秒可能就将目光留驻在数字空间。在移动的过程中，二者来回切换，不断游弋。"一会儿看手机，一会儿看大地"，成为典型的移动场景。于是，在个体主观层面，物理空间和数字空间也形成了交互，进而共同定义了此时此地的场景。此过程亦即物理空间和数字空间相关联的过程。这也为赛博人的讨论提出空间化的问题。

这里有两点需要进行讨论。首先，在数字化移动中，媒介、身体、物理

[①] ［英］彼得·艾迪.移动［M］.徐苔玲，王志弘，译.台北：群学出版有限公司，2013：25.
[②] Adey P, Bevan P. Between the physical and the virtual: connected mobility?[M]//Sheller M, Urry J, eds. Mobile technologies of the city. London: Routeldge, 2006: 44-60.

空间、数字空间如何关联。从交互界面的视角来看,基于数字应用界面,身体和移动数字媒体交互而成了赛博人。赛博人既能感知物理空间,又能感知数字空间,同时具备使二者互文的能力。如此,物理空间和数字空间便交融在一起,形成赛博人移动的空间结构。其次,不同的移动技术与身体耦合过程中所生成的身体感知亦不相同,进而产生了不同的空间感和移动性。数字空间和物理空间可以是互斥的。例如,在地铁中,几乎每个人都手持移动设备,"低头族"沉浸在智能设备所提供的数字世界中,物理世界与数字世界之间便呈现出割裂的景象,因为移动的身体所携带的信息无关当下位置。但在本书所关注的定位化移动中,物理空间和数字空间呈现出一种混杂的现象。这种混杂不是叠加,更不是割裂,而是你中有我,我中有你,你我交融。这是定位媒介的"定位"使然。

定位媒介的主要功能是"定位"。需要追问的是"定谁的位"和"何以能定"。从经验层面来看,被定位的主要是携带移动设备的身体或者建筑物等(即便是对于建筑物的定位,也是以"我的身体"为中心展开的),具体表现为"某建筑物/人相对于我当下身体站立之地的方位或距离"。因此,离开身体就无法定位。定位的过程是移动数字媒介通过位置传感器感知身体所在的物理空间,并在数字界面上呈现相关的位置信息的过程。这里存在一个身体、定位媒介、物理空间、数字空间之间的反馈回路。在此反馈回路中,身体被置于物理和数字交织而成的坐标系中,既有方位,又有距离。从交互界面的视角来看,这是一个交互的过程。因此,可以说"定位亦交互"。

大众传播学常将身体和空间的要素视为传播过程中固着的消极因素,因为信息的远距离传播需要打破空间的限制和身体的束缚。但正如彼得斯所问:"在人类交流中,人体在多大程度上可以保持缺席?"他认为,这是传播观念里一直存在的焦虑[1]。这句发问还可以引申为"在移动

---

[1] [美]约翰·杜翰姆·彼得斯.对空言说:传播的观念史[M].邓建国,译.上海:上海译文出版社,2017.

传播中，身体和空间能够在多大程度上保持缺席？"当下，随着移动传播的推进，空间和身体均以不同的姿态回到学者们的研究视野。在移动传播研究对于空间的关注中，诸如编码/空间、媒体城市、赛博城市等概念，均对数字空间与网络空间之间的融合、共生关系做出了生动的描述。关于移动媒介与身体的描述也受到了关注，典型的如赛博人的概念。这一概念关注的是以手机为代表的移动数字媒介与人身体之间的具身关系。但赛博人与混杂空间之间的关系是什么，二者的交互运作如何生成数字化移动，则需进一步讨论。本研究从交互界面的视角展开的对于定位的讨论，对二者的关系进行了探索性的阐释——赛博人是混杂空间的成因，身体与技术的关系深刻地影响了身体空间化的过程。定位媒介的技术特性使定位媒介与身体混杂而成的赛博人位置化，进而影响了赛博人的位置感知。这就是定位的重要内涵，同时区分了定位化移动和其他网络化移动。这推进了对身体与技术交互的既有研究，以及对物理空间和数字空间关系的理解，同时对身体、媒介、空间、移动之间的关系做了新的注解。

第三节 回归的地域：活的光标激活地方感

混杂态之于当下人地关系的讨论意义重大。在网络社会，现代世界正在从地方空间转向流动空间。但在地化生存的人依然需要在网络社会的流动空间中重获一种地方感。

库哈斯（Koolhaas）认为，世界范围内的大多数城市都是"一般化的城市"（the generic city），是克隆化的、千篇一律的、无历史的、快速更新的城市[①]。但是，当定位媒介关于特定地点的叙事作为信息层附加在物理空间

---

① Koolhaas R, Mau B. The generic city[M]. New York: The Monacelli Press, 1995.

之上时，这种"一般化就变得具体化了"①。在这个层面，基于定位媒介的混杂空间是一种增强空间。在这种增强空间中，装备有定位媒介这一"电子器官"的赛博格们，在"感官重组和知觉再造"的过程中，被置于全新的空间形式中，以一种新的方式感知物理空间，产生了一种新型的"经验"。定位媒介与空间的这种特殊关系可以转化为地方生产的实践②。

在社会研究的移动性转向中，移动成为分析当下社会空间、政治、经济、文化实践的一个重要框架。尤其是随着移动媒体越来越多地嵌入当下的交通网络、空间导航、社交网络，数字移动媒体与移动性之间的关系越发成为需要重视的问题。以往的移动传播研究主要关注移动媒体所构筑的超时空体验，而忽略了这种移动技术之于移动和在地化实践的意义，位置、附近、移动也因此被架空。位置感知技术的日常化促使我们重新思考移动数字技术与地方之间的关系。

人的移动总是身体从一个具体的位置移向另一个具体的位置。在移动传播时代，移动早已不仅仅是单纯的身体的位置改换。无论是身体还是位置，早已被数字技术"穿透""浸润"。身体携带移动设备，身体的移动伴随着媒介的移动、信息的移动，位置因此也被信息覆盖。定位媒介为理解身体、位置与移动的关系提供了案例。移动大都是为了抵达，但每次抵达都是以前序的位置为前提。定位媒介在改变身体的位置感知时，也使移动变得不同以往。

在对于定位媒介的讨论中，定位媒介与身体交互而成了赛博人。赛博人因为媒介技术中的GPS传感器等定位元素重回位置。在赛博人重回位置的过程中，物理空间和数字空间进行了融合。地方也因此被激活。每个定位化的驻足都激发了地方之于个体新的意义。"活的光标"使个体"回归地域"，展开丰富多彩的地方实践。在这些地方实践中，个体通过经

---

① Hansen L K, Paths of movement: negotiating spatial narratives through GPS tracking[M]//Farman J, ed. The mobile story: narrative practices with locative technologies. New York: Routledge, 2014: 128–142.
② Cornelio G S, Ardévol E. Practices of place-making through locative media artworks[J]. Communications, 2011, 36(3): 313–333.

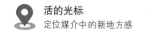
活的光标
定位媒介中的新地方感

验地方、生产地方，获得与更新地方感。

从本书前述几个章节的论述来看，"激活"的意义体现在基于定位媒介的新的人地关系和地方实践，比如地方导航、地方中的自我追踪、地缘社交、地方记忆。本书第二章到第五章分别从这四个方面讨论了定位空间中的新空间感和地方实践。

首先，导航与地方行走是定位空间中地方实践的第一个重要维度。移动地图是地方导航的核心，其他定位化移动实践都是基于移动地图平台的。在移动地图中，个体或他人在物理空间中的位置及踪迹，以及相关的物理空间信息，都得以显现。这些信息反过来又嵌入物理空间，重新定义了人们活动的空间范围。如果从关系的视角来审视当下都市的移动性，定位媒介作为日常移动的数字技术，成为当下移动系统的重要组成部分，是一种重要的移动力。这种移动力表现在移动的混杂化、移动的可见化、移动的私人化三个方面。在经由移动地图中介的混杂空间中，用户的身体成为移动地图中的活的光标，数字地图界面随之成为一种活的界面。身体与活的光标、物理空间与活的界面的接合使移动混杂化；移动地图的混杂性促成了物理空间可见性，使人们在移动的过程中得以通过移动界面"看见"自我与他者；移动地图可以根据用户的移动需求，按需表征物理空间，形成了按需混杂、一人一图的景象。在私人化的混杂空间中，移动和地方也被私人化。

其次，定位化移动的过程亦是自我追踪和自我量化的过程，促生了基于地方的身体追踪、量化和规训。通过位置传感器，物理空间中的个体以光标的形式出现在定位媒介界面的地图中。地方空间也成为身体的规训空间。在定位空间中，以活的光标的形式，定位媒介用户可以重新认识自我的移动，进而生成了一种定位化自我。在主动式自我追踪中，用户借助跑步路线、里程、速度等自我追踪数据，掌控跑步过程，提高跑步水平，进行自我规训。同时，量化的数据也将运动的目标数据化、客观化，成为督促（激励）用户达成目标的重要因素。自我追踪数据也成为数字记忆。用户还可以在社交媒体中披露这些数据，进行印象管理。在被动式自我追踪中,他者的观看被纳入自我追踪的过程。用户不得不在某种目标规范的要求之下进行自我再生产。有时,用户为了逃避凝视,会利用技术的漏洞,创造符合标准规范的量化自我。

再次,在定位空间中,自我与他人移动身体的可追踪性,不仅生成了量化自我,也带来了相关的地缘社交。感知空间中共同在场的身体是地方社会关系和公共交往的前提。基于地理位置的社交媒体中,通过手机位置感知功能,个体身体的空间位置能够呈现在赛博空间中,成为赛博空间中的一种自我披露。这种身体位置的披露可以被用来进行身份策展,创造一种位置化自我。在混杂空间中,人们之间展开了共时性的跨空间体验,不同个体及空间被拼贴和连缀在一起。基于地理位置的社交媒体所激发的社会交往行为,既包括熟人间的社会交往,也包括陌生人间的交往;既能够促进亲密关系的进一步发展,也为城市的公共交往提供了新的可能性。

最后,在寻路、自我追踪、社会交往等定位化移动实践中,个人的地方记忆不断被生产和刷新,构成了地方感的重要内容。移动地图、地理标签、数字足迹等既是关于地方的第三记忆,也以定位化的方式嵌入了个体与公众关于地方的第一记忆和第二记忆中。在寻路过程中,人们借助移动地图来经验空间。移动地图既是空间的一种表征,也为空间提供了表征。这种地方是一种混杂的地方,是人们的直接经验与媒介化经验交织的地方。地点类打卡对于打卡者是一种地方生产仪式,对于打卡受众是一种地方的呈现,影响了人们的地方记忆。人们借助定位媒介记录物理空间中的身体足迹。这种自我追踪也是一种地方书写和地方记忆。例如,在跑步软件的轨迹画图案例中,身体的数字轨迹被叠加在物理空间中,表达画图者的某种感情、创意,从而在定位空间中生成了一种有意义的地方。在世界迷雾、地图相册的案例中,人们在定位媒介中留下来的数字化身体足迹在日复一日的叠加、累积过程中,成为地方的第三记忆。

在上述移动实践中,定位媒介以定位化的方式凸显"立足之地"在移动传播中的作用。当位置(物理空间)、场景、地方以这种方式被拉回移动传播领域时，移动传播与移动实践均呈现出新的局面。这既刷新了移动中人的主体性、空间的形态，也重新定义了"我的地方"。

在"消失的地域"的地方叙事中，数字媒介将人们的感官从地方移至远方。但地方一直都在，人的身体依然需要一种适地化生存。在定位媒介的案例中，数字媒介彰显了让人们再次回归地方的能力。这种回归是技术化的回归，个体被数字技术嵌入，以赛博格、活的光标的姿态出现在物理空间。与此同时，地域也迥异于以往，物理空间与数字空间混杂。没有一个固定的地方，也没有一种固定的回归。以定位媒介为代表的数字技术，既重塑了回归的方式，也重新定义了地方。这是一种新的脱域与嵌入、去身体与具身化的重组。

附录
访谈个案基本情况

编号	姓名（代称）	身份	所在地	性别	访谈方式	访谈话题	访谈时间
S01	橙子	学生（大四）	湛江	女	微信通话	手机定位	2018/3/25
S02	小娜	学生（大一）	湛江	女	面对面	手机定位	2018/4/21
S03	李韬	学生（大二）	湛江	男	面对面	手机定位	2018/4/29
S04	麦子	学生（大二）	湛江	女	面对面	手机定位	2018/5/3
S05	李磊	学生（大三）	湛江	男	面对面	手机定位	2018/5/14
S06	晨月	学生（大三）	湛江	女	微信通话	定位打卡	2018/5/14
S07	丽慧	学生（大三）	湛江	女	面对面	定位打卡	2018/5/14
S08	海连	学生（大三）	湛江	女	微信通话	定位打卡	2018/5/15
S09	韩同学	学生（大三）	湛江	女	微信通话	定位打卡	2018/5/15
S10	谢同学	学生（大三）	湛江	女	微信通话	定位打卡	2018/5/15
S11	朱同学	学生（大一）	湛江	女	面对面	手机定位	2018/5/17
S12	大鹏	学生（大二）	湛江	男	面对面	手机定位	2018/5/21
S13	大天	学生（大一）	湛江	男	面对面	手机定位	2018/6/4
S14	邱同学	学生（大二）	湛江	女	面对面	手机定位	2018/6/5
S15	俊霖	学生（大二）	湛江	男	面对面	手机定位	2018/6/21
S16	李克	学生（大三）	湛江	男	面对面	手机定位	2018/6/21

活的光标
定位媒介中的新地方感

(续表)

编号	姓名（代称）	身份	所在地	性别	访谈方式	访谈话题	访谈时间
S17	杨逸	学生（大一）	湛江	男	面对面	手机定位	2018/6/22
S18	钟祥	学生（大一）	湛江	男	面对面	手机定位	2018/6/24
S19	王同学	学生（大一）	湛江	男	面对面	运动世界校园	2018/7/1
S20	程同学	学生（大一）	湛江	男	面对面	手机定位	2018/7/1
S21	曲同学	学生（大一）	湛江	女	面对面	运动世界校园	2018/7/2
S22	安同学	学生（大二）	湛江	男	面对面	运动世界校园	2018/7/2
S23	温同学	学生（大二）	湛江	女	面对面	运动世界校园	2018/7/2
S24	李涛	学生（大三）	湛江	男	面对面	手机定位	2018/7/6
S25	曾同学	学生（大三）	湛江	男	面对面	手机定位	2018/7/6
S26	吴同学	学生（大二）	湛江	男	面对面	手机定位	2018/7/9
S27	郑同学	学生（大三）	湛江	男	面对面	运动世界校园	2018/7/10
S28	董同学	学生（大三）	湛江	男	面对面	运动世界校园	2018/7/10
S29	大伟	学生（大四）	湛江	男	面对面	手机定位	2018/7/23
S30	龙同学	学生（大一）	湛江	女	面对面	移动地图	2018/9/11
S31	杨同学	学生（大一）	湛江	女	面对面	移动地图	2018/9/11
S32	梁同学	学生（大一）	湛江	女	面对面	移动地图	2018/9/11
S33	苗同学	学生（大一）	湛江	女	面对面	移动地图	2018/9/11
S34	李迪	学生（大三）	湛江	男	面对面	手机定位	2018/10/11
S35	晓明	学生（大二）	湛江	男	面对面	手机定位	2018/10/26
S36	大志	学生（大二）	湛江	男	面对面	手机定位	2018/12/23
S37	浩班长	学生（大二）	湛江	男	面对面	跑步APP	2018/12/24
S38	小梯	学生（大一）	湛江	男	面对面	手机定位	2018/12/26

（续表）

编号	姓名（代称）	身份	所在地	性别	访谈方式	访谈话题	访谈时间
S39	陈同学	学生（大四）	湛江	女	面对面	移动地图	2019/1/11
S40	小丽	学生（大四）	湛江	女	微信文字	位置共享	2019/2/22
S41	小凯	学生（大三）	广州	男	微信通话	位置共享	2019/3/29
S42	肖塘	学生（大四）	湛江	男	深度访谈	blued	2019/4/29
S43	罗阳	学生（大三）	湛江	男	微信通话	blued	2019/5/8
S44	Svid	学生（大二）	东莞	男	微信通话	blued	2019/5/18
S45	卓凌	学生（大二）	湛江	女	面对面	手机定位	2019/5/20
S46	梁丽	学生（大二）	湛江	女	面对面	移动地图	2019/5/22
S47	盈盈	学生（大二）	湛江	女	面对面	手机定位	2019/5/22
S48	刘敏	学生（大二）	湛江	女	面对面	手机定位	2019/5/24
S49	琳沙	学生（大三）	湛江	女	面对面	手机定位	2019/5/27
S50	永欣	学生（大二）	湛江	女	面对面	手机定位	2019/5/27
S51	康康	学生（大二）	湛江	女	面对面	手机定位	2019/6/6
S52	朱林	学生（大二）	湛江	男	面对面	手机定位	2019/6/6
S53	小T	学生（大一）	湛江	男	面对面	趣跑	2019/6/11
S54	"好人越"	学生（大一）	湛江	男	面对面	趣跑	2019/6/11
S55	小唐	学生（大四）	湛江	男	面对面	手机定位	2019/6/24
S56	素素	学生（博三）	上海	男	微信通话	定位打卡	2019/8/23
S57	徐同学	学生（博一）	上海	女	微信通话	定位打卡	2019/8/29
S58	汪庚	学生（博二）	湛江	男	面对面	定位打卡	2019/10/24
S59	涛子	学生（大二）	湛江	男	微信文字	世界迷雾	2020/3/21
T01	赵老师	大学教师	湛江	女	面对面	手机定位	2018/9/1

（续表）

编号	姓名（代称）	身份	所在地	性别	访谈方式	访谈话题	访谈时间
T02	张老师	大学教师	湛江	男	面对面	运动世界校园	2018/9/4
T03	丹丹	大学教师	湛江	女	面对面	手机定位	2019/8/4
T04	吕老师	大学教师	湛江	男	面对面	手机定位	2019/1/12
D01	李师傅	滴滴司机	湛江	男	面对面	滴滴	2018/12/1
D02	王师傅	滴滴司机	湛江	男	面对面	滴滴	2018/12/2
D03	张师傅	滴滴司机	湛江	男	面对面	滴滴	2018/12/4
D04	赵师傅	滴滴司机	湛江	男	面对面	滴滴	2018/12/4
W01	王阿姨	退休职工	郑州	女	面对面	手机定位	2018/10/1
W02	阿雄	自由职业者	湛江	男	面对面	手机定位	2018/12/13
W03	飞仔	自由职业者	湛江	男	面对面	移动地图	2019/2/3
W04	朱大萌	都市白领	郑州	女	微信通话	移动地图	2018/9/12
W05	强哥	自由职业者	湛江	男	面对面	跑步APP	2019/7/23

注：1. 所有访谈对象名称均为化名；
2. 在访谈话题中，"手机定位"代表笔者全方位地与访谈对象谈及其手机中所有位置类APP，"移动地图""跑步APP""blued"等则代表笔者专门就某类位置应用与访谈对象进行了深度访谈。

主要参考文献

一、中文文献

［1］［美］W. J. T.米歇尔,［美］马克·B. N.汉森.媒介研究批评术语集.肖腊梅,胡晓华,译.南京：南京大学出版社,2019.

［2］［澳］德波拉·史蒂文森.城市与城市文化［M］.李东航,译.北京：北京大学出版社,2015.

［3］［澳］斯考特·麦夸尔,潘霁.媒介与城市：城市作为媒介［J］.时代建筑,2019（2）：6-9.

［4］［澳］斯科特·麦夸尔.地理媒介：网络化城市与公共空间的未来［M］.潘霁,译.上海：复旦大学出版社,2019.

［5］［澳］斯科特·麦奎尔.媒体城市：媒体、建筑与都市空间［M］.邵文实,译.南京：江苏教育出版社,2013.

［6］［丹麦］克劳斯·布鲁恩·延森.媒介融合：网络传播、大众传播和人际传播的三重维度［M］.刘君,译.上海：复旦大学出版社,2015.

［7］［丹麦］扬·盖尔,比吉特·斯娃若.公共生活研究方法［M］.赵春丽,蒙小英,译.北京：中国建筑工业出版社,2016.

［8］［丹麦］扬·盖尔.交往与空间（第四版）［M］.何人可,译.北京：中国建筑工业出版社,2002.

［9］［德］哈贝马斯.公共领域的结构转型［M］.曹卫东,王晓珏,刘北城,宋伟杰,译.上海：学林出版社,1999.

[10] [德]西皮尔·克莱默尔.传媒、计算机、实在性——真实性表象和新传媒[M].孙和平,译.北京:中国社会科学出版社,2008.

[11] [俄]列夫·马诺维奇.新媒体的语言[M].车琳,译.贵阳:贵州人民出版社,2020.

[12] [法]贝尔纳·斯蒂格勒.技术与时间:1.爱比米修斯的过失[M].裴程,译.南京:译林出版社,2019.

[13] [法]贝尔纳·斯蒂格勒.技术与时间:2.迷失方向[M].赵和平,印螺,译.南京:译林出版社,2010.

[14] [法]福柯.规训与惩罚:监狱的诞生(第3版)[M].刘北成,杨远婴,译.北京:生活·读书·新知三联书店,2007.

[15] [法]加布里埃尔·塔尔德.[美]特里·N.克拉克.传播与社会影响[M].何道宽,译.北京:中国人民大学出版社,2005.

[16] [法]克琳娜·库蕾.古希腊的交流[M].邓丽丹,译.桂林:广西师范大学出版社,2005.

[17] [法]雷吉斯·德布雷.媒介学引论[M].刘文玲,译.北京:中国传媒大学出版社,2014.

[18] [法]米歇尔·德·塞托.日常生活实践:1.实践的艺术[M].方琳琳,黄春柳,译.南京:南京大学出版社,2015.

[19] [法]米歇尔·福柯.权力的眼睛——福柯访谈录[M].严锋,译.上海:上海人民出版社,1997.

[20] [荷兰]马汀·德·瓦尔.作为界面的城市——数字媒介如何改变城市[M].毛磊,彭喆,译.北京:中国建筑工业出版社,2018.

[21] [加拿大]爱德华·雷尔夫.地方与无地方[M].刘苏,相欣奕,译.北京:商务印书馆,2021.

[22] [英]约翰·阿米蒂奇,乔安妮·罗伯茨.与赛博空间共存:21世纪技术与社会研究[M].曹顺娣,译.南京:江苏凤凰教育出版社,2016.

[23] [加]哈罗德·伊尼斯.传播的偏向[M].何道宽,译.北京:中国人民大学出版社,2003.

[24] ［加拿大］马歇尔·麦克卢汉.理解媒介：论人的延伸［M］.何道宽,译.南京：译林出版社,2011.

[25] ［加］梅蒂·莫利纳罗,［加］科琳·麦克卢汉,［加］威廉·托伊.麦克卢汉书简［M］.何道宽,仲冬,译.北京：中国人民大学出版社,2005.

[26] ［美］段义孚.恋地情节：对环境感知、态度与价值［M］.志丞,刘苏,译.北京：商务印书馆,2018.

[27] ［美］约书亚·梅罗维茨.消失的地域：电子媒介对社会行为的影响［M］.肖志军,译.北京：清华大学出版社,2002.

[28] ［美］Tim Cresswell.地方：记忆、想象与认同［M］.王志弘,徐苔玲,译.台北：群学出版有限公司,2006.

[29] ［挪］Rich Ling. M时代——手机与你［M］.林振辉,郑敏慧,译.北京：人民邮电出版社,2008.

[30] ［美］Richard Peet.现代地理思想［M］.王志弘,张华荪,宋郁玲,陈毅峰,译.台北：群学出版有限公司,2005.

[31] ［美］保罗·莱文森.人类历程回放：媒介进化论［M］.邬建中,译.重庆：西南师范大学出版社,2017.

[32] ［美］保罗·莱文森.新新媒介（第二版）［M］.何道宽,译.上海：复旦大学出版社,2014.

[33] ［美］本尼迪克特·安德森.想象的共同体：民族主义的起源与散布［M］.吴叡人,译.上海：上海人民出版社,2016.

[34] ［美］丹尼尔·戴扬,［美］伊莱休·卡茨.媒介事件：历史的现场直播［M］.麻争旗,译.北京：北京广播学院出版社,2000.

[35] ［美］丹尼斯·伍德.地图的力量［M］.王志弘,等,译.北京：中国社会科学出版社,2000.

[36] ［美］段义孚.空间与地方：经验的视角［M］.王志标,译.北京：中国人民大学出版社,2017.

[37] ［美］费·金斯伯格,［美］里拉·阿布-卢赫德,［美］布莱恩·拉金.媒

体世界：人类学的新领域[M].丁惠民,译.北京：商务印书馆,2015.

[38] [美]戈登·贝尔,吉姆·戈梅尔.全面回忆：改变未来的个人大数据[M].漆犇,译.杭州：浙江人民出版社,2014.

[39] [美]欧文·戈夫曼.日常生活中的自我呈现[M].冯钢,译.北京：北京大学出版社,2008.

[40] [美]格雷格·米尔纳.从此不再迷路：GPS如何改变科技、文化和我们的心智[M].杨志芳,姜梦娜,译.北京：人民邮电出版社,2017.

[41] [美]海华沙·布雷.人类找北史：从罗盘到GPS,导航定位的过去与未来[M].张若剑,王力军,党霄羽,译.北京：电子工业出版社,2018.

[42] [美]亨利·詹金斯,[日]伊藤瑞子,[美]丹娜·博伊德.参与的胜利：网络时代的参与文化[M].高芳芳,译.杭州：浙江大学出版社,2017.

[43] [美]吉娜·聂夫,[美]唐恩·娜芙斯.量化自我：如何利用数据成就更幸福的自己[M].方也可,译.北京：机械工业出版社,2018.

[44] [美]凯文·林奇.城市意象（最新校订版）(第2版)[M].方益萍,何晓军,译.北京：华夏出版社,2017.

[45] [美]兰斯·斯特拉特.麦克卢汉与媒介生态学[M].胡菊兰,译.开封：河南大学出版社,2016.

[46] [美]雷金纳德·戈列奇,[澳]罗伯特·斯廷森.空间行为的地理学[M].柴彦威,等,译.北京：商务印书馆,2013.

[47] [美]刘易斯·芒福德,著.[美]唐纳德·L.米勒,编.刘易斯·芒福德著作精萃[M].宋俊岭,宋一然,译.北京：中国建筑工业出版社,2010.

[48] [美]罗伯特·V.库兹奈特.如何研究网络人群和社区：网络民族志方法实践指导[M].叶韦明,译.重庆：重庆大学出版社,2016.

[49] [美]罗伯特·斯考伯,[美]谢尔·伊斯雷尔.即将到来的场景时代[M].赵乾坤,周宝曜,译.北京：北京联合出版公司,2014.

[50] [美]马克·波斯特.第二媒介时代[M].范静哗,译.南京：南京大学出版社,2005.

[51] [美]迈克尔·海姆.从界面到网络空间——虚拟实在的形而上学[M].金吾伦,刘钢,译.上海:上海科技教育出版社,2000.

[52] [美]迈克尔·塞勒.移动浪潮:移动智能如何改变世界[M].邹韬,译.北京:中信出版社,2013.

[53] [美]曼纽尔·卡斯特.网络社会的崛起[M].夏铸九,王志弘,等,译.北京:社会科学文献出版社,2001.

[54] [美]尼古拉·尼葛洛庞帝.数字化生存[M].胡泳,范海燕,译.海口:海南出版社,1997.

[55] [美]帕维卡·谢尔顿.社交媒体:原理与应用[M].张振维,译.上海:复旦大学出版社,2018.

[56] [美]汤姆·斯丹迪奇.从莎草纸到互联网:社交媒体2 000年[M].林华,译.北京:中信出版社,2015.

[57] [美]唐·伊德.技术与生活世界:从伊甸园到尘世[M].韩连庆,译.北京:北京大学出版社,2012.

[58] [美]Tim Cresswell.地方:记忆、想象与认同[M].王志弘,徐苔玲,译.台北:群学出版有限公司,2006:14.

[59] [美]威廉·J.米歇尔.比特城市:未来生活志[M].余小丹,译.重庆:重庆大学出版社,2017.

[60] [美]威廉·吉布森.神经漫游者[M].Denovo,译.南京:江苏文艺出版社,2013.

[61] [美]约翰·杜翰姆·彼得斯.对空言说:传播的观念史[M].邓建国,译.上海:上海译文出版社,2017.

[62] [美]詹姆斯·W.凯瑞.作为文化的传播:"媒介与社会"论文集[M].丁未,译.北京:华夏出版社,2005.

[63] [英]保罗·杜盖伊,等.做文化研究:随身听的故事(第二版)[M].杨婷,译.北京:中国传媒大学出版社,2017.

[64] [英]彼得·艾迪.移动[M].徐苔玲,王志弘,译.台北:群学出版有限公司,2013.

［65］［英］丹尼·卡瓦拉罗.文化理论关键词［M］.张卫东,张生,赵顺宏,译.南京:江苏人民出版社,2013.

［66］［英］多琳·马西.空间、地方与性别［M］毛彩凤,袁久红,丁乙,译.北京:首都师范大学出版社,2018:193.

［67］［英］丹尼尔·米勒,［澳］希瑟·A.霍斯特.数码人类学［M］.王心远,译.北京:人民出版社,2014.

［68］［英］马丁·李斯特,等.新媒体批判导论(第二版)［M］.吴炜华,付晓光,译.上海:复旦大学出版社,2016.

［69］汪民安,陈永国.后身体:文化、权力和生命政治学.长春:吉林人民出版社,2003.

［70］［英］尼古拉斯·盖恩,［英］戴维·比尔.新媒介:关键概念［M］.刘君,周竞男,译.上海:复旦大学出版社,2015.

［71］［英］尼克·库尔德里.媒介仪式:一种批判的视角［M］.崔玺,译.北京:中国人民大学出版社,2016.

［72］［英］西莉亚·卢瑞.消费文化［M］.张萍,译.南京:南京大学出版社,2003.

［73］［英］西蒙·加菲尔德.地图之上:追溯世界的原貌［M］.段铁铮,吴涛,刘振宇,译.北京:电子工业出版社,2017.

［74］［英］约翰·厄里,乔纳斯·拉森.游客的凝视(第三版)［M］.黄宛瑜,译.上海:格致出版社,上海人民出版社,2016.

［75］邓胜利,林艳青,付少雄.国外社交网络位置信息分享研究述评［J］.情报资料工作,2018(2):5-12.

［76］董晨宇,丁依然.社交媒介中的"液态监视"与隐私让渡［J］.新闻与写作,2019(4):51-56.

［77］费孝通.乡土中国［M］.北京:人民出版社,2008.

［78］高宣扬.流行文化社会学［M］.北京:中国人民大学出版社,2015.

［79］郭建斌.媒体人类学:概念、历史及理论视角［J］.国际新闻界,2015,37(10):49-64.

［80］黄旦."千手观音":数字革命与中国场景［J］.探索与争鸣,2016(11):20-27.

［81］黄旦.延伸:麦克卢汉的"身体"——重新理解媒介［J］.新闻记者,2022(2):3-13.

［82］李春媚.消费文化语境中"审美经验"的悖论式实现［J］.学习与实践,2019(6):134-140.

［83］刘海龙,束开荣.具身性与传播研究的身体观念——知觉现象学与认知科学的视角［J］.兰州大学学报(社会科学版),2019,47(2):80-89.

［84］刘涛.社会化媒体与空间的社会化生产:福柯"空间规训思想"的当代阐释［J］.国际新闻界,2014,36(5):48-63.

［85］刘亚秋.记忆的微光的社会学分析——兼评阿莱达·阿斯曼的文化记忆理论［J］.社会发展研究,2017,4(4):1-27,237.

［86］明鑫,王斌.手机运动软件与K4b2测量步行运动能耗的比较研究［J］.安徽体育科技,2015,36(3):55-58.

［87］欧阳灿灿.当代欧美身体研究批评［M］.北京:中国社会科学出版社,2015.

［88］潘霁.作为媒介研究方法的空间［J］.南京社会科学,2022(5):91-98.

［89］潘忠党,刘于思.以何为"新"?"新媒体"话语中的权力陷阱与研究者的理论自省——潘忠党教授访谈录［J］.新闻与传播评论(夏季卷),2017(1):2-19.

［90］潘忠党."玩转我的iPhone,搞掂我的世界!"——探讨新传媒技术应用中的"中介化"和"驯化"［J］.苏州大学学报(哲学社会科学版),2014,35(4):153-162.

［91］宋庆宇,张樹沁.身体的数据化:可穿戴设备与身体管理［J］.中国青年研究,2019(12):13-20.

［92］孙九霞,周尚意,王宁,等.跨学科聚焦的新领域:流动的时间、空间与社会［J］.地理研究,2016,35(10):1801-1818.

[93] 孙玮,李梦颖."可见性":社会化媒体与公共领域——以占海特"异地高考"事件为例[J].西北师大学报(社会科学版),2014,51(2):37-44.

[94] 孙玮.赛博人:后人类时代的媒介融合[J].新闻记者,2018(6):4-11.

[95] 孙玮.移动网络时代的城市新时空:传播学视野中的传播与建筑[J].时代建筑,2019(2):10-13.

[96] 孙玮.作为媒介的城市:传播意义再阐释[J].新闻大学,2012(2):41-47.

[97] 孙玮.作为媒介的外滩:上海现代性的发生与成长[J].新闻大学,2011(4):67-77.

[98] 孙信茹.作为"文化方法"的媒介人类学研究[J].南京社会科学,2019(5):113-120.

[99] 王笛.茶馆:成都的公共生活和微观世界(1900—1950)[M].北京:社会科学文献出版社,2010.

[100] 王光辉.物联网定位中的隐私保护与精确性研究[D].南京:南京邮电大学,2019.

[101] 王健,李子卿,孙慧,杨子.地方感何以可能——兼评段义孚《Space and Place: The Perspectives of Experience》一书[J].民族学刊,2016,7(5):15-20,101-102.

[102] 王右君.试探"他者"在社群网站自我叙事与记忆建构中扮演的角色:以脸书亲子文个案为例[J].新闻学研究,2019(141):39-81.

[103] 王宇航,张宏莉.基于利益最大化的位置隐私保护技术研究[J].智能计算机与应用,2020,10(1):240-244.

[104] 吴国盛.技术哲学讲演录[M].北京:中国人民大学出版社,2009.

[105] 吴筱玫.网上行走:Facebook使用者之打卡战术与地标实践[J].新闻学研究,2016(126):93-131.

[106] 项飙.作为视域的"附近"[J].清华社会学评论,2022(1):78-98.

[107] 谢静.私社区：移动新媒体时代的自我、他人与地方[J].南京社会科学,2019(1)：109-116.

[108] 徐苒,刘明洋.论人与位置媒体的空间关系[J].现代传播(中国传媒大学学报),2018,40(2)：140-146.

[109] 许同文.复合空间中的移动实践：作为移动力的移动地图[J].新闻学研究,2020(145)：147-195.

[110] 许同文."媒介特性"与"数据实践"：基于位置媒体的"校园跑"[J].国际新闻界,2019,41(11)：46-69.

[111] 许同文."位置即讯息"：位置媒体与城市空间的融合[J].新闻记者,2018(6)：12-18.

[112] 于成,刘玲.从传统地图到数字地图——技术现象学视角下的媒介演化[J].自然辩证法通讯,2019,41(2)：89-94.

[113] 袁艳.当地理学家谈论媒介与传播时,他们谈论什么？——兼评保罗·亚当斯的《媒介与传播地理学》[J].国际新闻界,2019,41(7)：157-176.

[114] 张进,王垚.论丹尼尔·米勒的物质文化研究[J].西北师大学报(社会科学版),2018,55(2)：39-44.

[115] 赵培.数字记忆的困境——基于斯蒂格勒技术观对数字记忆的反思[J].自然辩证法通讯,2022,44(8)：43-50.

[116] 朱晓兰."凝视"理论研究[D].南京：南京大学,2011.

[117] 朱亚希.从移动界面出发理解传播：论新媒介时代移动界面传播的三重属性[J].新闻界,2020(9)：26-34.

[118] 邹华华,于海.跑步风尚：城市青年文化的一个新面向[J].当代青年研究,2017(3)：11-16.

二、英文文献

[1] Adams P C, Jansson A. Communication geography: a bridge between disciplines[J]. Communication Theory, 2012, 22(3): 299-318.

[2] Aitken S C, Valentine G, eds. Approaches to human geography. Second Edition[M]. London: Sage Publications Ltd, 2015.

[3] Batty M, Hudson-Smith A, Milton R, Crooks A. Map mashups, web 2.0 and the GIS revolution[J]. Annals of GIS, 2010, 16(1): 1–13.

[4] Beck H. When men meet: homosexuality and modernity[M]. Chicago: University of Chicago Press, 1997.

[5] Bennett T, Grossberg L, Morris M, eds. New keywords: a revised vocabulary of culture and society[M]. London: Sage, 1997.

[6] Bertel T F. "It's like I trust it so much that I don't really check where it is I'm going before I leave": informational uses of smartphones among Danish youth[J]. Mobile Media & Communication, 2013, 1(3): 299–313.

[7] Bilandzic M, Foth M. A review of locative media, mobile and embodied spatial interaction[J]. International Journal of Human Computer Studies, 2012, 70(1): 66–71.

[8] Bird J, Curtis B, Putnam T, Tickner L, eds. Mapping the futures: local cultures, global change[M]. Londan: Routledge, 2012.

[9] Brewer J, Dourish P. Storied spaces: cultural accounts of mobility, technology, and environmental knowing[J]. International Journal of Human-Computer Studies, 2008, 66(12): 963–976.

[10] Brouwer J, Mulder A, et al., eds. Information is alive: art and theory on archiving and retrieving data[M]. Rotterdam: NAi Publisher, 2003.

[11] Bunz M, Meikle G. The internet of things[M]. Cambridge: Polity, 2018.

[12] Campbell S W. From frontier to field: old and new theoretical directions in mobile communication studies[J]. Communication Theory, 2019, 29(1): 46–65.

[13] Campbell S W. Mobile media and communication: a new field, or just a new journal?[J]. Mobile Media & Communication, 2013, 1(1): 8-13.

[14] Cashmore P. Next year's Twitter? It's Foursquare[EB/OL]. (2009-11-19) [2020-2-14]. http://edition.cnn.com/2009/TECH/11/19/cashmore.foursquare/.

[15] Chang C W, Heo J. Visiting theories that predict college students' self-disclosure on Facebook[J]. Computers in Human Behavior, 2014, 30(1): 79-86.

[16] Chelune G J, eds. Self-disclosure: origins, patterns, and implications of openness in interpersonal relationships[M]. San Francisco: Jossey-Bass, 1979.

[17] Christofides E, Muise A, Desmarais S. Information disclosure and control on Facebook: are they two sides of the same coin or two different processes?[J]. Cyberpsychology & Behavior, 2009, 12(3): 341-345.

[18] Cornelio G S, Elisenda A. Practices of place-making through locative media artworks[J]. Communications, 2011, 36(3): 313-333.

[19] Cramer H S M, Rost M, Holmquist L E. Performing a check-in: emerging practices, norms and "conflicts" in location-sharing using Foursquare[C]. Proceedings of the 13th conference on human-computer interaction with mobile devices and services, 2011: 57-66.

[20] Crowley D, Mitchell D, eds. Communication theory today[M]. Stanford: Stanford University Press, 1994.

[21] Daniels J, Gregory K, Cottom T M. Digital sociologies[M]. Malden: Polity Press, 2017.

[22] Dayan D. Conquering visibility, conferring visibility: visibility seekers and media performance[J]. International Journal of Communication,

2013, 7(1): 137-153.

[23] de Souza e Silva A, Frith J. Locational privacy in public spaces: media discourses on location-aware mobile technologies[J]. Communication, Culture & Critique, 2010, 3(4): 503-525.

[24] de Souza e Silva A, Frith J. Locative mobile social networks: mapping communication and location in urban spaces[J]. Mobilities, 2010, 5(4): 485-506.

[25] de Souza e Silva A, Frith J. Mobile interface in public spaces: locational privacy, control, and urban sociability[M]. New York: Routledge, 2012.

[26] de Souza e Silva A, Sutko D M. Theorizing locative technologies through philosophies of the virtual[J]. Communication Theory, 2011, 21(1): 23-42.

[27] de Souza e Silva A. From cyber to hybrid: mobile technologies as interfaces of hybrid spaces[J]. Space and Culture, 2006, 9(3): 261-278.

[28] Dodge M, Kitchin R, Perkins C, eds. Rethinking maps: new frontiers in cartographic theory[M]. London: Routledge, 2009.

[29] Dodge M, McDerby M, Turner M, eds. Geographic visualization: concepts, tools and applications[M]. Chichester: John Wiley & Sons, Ltd, 2008.

[30] Dourish P. Re-space-ing place: "place" and "space" ten years on[C]. Proceedings of the 2006 ACM conference on computer supported cooperative work, 2006: 299-308.

[31] Elwood S, Goodchild M F, Sui D Z. Researching volunteered geographic information: spatial data, geographic research, and new social practice[J]. Annals of the Association of American Geographers, 2012, 102(3): 571-590.

[32] Evans L, Saker M. Location-based social media: space, time and identity[M]. London: Palgrave Macmillan. 2017.

[33] Falkheimer J, Jansson A, eds. Geographies of communication: the spatial turn in media studies[M]. Sweden: Nordicom, 2006.

[34] Farman J, ed. The mobile story: narrative practices with locative technologies[M]. New York: Routledge, 2014.

[35] Farman J. Mobile interface theory: embodied space and locative media[M]. New York: Routledge, 2011.

[36] Free C, Phillips G, Felix L, et al. The effectiveness of M-health technologies for improving health and health services: a systematic review protocol[J]. BMC Research Notes, 2010, 3(1): 2–7.

[37] Frith J, Kalin J. Here, I used to be: mobile media and practices of place-based digital memory[J]. Space and Culture, 2016, 19(1): 43–55.

[38] Frith J. Communicating through location: the understood meaning of the Foursquare check-in[J]. Journal of Computer-Mediated Communication, 2014, 19(4): 890–905.

[39] Frith J. Smartphones as locative media[M]. Cambridge: Polity Press, 2015.

[40] Frith J. Writing space: examining the potential of location-based composition[J]. Computers and Composition, 2015, 37: 44–54.

[41] Garde-Hansen J, Hoskins A, Reading A, eds. Save as ... digital memories[M]. New York: Palgrave Macmillan, 2009.

[42] Gazzard A. Location, location, location: collecting space and place in mobile media[J]. Convergence, 2011, 17(4): 405–417.

[43] Gibbs J L, Ellison N B, Heino R D. Self-presentation in online personals: the role of anticipated future interaction, self-disclosure, and perceived success in internet dating[J]. Communication Research, 2006, 33(2): 152–177.

[44] Gilmore J N. Everywear: the quantified self and wearable fitness technologies[J]. New Media & Society, 2016, 18(11): 2524−2539.

[45] Gordon E, de Souza e Silva A. Net locality: why location matters in a networked world[M]. Malden: Wiley-Blackwell, 2011.

[46] Greenfield, A. Everyware: the dawning age of ubiquitous computing [M]. Berkeley: Peachpit Press, 2006.

[47] Guha S, Birnholtz J. Can you see me now?: location, visibility and the management of impressions on foursquare[C]. Proceedings of the 15th international conference on Human-computer interaction with mobile devices and services, 2013:183−192.

[48] Hand M, Gorea M. Digital traces and personal analytics: iTime, self-tracking, and the temporalities of practice[J]. International Journal of Communication, 2018, 12(1): 666−682.

[49] Hansen, M. New philosophy for new media[M]. Cambridge, MA: MIT Press, 2004.

[50] Harrison S, Dourish P. Re-placing space: the roles of place and space in collaborative systems[C]. Proceedings of the 1996 ACM conference on computer supported cooperative work, 1996: 67−76.

[51] Hartley J, Burgess J E, Bruns A, eds. A companion to new media dynamic[M]. Oxford: Wiley-Blackwell, 2013.

[52] Horst H, Miller D. Normativity and materiality: a view from digital anthropology[J]. Media International Australia, 2012, 145(1): 103−111.

[53] Hoskins A. Memory ecologies[J]. Memory Studies, 2016, 9(3): 348−357.

[54] Humphreys L, Liao T. Mobile geotagging: reexamining our interactions with urban space[J]. Journal of Computer-Mediated Communication, 2011, 16(3): 407−423.

[55] Humphreys L, Mobile social networks and social practice: a case study

of Dodgeball[J]. Journal of Computer-Mediated Communication, 2007, 13(1): 341-360.

[56] Humphreys L. Mobile social networks and urban public space[J]. New Media & Society, 2010, 12(5): 763-778.

[57] Istepanian R, Jovanov E, Zhang Y T. Introduction to the special section on M-Health: beyond seamless mobility and global wireless health-care connectivity[J]. IEEE Transactions on Information Technology in Biomedicine, 2004, 8(4): 405-414.

[58] Ito M, Okabe D, Matsuda M, eds. Personal, portable, pedestrian: mobile phones in Japanese life[M]. Cambridge, MA: MIT Press, 2006.

[59] Katz J E, Aakhus M, eds. Perpetual contact: mobile communication, private talk, public performance[M]. Cambridge, UK: Cambridge University Press, 2002.

[60] Katz J E, ed. Handbook of mobile communication studies[M]. Cambridge: MIT Press, 2008.

[61] Katz J E, ed. Machines that become us: the social context of personal communication technology[M]. New Brunswick, NJ: Transaction Publishers, 2003.

[62] Kaufmann V, Bergman M M, Joye D. Motility: mobility as capital[J]. International Journal of Urban and Regional Research, 2004, 28(4): 745-756.

[63] Kim H S. What drives you to check in on Facebook? motivations, privacy concerns, and mobile phone involvement for location-based information sharing[J]. Computers in Human Behavior, 2016, 54(7): 397-406.

[64] King A D, eds. Re-presentation the city: ethnicity, capital and culture in the twenty-first century metropolis[M]. London: Macmillan Press LTD., 1996.

[65] Kitchen R, Thrift N, eds. International encyclopedia of human geography, Vol.8[M]. Oxford: Elsevier, 2009.

[66] Kitchin R, Dodge M. Code/space: software and everyday life[M]. Cambridge: MIT Press, 2011.

[67] Kitchin R, Perng S-Y, eds. Code and the city[M]. London: Routledge, 2016.

[68] Koolhaas R, Mau B. The generic city[M]. New York: The Monacelli Press, 1995.

[69] KrÃmer N C, Winter S. Impression management 2.0: the relationship of self-esteem, extraversion, self-efficacy, and self-presentation within social networking sites[J]. Journal of Media Psychology, 2008, 20(3): 106-116.

[70] Lindqvist J, Cranshaw J, Wiese J, Hong J, Zimmerman J. I'm the mayor of my house: examining why people use Foursquare — a social-driven location sharing application[C].//Proceedings of the SIGCHI conference on human factors in computing systems, 2011: 2409-2418.

[71] Ling R, The mobile connection: the cell phone's impact on society[M]. San Francisco: Elsevier/Morgan Kaufmann, 2004.

[72] Lomborg S, Frandsen K. Self-tracking as communication[J]. Information, Communication & Society, 2016, 19(7): 1-13.

[73] Lupton D, Data selves: more-than-human perspective[M]. Cambridge: Polity Press, 2019.

[74] Lupton D, Pink S, Heyes LaBond C, Sumartojo S. Personal data contexts, data sense, and self-tracking cycling[J]. International Journal of Communication, 2018, 12: 647-666.

[75] Lupton D. Self-tracking cultures: towards a sociology of personal informatics[C/OL]. Australian computer-human interaction conference on designing futures: the future of design, 2014. [2020-6-8]. https://

www.researchgate.net/publication/290766116_Self-tracking_cultures_Towards_a_sociology_of_personal_informatics.

[76] Lupton D. Self-tracking modes: reflexive self-monitoring and data practices[J]. Social Science Electronic Publishing, 2014, 391(1): 547–551.

[77] Lupton D. The diverse domains of quantified selves: self-tracking modes and dataveillance[J]. Economy & Society, 2016, 45(1):101–122.

[78] Lupton D. The quantified self[M]. Cambridge: Polity Press, 2016.

[79] Manovich L. The poetics of augmented space[J]. Visual Communication, 2006, 5(2): 219–240.

[80] Mansell R, Ang P H, eds. The international encyclopedia of digital communication and society, Vol.11[M]. Oxford: Wiley-Blackwell, 2015.

[81] Marcus G E, Saka E. Assemblage[J]. Theory, Culture & Society, 2006, 23(2–3): 101–106.

[82] Massey D, Allen J, eds. Geography matters!: a reader[M]. Cambridge: Cambridge University Press, 1984.

[83] McCullough M. Digital ground: architecture, pervasive computing, and environmental knowing[M]. Cambridge: MIT Press, 2004.

[84] Meyrowitz J. Media and community: the generalized elsewhere[J]. Critical Studies in Mass Communication, 1989, 6: 326–334.

[85] Meyrowitz J. Morphing Mcluhan: medium theory for a new millennium[C]. Proceeding of the media ecology association. 2001, 2: 8–22.

[86] Meyrowitz J. The rise of glocality new senses of place and identity in the global village[M]//Nyiri K, eds. A sense of place: the global and the local in mobile communication. Vienna: Passagen Verlag, 2005: 21–30.

[87] Mitchell W J. Placing words: symbols, space, and the city[M]. Cambridge: MIT Press, 2005.

[88] Montgomery J. Making a city: urbanity, vitality and urban design[J]. Journal of Urban Design, 1998, 3(1): 93–116.

[89] Nabi R L, Oliver M B, eds. The sage handbook of media processes and effects[M]. Thousand Oak: Sage Publications, 2009.

[90] Nisi V, Oakley I, Haahr M. Location-aware multimedia stories turning spaces into places[J]. Universidade Cátolica Portuguesa, 2008: 72–93.

[91] Nissenbaum H. Privacy as contextual integrity[J]. Washington Law Review, 2004, 79(1): 119–157.

[92] Noulas A, Scellato S, Mascolo C. An empirical study of geographic user activity patterns in Foursquare[C]. Proceedings of the fifth international AAAI conference on weblogs and social media, 2011. 5(1): 570–573.

[93] Paliszkiewicz J, Magdalena M. Impression management in social media: the example of LinkedIn[J]. Management, 2016, 11(3): 203–212.

[94] Pantzar M, Ruckenstein M. The heart of everyday analytics: emotional, material and practical extensions in self-tracking market[J]. Consumption Markets & Culture, 2015, 18(1): 92–109.

[95] Papandrea F, Armstrong M, eds. Record of the communications policy and research forum 2009[M/OL]. Network Insight Pty Ltd, Australia, 2009: 122–1302020-2-6. https://apo.org.au/node/69089.

[96] Patil S, Norcie G, Kapadia A, et al. Reasons, rewards, regrets: privacy considerations in location sharing as an interactive pratices[C]// Proceedings of the eighth symposium on usable privacy and security, 2012: 1–15.

[97] Pink S, Fors V. Self-tracking and mobile media: new digital materialities [J]. Mobile Media & Communication, 2017, 5(3): 219–238.

[98] Pink S. Approaching media through the senses: between experience and representation[J]. Media International Australia, 2015, 154(1): 5-14.

[99] Pink S. Sumartojo S. Lupton D, Heyes La Bond C. Mundane data: the routines, contingencies and accomplishments of digital living[J]. Big Data & Society, 2017, 4(1): 1-12.

[100] Radstone S, eds. Memory and methodology[M]. New York: Routledge, 2020.

[101] Raynes-Goldie K. Aliases, creeping, and wall cleaning: understanding privacy in the age of Facebook[J]. First Monday, 2010, 15(1).

[102] Rheingold, H. The virtual community: homesteading on the electronic frontier[M]. Reading, MA: Addison-Wesley, 1993.

[103] Richardson, I. Pocket technoscapes: the bodily incorporation of mobile media[J]. Continuum: Journal of Media & Cultural Studies, 2007, 21(2): 205-215.

[104] Roick O, Heuser S. Location based social networks — definition, current state of the art and research agenda[J]. Transactions in GIS, 2013, 17(5): 763-784.

[105] Ruckenstein M, Pantzar M. Beyond the quantified self: thematic exploration of a dataistic paradigm[J]. New Media & Society, 2017, 19(3): 401-418.

[106] Saker M, Evans L. Everyday life and locative play: an exploration of Foursquare and playful engagements with space and place[J]. Media, Culture & Society, 2016, 38(8): 1169-1183.

[107] Saker M, Frith J. From hybrid space to dislocated space: mobile virtual reality and a third stage of mobile media theory[J]. New Media & Society, 2019, 21(1): 214-228.

[108] Schwartz R, Halegoua G R. The spatial self: location-based identity

performance on social media[J]. New Media & Society, 2015, 17(10): 1643-1660.

[109] Selke S, eds. Lifelogging: digital self-tracking and lifelogging—between disruptive technology and cultural transformation[M]. Wiesbaden: Springer Fachmedien Wiesbaden, 2016.

[110] Sharon T, Zandbergen D. From data fetishism to quantifying selves: self-tracking practices and the other values of data[J]. New Media & Society, 2017, 19(11): 1695-1709.

[111] Sharon T. Self-tracking for health and the quantified self: re-articulating autonomy, solidarity, and authenticity in an age of personalized healthcare[J]. Philosophy & Technology, 2017, 30(1): 93-121.

[112] Sheller M, Urry J, eds. Mobile technologies of the city[M]. London: Routeldge, 2006.

[113] Smith S, Watson J. Reading autobiography: a guide for interpreting life narratives, 2nd edition[M]. Minneapolis: University of Minnesota Press, 2010.

[114] Sui D Z, Goodchild M F. GIS as media?[J]. International Journal of Geographical Information Science, 2001, 15(5): 387-390.

[115] Sui D, Goodchild M. The convergence of GIS and social media: challenges for GIScience[J]. International Journal of Geographical Information Science, 2011, 25(11): 1737-1748.

[116] Sumartojo S, Pink S, Lupton D, LaBond C H. The affective intensities of datafied space[J]. Emotion, Space and Society, 2016, 21: 33-40.

[117] Taddicken M. The "privacy paradox" in the social web: the impact of privacy concerns, individual characteristics, and the perceived social relevance on different forms of self-disclosure[J]. Journal of Computer-Mediated Communication, 2014, 19(2): 248-273.

[118] Tang K P, Lin J, Hong J I, Siewiorek D P, Sadeh N M. Rethinking location sharing: exploring the implications of social-driven vs. purpose-driven location sharing[C]. Proceedings of the 12th ACM international conference on Ubiquitous computing, 2010: 85-94.

[119] Thompson J B. The media and modernity: a social theory of the media[M]. California: Stanford University Press, 1995.

[120] Thompson J B. The new visibility[J]. Theory, Culture & Society, 2005, 22(6): 31-51.

[121] Urry J. Mobilities[M]. Cambridge: Polity, 2007.

[122] Urry J. Sociology beyond societies: mobilities for the twenty-first century[M]. London: Routledge, 2000.

[123] van Dijck J. Mediated memories: personal cultural memory as object of cultural analysis[J]. Continuum: Journal of Media & Cultural Studies, 2004, 18(2): 261-277.

[124] van Dijck J. Memory matters in the digital age[J]. Configurations, 2004, 12(3): 349-373.

[125] Vangelisti A L, Perlman D, eds. The Cambridge handbook of personal relationships[M]. New York: Cambridge University Press, 2006.

[126] Want R, Hopper A, Falc~ao V, Gibbons J. The active badge location system[C/OL]. ACM transactions on information systems (TOIS), 1992, 10(1): 91-102. 2020-03-15. https://dl.acm.org/doi/10.1145/128756.128759.

[127] Wheeless L R. A follow-up study of the relationships among trust, disclosure, and interpersonal solidarity[J]. Human Communication Research, 1978, 4(2): 143-157.

[128] Wilken R, Goggin G, eds. Mobile technology and place[M]. London: Routledge, 2012.

[129] Wilken R. Locative media: from specialized preoccupation to mainstream fascination[J]. Convergence, 2012, 18(3): 243-247.

[130] Wright J, Harwood V, eds. Biopolitics and the "Obesity Epidemic": governing bodies[M]. New York: Routledge, 2009.

后　记

终于,这些文字能够出版了。我心里满是激动和惶恐。

这本书是在我的博士论文的基础上修改而成的,但与博士论文的落脚点和框架相比有很大的不同。2020年6月从复旦大学新闻学院毕业后,我没有抱太大希望地向复旦大学信息与传播研究中心申请出版博士论文。一段漫长的等待之后,中心的老师们给我提供了机会,但要通过两位评审专家的匿名评审。评审与返回修改的过程持续了一年多时间。这是一个漫长、艰辛但又让我收获颇丰、不断进步的过程。

两位专家初审的意见都是"修改后出版",并给出了详细的修改意见。其中一位评审专家主要针对书稿的问题意识,给出了批评性意见:"尽管该著意识到了从定位媒介自身特性出发,但从理论建构的关键进路来说,究竟从何角度('位置'在'交互'与'复合'中?)确立核心视角,这个视角的特别对话者也就是研究推进之所在,究竟在何处?"针对这一问题,我做了很多反思和修改的尝试。书稿初稿中的理论对话的重点放在定位媒介、身体、物理空间的交互与融合方面,试图通过对混杂空间中赛博人的描述来推进移动传播的研究,但这在某种程度上似乎偏离了定位媒介自身的特性(虽然我一直都试图抓住这一特性)。随后的修改中,每次评审老师都有"当头棒喝",也有殷切期待。这很像中心老师们的风格,既严厉又温暖。

在阅读评审老师的修改意见和寻找修改方法的过程中,我不断意识到自身在学术研究方面存在的问题,比如理论研究和经验研究的区别不清、理论的现实关怀不够、研究的对话意识不强等,同时也惭愧于自身理论知识、学术视野的局限,很长一段时间都处于"知道自己问题在哪儿,但不知道怎么改"的状态。在评审老师的建议下,本书延续了最初对于定位、交互、混杂等的论述,同时将落脚点放在"地方感"上。

在大改之后,终于得到了评审老师的些许肯定。评审老师在最后一次审稿意见开头写道:"这一稿明显感觉到作者提升了研究的对话意识(无论是研究之于梅罗维茨还是麦夸尔),问题的提炼与聚焦意识有了具体的展示。特别是抓住了'定位媒介'与'地方感'之于实践中的塑型,点出了身体在'感'中的关键性位置。"随后,在定稿和清样的修改中,我又对书中的某些段落和语句进行了删改和完善,最终呈现出本书现在的面貌。书中的一些文字和观点在《国际新闻界》《新闻记者》《新闻学研究》等学术期刊上发表过,结合本书的研究问题进行了重新编写。

当然,本书还有很多问题,甚至可能存在一些谬误。面对自身的研究局限和不足,我很惶恐。

惶恐之余,我也满怀感激和感恩。在回复评审专家的修改说明中,每次我都会表达对评审老师的感谢。这些感谢是由衷的,因为评审老师每次的修改建议都是长长的几页文字。这些文字对于问题的指出都是一语中的,对于我做研究过程中存在的误区也是开门见山地提出。评审老师能够拨冗耐心阅读我的"破破烂烂"的文字,并且耐心指出书稿的问题、给出修改意见,真是值得我感恩。这对于我的成长和书稿的完善都具有重大意义。

在这本书的背后,或者说在我求学、博士论文写作、书稿出版期间,像这位评审一样给过我帮助的老师还有很多,他们都是我学术道路上的引路人。

例如我的博士导师陆晔教授。在对学术研究的理解方面,陆老师给了我很多教导与启发,也给我提供了很多锻炼的机会。陆老师很强调经验材料、田野的重要性和学术的温度,对待学生尽心尽责,欣然答应为本书作序。读博第一年元旦,我在总结前一年的收获时,给陆老师发了一条微信，说这一年遇到陆老师是我最大的幸运。而今，我依然觉得自己很幸运能够做陆老师的学生。

还有黄旦老师、孙玮老师、谢静老师、潘霁老师，他们在学术方面给了我严厉的训练。当时觉得非常受折磨，因为大部分时候都会被批得灰头土脸，常常让我怀疑自己是不是不太适合读博士，不太适合做学问。但后来在边工作边写论文的过程中才发现，那段日子真是弥足珍贵。老师们给我们规划的知识谱系和学术思维训练，都使我受益匪浅。潘霁老师在书稿的评审过程中，作为我和评审的中介，一边将我的修改稿传送给评审老师、将评审老师的修改意见传送给我，一边鼓励我"不要放弃""快成功了"。对于四位老师，我表示感谢与敬意。

我还要感谢我的父母和姐姐。我是从农村走出来的，种地务农的父母和未能读大学的姐姐倾尽全力给了我最大的支持。感谢我的妻子吕云虹女士一直以来对我学术研究的支持。也感谢我的女儿，给我带来了很多欢乐。

本书还有很大的不足。正如评审老师在最后一次修改意见中所说："理解上还有空间，既是未来长远思考的根基，也是在研究延展中不断回到的基点。"我深知这一点。

陆晔老师在序言中说："这部专著只是个起点。"我会珍惜这个起点，争取做出更好的学术研究。

2023年7月24日于河南镇平

图书在版编目(CIP)数据

活的光标:定位媒介中的新地方感/许同文著.—上海:复旦大学出版社,2023.11
(中国新媒体理论与实践丛书/潘霁主编)
ISBN 978-7-309-16892-1

Ⅰ.①活… Ⅱ.①许… Ⅲ.①传播媒介-研究 Ⅳ.①G206.2

中国国家版本馆 CIP 数据核字(2023)第 116068 号

活的光标:定位媒介中的新地方感
HUODE GUANGBIAO:DINGWEI MEIJIE ZHONG DE XIN DIFANGGAN
许同文 著
责任编辑/朱安奇

复旦大学出版社有限公司出版发行
上海市国权路 579 号 邮编:200433
网址:fupnet@fudanpress.com http://www.fudanpress.com
门市零售:86-21-65102580 团体订购:86-21-65104505
出版部电话:86-21-65642845
上海四维数字图文有限公司

开本 787×960 1/16 印张 17.75 字数 247 千
2023 年 11 月第 1 版
2023 年 11 月第 1 版第 1 次印刷

ISBN 978-7-309-16892-1/G·2502
定价:52.00 元

如有印装质量问题,请向复旦大学出版社有限公司出版部调换。
版权所有 侵权必究